经济法主体及其权责问题研究

刘蕾 著

中国商务出版社

图书在版编目（CIP）数据

经济法主体及其权责问题研究 / 刘蕾著. -- 北京：
中国商务出版社, 2021.5（2025.1 重印）
　ISBN 978-7-5103-3816-8

　Ⅰ. ①经… Ⅱ. ①刘… Ⅲ. ①经济法－权利主体－法
律责任－研究－中国 Ⅳ. ①D922.290.4

中国版本图书馆 CIP 数据核字(2021)第 116400 号

经济法主体及其权责问题研究

JINGJIFA ZHUTI JIQI QUANZE WENTI YANJIU

刘蕾　著

出　　版：	中国商务出版社	
地　　址：	北京市东城区安定门外大街东后巷 28 号	邮编：100710
责任部门：	职业教育事业部（010-64218072　295402859@qq.com）	
责任编辑：	陈红雷	

总 发 行：	中国商务出版社发行部（010-64208388　64515150）	
网　　址：	http://www.cctpress.com	
邮　　箱：	cctp@cctpress.com	

排　　版：	牧野春晖图书有限公司	
印　　刷：	北京市兴怀印刷厂	
开　　本：	710mm×1000mm　　1/16	
印　　张：	13.25	字　　数：217 千字
版　　次：	2022 年 1 月第 1 版	印　　次：2025 年 1 月第 2 次印刷
书　　号：	ISBN 978-7-5103-3816-8	
定　　价：	79.00 元	

前　言

　　法之兴废，国运攸关。自启蒙时代以来，法治思想逐渐深入人心，法治的弘扬促进了社会公正与和谐。19 世纪末，西法东渐，法治、权利、民主等理念之风吹入我文明古国，经过先贤百余年的不懈努力，建设法治国家的理念已达成上下之共识，成为中华人民共和国永久的基本国策。以世界各国经验观察，一个国家的法治水平与其发达程度相关，法治水平较高的国家或地区，其经济社会发展水平也较高；反之，亦然。而想要提高法治水平，开展法学研究是重要途径之一。

　　中国经济法学作为一门新兴的学科，经过广大法律学人的苦苦探索，已经走过了从无到有、从不成熟到逐步成熟的发展历程。现在经济法作为与行政法、民法、刑法、诉讼法以及社会法等并行不悖的独立的法律部门，已经得到了立法的确认，对此法学界也达成了基本的共识。

　　法学研究和法律实践不尽相同，其具有前瞻性和创造性。四十多年来，广大法律学人坚持改革开放路线，紧扣时代脉搏，围绕着经济建设这个中心环节，把经济法理论和实践扎根于我国现实的经济土壤之中，并借鉴其他市场经济国家在法制实践中所形成的共同的法律文化，辛勤耕耘，求实创新，不断开拓进取，使经济法学在我国法学百花丛中蓓蕾初绽，繁花似锦，硕果累累。这极大地促进了我国经济法理论和实践的发展，推动了整个中国法学的繁荣，并为世界法学界所瞩目。但是，经济法作为一门发展中的学科，仍然存在着许多不成熟的地方，还需要广大的法律学人更多地培育，才能使它更好地成长。

　　经济法主体是经济法学研究的核心范畴，事实上，主体理论是任何部门法理论研究中一个不能回避的永恒命题，是部门法基础理论的重要组成部分。正如民法中的"民事主体"理论、刑法中的"刑事主体"理论与行政法中的"行政法主体"理论一样，是构建民法、刑法与行政法等部门法理论所不可或缺的基本构成要素。从部门法理论的"系统化"和"整体性"上来看，主体理论是整个部门法理论的"中枢神经"，它与部门法其他相关理论之间存在着天然的有机联系、互赖与互动，两者之间应该是内在统一、相通互证的关系。

本书第一章从经济法的理论基础阐述了经济法的概念、原则、价值应用和新常态下的经济法定位，第二章从经济法责任主体视角阐述了经济法责任主体的市场规制与宏观调控，第三章从经济法律关系视角阐述了经济法律关系的起源与发展、经济法律关系的内涵及构成要素，第四章主要对经济法责任的独立性以及经济法律责任内容进行了论述与剖析，第五章主要对经济法主体的行为边界进行了分析与探讨，第六章主要对经济法主体利益的冲突与协调进行了分解与思考。

法学的意义远远不在于自证其成，法学研究法律，而法律的生命在于实践，法学的生命也只在回应实践。经济法在我国的发展史总体来看，我国经济法的每一次发展都离不开以经济大发展为目的，无论我国的经济法在过去的数年里有多大的变化，始终有一点是不会改变的，即经济法必须要符合社会经济发展的需要，必须要以实践为基础，必须服从国家当时的经济政策。随着经济体制改革的不断深入，以及对经济法的发展历程的反思与总结，经济法定会迎来更好的完善与发展。

本书在撰写过程中，参考并借鉴了部门专家学者的研究成果和观点，在此表示最诚挚的感谢！另外，由于作者水平有限，书中难免存在不足之处，敬请批评指正！

作　者

目　　录

第一章　经济法基础理论

随着改革开放的深入，我国经济体制发生了重大变化。以市场经济为主的经济体制搞活了我国经济的运行方式，依靠市场经营规律保障了我国市场经济的稳步发展，这得益于健全的市场经济法的保驾护航。当下，我国经济发展正处于一个转变发展方式和优化经济结构的攻关期，由高速增长阶段开始转向高质量发展阶段。经济法的产生缘于市场对自身能力局限的克服，现代化经济体系的建立需要经济法维护公平竞争和调节经济关系，需要建设完善的经济法理论体系和经济制度，支持和深化我国经济法理论研究，夯实经济法理论基础，总结和探索我国经济法理论的发展经验与路径，深入研究经济法基本原则，推动中国经济法理论形成鲜明的独特性，以有效促进我国经济法理论的新发展。[①]

第一节　经济法概述

一、经济法的概念

经济法的概念是经济法学的基本范畴，是经济法学体系和结构的支柱，也是经济法理论研究的逻辑起点和价值精髓所在，对经济法学理论体系的建构和经济法律体系的建设都具有重要的意义。能否科学地界定经济法的概念，不仅关系到经济法理论框架的构筑，而且直接决定着经济法能否作为独立的法律部门存在。因此，对于经济法概念的揭示与探讨，是经济法学研究不可回避的、最基本的理论问题之一。

（一）经济法之溯本求源

经济法概念源于 18 世纪的法国。1775 年法国空想社会主义者摩莱里（Morelly）在《自然法典》一书之经济法或分配法篇第 1 条，第一次使用了经济法的概念，并第一次提出了国家参与社会分配的理念。摩莱里当时并未对经济法进行严格的界定，而是将"经济法"和"分配法"并列提出

---

① 杨明勤，陈逸飞.经济法理论知识与构成要素研究[J].人民长江，2020，51（7）：241.

了"分配法或经济法"共 12 条的法律草案。经济法的理念就是萌发于社会的统筹分配，强调国家意志对社会分配的参与，基本准确地表达了经济法就是"规范社会分配活动"的思想。[①]1843 年，摩莱里获得另一位法国空想社会主义者德萨米（Dezamy）的支持和赞同。而另一位法国学者蒲鲁东（Proudhon）从部门法之间的关系对经济法进行解读，认为"经济法是政治法和民法的补充和必然产物"，但未能对经济法概念的内涵和外延进一步说明。德国法学家海德曼（Hedemen）在 1916 年的《经济学字典》中提出"经济规律在法律上的反映"的经济法定义，阐明了经济法和经济规律的关系，但未反映经济法作为独立的部门法应具有的本质属性。[②]早期的法德两国学者提出并定义了经济法的概念，明确了国家与社会经济生活的"干预"关系。

哈耶克认为，狭义上"经济是一种组织或安排，是人们在其中自觉地把资源用于一系列统一的目标。"[③]马克斯·韦伯认为：经济行动或活动就是"以经济为取向"，行动者和平运用资源控制权为主要动力，为了满足对"效用"的欲望的行动。现代市场经济的实质就在于审慎而有计划地获得控制与处置权，也是经济行动与法律之间关系的主要内容。任何类型的经济活动都要对控制与处置权进行某种事实上的分配。市场经济考虑的是如何通过产品的销售以货币形式偿付这些消耗；计划经济则会考虑是否能够提供必要劳动和其他生产资料而又无碍于满足其他被认为比较迫切的需要，两者经济行动的取向主要是针对经济的目的而选择，且从技术上在可供选择的目的之间以及在目的和成本之间进行权衡。美国胡佛研究所（Hoover Institution）的高级研究员迈克尔·斯彭斯（Michael Spence）在美国经济学家埃莉诺·奥斯特罗姆获得诺贝尔经济学奖后评价，认为其著作表明"经济学最终要解决的不是市场问题，而是社会资源分配和配置问题"[④]。2007 年瑞典皇家科学院将诺贝尔经济学奖授予美国经济学家莱昂尼德·赫维茨（Lenonid Hurwicz）和罗杰·迈尔森（Roger B. Myerson）、埃里克·马斯金（Erics. Maskin），以表彰他们对创立和发展"资源配置的机制设计理论"做出的贡献。因此，经济的本质就是"资源的配置"模式。西方的经济学

[①] [法]摩莱里. 自然法典[M]. 黄建华，译. 北京：商务印书馆，1982：107.

[②] 李曙光. 经济法词义解释与理论研究的重心[J]. 中国政法大学学报，2005（6）：4.

[③] [英]哈耶克. 经济、科学与政治——哈耶克思想精粹[M]. 冯克利，译. 南京：江苏人民出版社，2000：124.

[④] [美]富切尔·博茨曼. 共享经济时代：互联网思维下的协同消费商业模式[M]. 唐朝义，译. 上海：上海交通大学出版社，2015：15.

发展史，都是围绕着市场与政府两只手对资源配置的辩论史。不论是亚当·斯密的"自由放任"还是凯恩斯的"政府干预"都是基于市场与政府对资源配置的角力而展开。所有的经济活动都是"市场看不见之手"和"政府有形之手"对资源配置的过程，且在资本主义发展的不同时期两只手交替作用，在不同的市场经济条件和社会经济制度下有所不同，并形成不同的经济关系。只有当这两只手协调并用时，现代经济法才能产生。

自从人类社会产生以来，经济关系就是在一定生产方式的基础上的生产、消费、交换、分配等广泛而复杂的诸种社会关系的总称。在现代市场经济社会中则表现为市场经济关系。法律作为一种行为规范，是人们为建立理想的社会秩序而对社会关系进行调整的产物，即决定法律产生的直接原因是社会关系，包括政治关系、经济关系和家庭关系等。经济关系在由社会关系构筑起来的社会中具有根本性和普遍性的地位，在一定程度上说，经济关系构成了法律的本源。马克思曾说："无论是政治的立法或市民的立法，都只是表明和记载经济关系的要求而已。"①因此，经济法所调整的内容，也应该是围绕着市场与政府对社会资源的配置的经济活动展开，经济法的法律关系是经济法在调整市场与政府在资源配置中所发生的经济关系或是社会关系，是一种资源配置关系，且受政治、经济、社会、文化、道德等多种因素综合影响。因此，经济法律规范时常表现为政治化、政策化、社会化和道德化的倾向，对经济法概念的界定也可能会超越法的规范本质，体现更多的利益和目标导向的价值选择，但经济法作为法律规范的本质属性是其本源，不应被异化或淡化。对经济法溯本求源，其概念的界定应该回归到经济法律规范如何调整社会资源配置的经济活动过程中的社会经济关系或社会经济秩序的轨道上，概括并揭示经济法的核心价值和终极目标。经济法学的研究也应该以经济法的概念为逻辑起点，并遵循法学研究的基本范式，围绕着经济法的立法、执法、司法、守法及其相关的其他社会经济法律现象的法学理论和内在的法律逻辑思维展开，去构建经济法学的理论体系。

（二）经济法概念的重构

经济法是新的部门法，经济法学更是一门新的学科。纵观世界经济法史，自其理念诞生至今也就短暂的 200 多年，在悠久的人类法制史上还处于幼稚期，但需要其规范调整的社会经济关系却日新月异，变化莫测。社

---

① 中央编译局. 马克思恩格斯全集（第四卷）[M]. 北京：人民出版社，2002：121-122.

会存在总是先于社会意识，但先进的社会意识可以预测并正确引导社会发展。经济法作为一门新的法律部门，在制度建设上取得了不少成就，并在理论研究的某些领域已达成了一定共识，但目前国内外学界对经济法的概念尚未形成权威的定论，依旧众说纷纭，有待于厘清与重构。

1　经济法概念的解析

我国从建国时期的计划经济到改革开放初期有计划的商品经济，再到社会主义市场经济，对于资源的配置就经历了从完全政府计划到政府计划为主，市场为辅的有计划的商品经济，再到市场与政府在不同领域分别配置资源的社会主义特色的市场经济。十八届三中全会提出了"市场在资源配置中起决定性作用"新的资源配置模式，为更全面开放市场，激活市场活力排除了障碍，也为在政府主导的领域引入市场机制发展混合经济模式树立了方向标。在不同历史时期伴随着国家对资源配置方式的不同，作为调整资源配置的经济法律制度也应不断地调整变化。为了适应经济发展的需要，朝令夕改也成了经济法的一大特色。无可厚非地，经济法学的研究也要反映当时的经济法律制度以及社会经济生活的现状并烙上了时代的印迹，在不同的时期反映不同的法律意识和法律制度，而且是辩证发展的过程。回顾我国经济法学的研究进程及其所取得的丰硕成果，每一个学者的研究路径都是随着时代的潮流以及社会经济的变化，在探索和思考着最能实现市场机制和政府计划对资源配置最优的制度设计，并且是个不断否定之否定的过程。每一位为了经济法学理论研究而孜孜不倦的学者，不管其关于经济法的解读如何，都是基于那个时代的经济特色对客观存在的反映，很欣慰我国经济法学者在经济法学界百花齐放的学术争鸣和自由中取得的丰硕成果。虽然目前尚未形成权威的经济法概念，但人类对客观事物的认识是越辩越明，最终接近真理。

关于法律的定义，哈特认为属加种差的定义形式是最简单和最能令人满意的，最常用来为法律下定义的一般性属概念是行为规则，然而规则的概念与法律的概念本身同样错综复杂。近似于把所有的法律制度的基本要素中各种不同类型的规则联合为一体，这种表达方式的用法就是由起联合作用的基本要素所决定的①。经济法的概念不是单一的法律要素可以囊括的，应该涵盖以调整对象为基础，反映其调整方法和价值目标的基本要素的组合。经济法属于法的范畴，因此是一种法律规则或是法律行为规范，不同

---

① [英]哈特. 法律的概念[M]. 张义显，译. 北京：中国大百科全书出版社，1996：16-17.

于道德或其他行为规范。经济法脱胎于民法对权利滥用之无奈和行政法对行政权力扩张的泛力，是传统民法和行政法不能适应社会经济发展的必然产物，其调整对象正是民法和行政法力所不能的社会关系。经济法的调整对象和调整方法是经济法区别于民法、社会法和行政法的重要标志，只有明确了经济法的法律调整对象和方法，厘定经济法的概念才能避免经济法落入民商法和行政法的思维范畴，建立属于经济法及经济法学范畴的思维模式：即经济法通过对法律传统二元结构的解构和重构，政府、市场和社会成为经济法律关系结构中的三要素，经济法的基本原则和核心价值在于其社会本位原则，政府规章和经济政策等软法是经济法的主要法律表现形式，其法益目标就在于经济法通过对资源配置的经济活动的市场行为和政府行为的规范和调整，维护社会公共利益和协调平衡社会整体利益，确保公平、效益和安全的社会经济秩序。

2．经济法概念的构建

综合学者对经济法概念的普遍共识，通过法理的疏理，结合现行经济法现象和经济法律制度，经济法的概念可定义为：经济法是在资源配置的经济活动过程中，为了维护社会公共利益和协调平衡社会整体利益，确保公平、效益和安全的社会经济秩序，调整社会经济秩序中的市场规制秩序、特别产业秩序和宏观调控秩序，规范市场行为和政府行为的法律规范。简而言之，经济法是调整资源配置的经济活动过程中的市场规制秩序、特别产业秩序和宏观调控秩序，规范市场行为和政府行为的法律规范。此定义可从四个层面进行解读。首先，经济法的调整范围是在资源配置的经济活动过程中。强调了经济法的适用领域，有别于其他部门法。其次，经济法的调整对象是社会经济秩序。包括市场规制秩序、特殊产业秩序和宏观调控秩序，调整的具体内容是规范市场行为和政府行为。再者，其法益目标是为了维护社会公共利益，协调平衡社会整体利益，确保公平、效益与安全的社会经济秩序。最后，经济法是一种法律规范，体现了法的本质属性。因此和其他部门法规范一样，体现国家的意志，由特定的机关制定，依法对经济法主体行为进行规范和指引，并对违法行为进行处罚。经济法的概念是由多种基本要素组成的有机联系的整体，社会公共利益或者说社会本位是经济法规范的核心。经济法对个体利益的整体协调平衡不能损害社会公共利益，更不能为了追求经济效益而损害社会公共利益。比如不能为了GDP增长不惜破坏生态环境，但也不能为了所谓的社会公共利益而损害个体利益和公平正义。

在经济法的定义里强调其法益目标或价值是必需的。在经济法的制度设计中，对经济秩序的调整是以维护社会公共利益为价值目标，经济法对市场行为和政府行为的调整就是要强调对社会公共利益的保护。传统民法与行政法、刑法规范侧重于通过对当事人行为的规范和惩罚实现对特定法益目标保护，所以更侧重于"形式理性"。经济法是为了实现对特定法益目标的保护而规范具体的行为，追求的是"实质理性"。但经济法的制度设计，除了要规范市场行为和政府行为，满足社会经济发展的需要外，也应该遵守法的形式理性，不能为了实现特定的行政、政治、社会、道德目标而践踏程序正义。

二、关于经济法的主要学说

众所周知，在社会制度不同的国家，人们对经济法概念的理解各不相同；在社会制度相同的国家以及同一国家在不同时期，对经济法这一概念的理解也存在着不同的观点。

我国改革开放以来对经济体制的改革和探索，给经济法提供了基础理论的客观实践基础，这期间我国的经济法基础理论不断引起争论，不断发展，逐渐形成了现在多流派的学说。其中一部分学者否认经济法这一概念，否认经济法是一个独立的法律部门。但是，随着我国市场经济的发展和经济法理论研究的进一步深入，越来越多的学者对经济法持肯定的态度，但这部分学者对经济法这一概念的内涵和外延也存在不同的理解。

（一）纵向经济法论

该学说的主要观点认为，经济法是调整经济管理关系的法律规范的总称。这种经济管理关系包括"政府对经济的管理""国家和企业之间的关系""企业内部的纵向关系"，以及实际上属于经济管理关系的"不平等主体之间的经济关系"。这一表述的直接来源，是立法机关于1986年在《民法通则》起草期间，为平衡民法与经济法的关系，在《民法通则》的立法说明中将民法的调整对象定义为"调整平等主体的公民之间、法人之间、公民和法人之间的财产关系和人身关系"，而政府对经济的管理、国家和企业之间以及企业内部等的纵向经济关系或者行政管理关系，主要由经济法、行政法来调整。这是从立法的角度首次明确区分"横向"与"纵向"的经济关系。

该学说的显著特点是划清了经济法与民法调整对象的界限。但是却未能准确揭示出经济法与行政法调整对象的本质差异，未能把经济法和行政法区别开来，从而陷入了与行政法冲突日益尖锐的窘境。众所周知，行政法的调整对象十分广泛，涉及社会生活的各个方面，其中自然也包括对一定的经济关系进行调整。如果要坚持经济法的独立法律部门的地位，那就必须解释清楚经济法所调整的经济关系与行政法所调整的经济关系的本质区别。

一般说来，只要市场主体的行为在民法规定的范围内进行，就可以排除经济法的介入，而由民法来加以调整。但当市场主体的行为超出了民法调整的范围，导致市场机制失灵、民法无法发挥其规范作用时，就可能引起经济法的介入，并随之成为经济法的调整对象。

例如，当市场主体依法公平竞争时，其相互关系为民事关系；当市场主体实施商业贿赂、降价排挤、强行搭售等不正当竞争行为时，就会引起有关管理机关的介入，在有关管理机关与实施不正当竞争行为的市场主体之间就会形成反不正当竞争的行政管理性经济关系，并受反不正当竞争法的调整。由此可见，那种认为经济法不能作用于平等主体之间关系的观点是不切实际的，完全摒弃经济法对平等主体之间关系的作用无疑是拆除了经济法律关系赖以存在的基石。

（二）大经济法说

此种观点认为，经济法是调整国民经济管理和各种经济组织在经济活动中的经济关系的法律规范的总称；或者是调整国民经济管理和经济组织之间以及它们与公民之间在生产、交换、分配、消费过程中发生的经济关系的法律规范的总称。这是改革开放以来曾经提出过的学说，它将民法缩减为处理个人间事务的法，将经济法调整对象的范围界定过宽。

在我国《民法通则》及一些重要的商事法律尚未出台前，人们对经济法和民法的调整对象没有统一明确的标准。对经济法概念的认识存在着极大的随意性。有些经济法学说无节制地扩大经济法领域，将传统民法与商法的内容视为经济法，有的甚至主张用经济法取代民法。但是，随着改革开放的深化，国有和集体所有制的企业也日益成为市场主体，指令性计划的范围不断缩小，而是根据市场需求自主从事经营管理，民法在调整其相互关系中的作用越来越大，"大经济法说"因缺乏社会经济基础的支持而逐渐失去了曾有的价值。大经济法说的理论导致了法律学科与法律体系的严重混乱，使经济法成为一个独立的法律部门。

尽管如此，此说也并非一无是处。首先，它对经济法调整的对象具有国家意志性这一点有准确理解，并做了充分论证，并认为迄今经济法仍建立在此基础之上，只不过它对我国经济体制及其改革走向的预计有误、对经济法含义的表述不够准确；其次，它对我国经济法和经济法学的发展具有开创性地位。因此，我们应承认"大经济法说"的历史存在及其合理成分，使它发挥应有作用，促进我国经济法立法和理论的发展。

（三）纵横统一说

纵横统一说是 20 世纪 80 年代初在我国影响最大的一种经济法观点。其在当时出版的许多经济法教材中都有不同程度的体现。该说认为，经济法是调整经济管理关系和计划指导下的经济协作关系的法律规范的总称。同时，该说还把由经济法所调整的经济关系具体划分为三类，即纵向经济关系（或称国民经济管理关系）、横向经济关系（即社会经济组织之间的经济关系）以及经济组织内部的经济关系，并主张有计划的商品经济决定了这三种经济关系是统一的、不可分割的整体，应由经济法统一进行调整。

由于该学把本应由民法调整的平等主体之间的关系或"横向经济关系"纳入了经济法的调整范围，从而导致经济法和民法的冲突，同时，他们主张纵向经济关系全部归经济法调整，这就和行政法可以调整一部分纵向经济关系相矛盾，从而人为地造成了我国法律体系的紊乱。

该说在 20 世纪 80 年代初期影响较大。但随着我国经济体制改革的深入，特别是《民法通则》的颁布和实施，平等主体之间的经济关系被统一纳入民法的调整范围，"纵横统一说"面临着严重的危机。于是产生了新的纵横统一说，即"纵"不包括非经济的管理关系、国家意志不直接参与或应由当事人自治的企业内部管理关系；"横"不包括公有制组织自由的流转和协作关系以及其实体权利义务不受国家直接干预的任何经济关系。这是对"纵横统一"的必要限定。

（四）紧密联系关系论

持紧密联系关系论观点的学者认为，经济法是调整经济管理关系及与经济管理关系有密切联系的经济协调关系的法律规范的总称。

该理论与"纵横统一论"的最大区别在于它放弃了经济法调整社会经济组织之间的经济关系——横向关系的主张，而改为主张经济法只调整上述经济关系的一部分，即与经济管理关系有密切联系的那部分经济协作关系。但所谓经济协作关系，就其本质而言，仍是一种横向经济关系，应由民法调整。国家经济计划只是这种协作关系发生的前提或原因，而不是协作关系本身。经济协作关系的缔结和履行都必须遵循商品经济的基本规律，否则就难以正常运转。即使由于管理因素或计划因素而使得这种经济关系带有非自愿或非公平的性质，但双方当事人都是民事主体，地位都相等，因此，仍需遵守商品交换的基本规律。

在该论所主张的经济法调整对象中，还包括了经济组织内部的经济管理关系，这与"纵横统一说"基本相同。所不同的只是在于不是一切的内部经济关系，而只是其中的一部分经济管理关系。但经济管理属企业自身的事情，国家无须也无法进行直接干预和参与，否则，企业就只能是国家机关的附属物而不是一个完整的独立法人。因此，从根本上讲，这一理论只是对"纵横统一说"在外延上的简单压缩，并未有实质性的改变。"纵横统一说"本身的缺陷并未得到纠正。

三、经济法的基本原则

经济法基本原则是指能够全面、充分地反映经济法所调整的经济关系的各个方面和全过程的客观要求，并对所有的经济关系和经济法律、法规都具有普遍意义的指导思想和基本准则。

经济法基本原则对我国的经济立法、经济司法、经济执法等都有重要意义和作用。它能使我们在经济立法时有正确的立法准则，更能适合国情，有效地调整社会主义市场经济关系；它能使司法者、执法者加强社会主义法律意识修养，理解立法精神，正确地适用经济法律、法规，在解决复杂的难以定夺的法律问题时，在法无明文规定的情况下，能既原则又灵活地予以妥善处理。

（一）遵循客观经济规律原则

这是一条所有与经济有关的法律部门都需遵循的原则。经济法本身就是法与经济在法的发展史上第一次直接、全面的结合，经济生活本身（通过经济学提出）的客观要求应该在经济法律、法学中得到反映和提升。我们当前提出的可持续发展观和科学发展观都必须以遵循客观经济规律为前提和基础。

客观存在的经济规律也是多种多样的，经济法要将其中与自身最直接关联的筛选出来，予以认识和运用。如生产关系一定要适应生产力水平的规律是社会发展的一条普遍规律，我们可将其与经济体制改革联系运用。

这一规律的一般表现是生产关系落后于生产力，因而不适应，而最活跃的生产力因素必然冲破落后的生产关系，从而引发社会变革和革命。我国则是另外一种"不适应"，"一大二公"的生产关系在许多领域超越了生产力的水平，过度"先进"的生产关系反而破坏了生产力的发展，因而必须实行经济体制改革，将不适应生产力水平的某些生产关系改革到符合我国现阶段生产力水平上来。

市场经济的许多客观规律都是经济法所必须遵循的。竞争是市场经济的活力源泉，竞争规律当然应在经济法的竞争制度中得到最充分的体现。但市场经济还有一条规律，即合作（协作）规律，任何一种商品经济都不可缺少这一规律。现代市场经济是社会化大生产的经济，而社会化必须要协作，市场经济不可能只有竞争而无联合，因此不能只强调竞争规律而忽视协作规律。我国现有的有关经济联合、区域协作、规模经济方面等的法律、法规，以及合同法都是这一规律的反映。

客观存在的经济规律相互制约、相互交错，往往综合地发挥作用。因此，也必须认识和学会综合运用这些规律。

有关生态平衡和环境保护方面的规律，经济法也必须遵循。不能把经济发展与保护环境和自然资源平衡对立起来。

（二）维护公平竞争与推进经济协作并行原则

竞争是市场经济存在的基础、发展的动力，经济法最能给以实质公平的规制和充分合理的保障。经济法维护的是公平竞争，这不仅直接体现在反不正当竞争法和反垄断法这些主要进行事后矫正的竞争法之中，其他多项经济法律、法规，如计划规划、产业政策、财政税收、金融外汇、企业公司以及多项法律制度（管理、执法、司法等），也确立和倡导公平竞争，提倡合法、合理、有益、有效的正当竞争。

这一原则最早是在资本主义转型时期为纠正市场调节之手的自发弊端，而运用国家调控之手过程中出现的。其实质目的并非否定"市场之手"，而是为恢复其正常健康的调节作用，力求使其能在最大范围内和更高程度上发挥作用，故而伸出"国家之手"以保护竞争。但形成立法制度之后，这一原则不仅对市场主体规制、约束，对国家（政府）也有约束、规制作用。因此，它是一把"双刃剑"，既反对以自由竞争为名而排斥政府对市场的管理和对公平竞争的维护，也反对政府以计划、调控、管理为名，行管制、干预、行政垄断之实，影响公平竞争。

经济法在提倡维护公平竞争原则的同时，也不能忽视或排斥另一面——推动经济协作和经济联合。作为发展中国家，我国在经济、技术、资金、人员等生产要素和结构上弱于发达国家。因而反垄断法的制定和实施必须考虑我国的实际需要，在全局上应将反垄断法与产业政策协调、结合起来。对于大型的协作、联合、系统的规模经济，只要是由国家整体安排，大可不必"谈垄断而色变"，不可将我国经济发展的主要着力点全放在反垄断法上。所以，还是要运用经济法的"结合论"，将维护公平竞争与推进经济协作、协调结合起来。

（三）责权利效相统一原则

责权利效相统一原则在 20 世纪 80 年代初即已提出。其背景是经济体制改革要求必须改变高度集权的计划管理体制，正确处理国家与企业的关系。当时的企业绝大多数为国营（有）企业，所以，这实际上是指正确处理政府管理主体与公有制经营主体之间的关系。改革目标不应再是单纯的上级机关享有权利，下属企业只是义务主体的行政管理关系，而应是权利（力）、利益、义务和责任必须一致，不应有脱节和不平衡现象存在，应是全新的责、权、利关系，此种关系即是经济法律关系。改革的根本目的都是为了取得能够立足并战胜原有制度的效益，这是一切经济工作的基本出发点，也是实践检验一切经济工作的终极目的；是责、权、利的起点，也是责、权、利的终点，是检验责、权、利的设置和制衡机制是否得当的实践标准。如效益不高或未达到预期目的，甚至发生负效益，则必是责、权、利的配置在某个环节出了问题，必须及时予以调整。因此加上"效"是很必要的。

这一原则以社会责任本位理念为基础，所有主体（包括管理主体、经营主体，甚至消费主体）都要对社会尽责，在尽责的基础上享受权利，获得利益，并取得终极效益。责权利效相统一原则说的是四种经济法律现象，但它们却有机地组合成一个整体原则。

责即责任、义务，主要指正面的积极意义上的责任，如职责、责任制，此时，其实际上与义务同语。也包括负面的消极意义上的责任，即传统法学中流行的"违反或不履行义务的法律后果"，也就是我们经济法律、法规中沿用的"法律责任"概念。这一概念其实并不准确，因为法律规定的正面的积极意义上的责任也应是法律责任。

权即权利、权力。传统法学中对这两个概念是予以区分的。权力是有隶属关系（主要是国家机关）主体所享有的；而权利则是一般社会主体（企业、个人）所享有的。如果从现代法学看，权力和责任应是一种纵向关系中的权利和义务，也就是说权利和义务是一般法律概念，权力和责任应属特殊的权利和义务。在经济法中，权利、义务（权力、责任）当然不同，但它们也相互联系、相互转化。即经济法中的权利义务（权力、责任）一体化理论。由于相对方转换，原来角色换位，权利、义务也会转化。如签订经济合同对国有企业来说是其经济独立、经济自主的权利，但对国家来说，则是其必须遵行的义务。

利即利益，主要指物质利益，这是由经济法的经济性质决定的。经济关系实质上都是物质利益关系，物质利益原则也是经济法的重要原则。责、权都必须与利相结合，否则无法作用。

效即效益，包括经济效益、社会效益和环境效益，即经济法三种效益统一体的观点，三者缺一不可。前文已论述，效是责权利的设置起点和检验终点，是贯穿于责权利全过程的中心，但并一定在责权利每个环节都有直接要求，往往是外在于责权利具体主体而作最后体现的。

（四）综合平衡原则

综合平衡原则是由经济法的社会本位和公私法结合的本质所决定的。它是由计划法原则延伸和扩展起来的，现已成为经济生活中都需普遍遵守的一项普遍原则，也是不同经济制度的东西方经济法所共同遵循的主导性原则。作为经济法平衡协调的本质，主要要求社会整体和社会个体、国家与企业之间行为协调、利益兼顾，既保证政府依法行使经济权力，又不得滥用，侵犯企业权益；既保证企业应有的自主地位、自治权利，又不得滥用经济权利，不得干扰或侵犯社会公共利益。但总体看，它是一种价值观，一种指导性理念，并不一定直接在具体的经济关系中应用。但把它作为经济法一项原则规定在具体的经济法律、法规中，落到实际的经济关系中时，它便有了更具体、更丰富的内容和要求。

综合平衡突出的是平衡的综合性，这是由平衡的关系多种多样，但又必须予以整合统一适用所决定的。经济的总供给与总需求的平衡、财政收支平衡、外汇平衡等，都是现代国家政府必须保持的平衡关系。此外，还有产业结构的平衡、地区的平衡、城乡的平衡、社会经济发展与环境资源的平衡、出口进口物资的平衡、当前与长远安排的平衡等。

综合平衡主要在宏观领域内发挥作用，但并非不直接涉及微观领域；

其主要运用间接方式，但并不排除直接方式；主要运用规划手段、经济手段、法律手段，但并不否定行政手段。计划和规划手段是综合平衡的重要形式和手段。计划与规划的区别只是时间长短不同和内容具体化程度不同。

综合平衡指标（计划、规划指标）有些有一定的约束力，但更多的是指导性的。一般而言，其并不对市场主体有直接约束力，但市场主体还是接受指导为好，否则可能付出代价。对国家机关及其负责人而言，这些指标并非没有任何约束力。对一个部门、一个地区的负责人来说，重要的指标是应该予以自觉执行的。

经济法界早提出过经济法的"量化"问题，现在已有不少经济法律、法规有所体现。财政预算、税收、金融、资源耗费等都已有规定。我国为防止过度消耗能源，防止盲目追求 GDP，提出减耗指标。欧盟对各成员国的财政赤字也规定不得超过各国国民生产总值的 3%。我国将来如颁布相关领域的宏观调控法律时，会有更多的表现。

上述四个方面相互连接，又相互制衡。责字当先，以责定权，以责定利，责到权到，责到利生，效是中心。坚持责字当先，绝不是否定权和利，更不是回到原经济体制的"义务本位"上。在责字当先、以责定权、以责定利的同时，也必须责权共达、责利共生。在经济法所调整的领域中，没有只享有经济权力（利）而不承担责任的国家机关，也没有只尽义务而不享受经济权利的组织。无论国家机关还是企业组织，无论其处在纵向关系中还是横向关系时，都要各尽其责、各享其权、兼顾利益、注重效益。

四、经济法的可持续发展原则

（一）可持续发展的含义

早在 20 世纪 60 年代末的时候可持续发展就进入了学者的视野，截止到目前，对可持续发展最权威的定义当属联合国环境规划署 1989 年发布的《关于可持续发展的声明》："既满足当代人的需要，又不对后代人满足其需要的能力构成危害的发展。"我国国务院于 1994 年 3 月 25 日通过的《中国 21 世纪议程——中国 21 世纪人口、环境与发展白皮书》确定了可持续发展战略，它从中国的人口、环境与发展几个方面，结合具体国情出发提出了中国可持续发展战略的核心内容：①把经济发展作为核心任务，为了提高可持续发展的能力，促进经济的可持续发展，要不断完善市场机制，大力发展科学技术；②控制人口数量，提高人口质量，全面发展素质教育，着力改善人民的卫生及健康情况，完善社会目前的福利制度，缩小贫富差距至消除贫困等，以实现社会的可持续发展；③保护自然生态环境以及自然资源，文明开采，文明使用，减少资源使用过程中不必要的浪费，使资源利用最大化，以求资源和环境的可持续发展。由此可见，目前所倡导的可持续发展也即是要尽量保证生态系统的良好循环，以达到环境、资源、人类生产和生活等的动态平衡，只有使社会、经济、人口、资源、环境、科技等等彼此之间协调、合作，当代人类发展的公平、当代与后代之间发展的公平的状态才有可能实现。

（二）可持续发展与经济法原则的关系

1. 经济法产生过程与可持续发展联系密切

经济法的产生与人类的生活密不可分，与为了人类长远发展的可持续性更是相辅相成。商品经济以来，市场经济的自由化也使得竞争愈演愈烈，甚至逐渐到了被扭曲的地步，要制定相应的制度来调节竞争秩序。就目前的社会来说，生产的社会化程度普遍提高，需要更高的社会协调相匹配，而市场自我调节能力的不足在快速发展的社会中逐渐显现，为了市场的经济稳定发展，此时就需要国家参与干预经济活动，国家主动介入经济活动调节经济，促进了经济法的产生。经济法产生于当前社会经济发展过程中种种危机纠结的时刻，也从另一个方面反映了经济法是危机对策法的特点。可持续发展战略是传统经济发展模式的创新与突破，也是现代社会长远发展面临的种种危机的解决方式，表现了经济法和可持续发展在产生过程中的契合。

2. 可持续发展原则与经济法理论基础相同

纵观经济法和可持续发展的起源及发展，我们不难发现其理论基础是一致的，经济法的出发点和归宿是社会的整体利益最大化，经济法解决问题的对策体现了可持续发展的客观规律，追求个人利益和社会利益的平衡状态，既满足当代人的发展也满足后代人的发展，进而很好的衔接代际人之间的发展，最终保持可持续发展。从另一个角度出发，我们可以发现经济法和可持续发展的价值观不谋而合，如，经济法原则中的公平、效率等也都是可持续发展所提倡的。也正因为如此，共同的理论基础也为经济法和可持续发展提供了更好地融合机会。

3. 两者追求的目标一致

产生于社会经济法发展面临危急之时，为了解决市场经济矛盾而来，经济法和可持续发展被赋予了相同的使命，"市场失灵"和"政府失灵"给经济的发展带来了消极的影响，经济法的使命即是解决这一问题，国家把政府干预或协调市场经济合法化，从而达到克服市场失灵，保持经济健康发展的目的。可持续发展追求的目标亦是如此，以肯定发展为前提，在此基础上追求社会和经济发展的整体性、持续性、协调性，保持社会经济的长远发展。

（三）可持续发展原则对我国经济法制建设的促进作用

1．顺应时代潮流，丰富经济法的价值观

就目前我国社会的经济发展来说，新经济政策逐渐引导潮流，经济发展既要创造财富，又要保护生态环境，合理使用资源，使资源可以循环利用以达到资源利用的最大化。但是，由于长期以来人们形成的生产、消费习惯，对资源的节约利用重视度不够，这就需要把可持续发展观引入经济法中，通过法律的形式为可持续发展战略保驾护航，不仅为经济法引入了适应时代方向的价值观，也有利于发挥法律的引导作用，提高人们践行可持续发展的意识。

2．回归本质目标，服务社会的整体利益

我国目前经济建设把实现社会的经济利益放在首要地位，既是符合我国社会的发展需求，也符合追求实现效益与公平兼顾的目标。经济法产生的伊始即把整体利益的最大化作为追求的价值目标，只是过去经济法所追求的整体利益最大化更倾向于单纯的国家、集体经济利益，环境、资源等所占比重较小，可持续发展原则弥补了这一不足之处，使经济法为社会整体利益服务的片面化现象得以改变。既坚持了经济法的本质目标不动摇，又为经济法的价值取向注入了新鲜的生命力，使经济法紧跟时代步伐，为社会乃至全人类服务。

3．开辟别样路径，完善经济法律体系

社会是在不断进步的，尤其是在当今信息时代、大数据时代，更新换代速度加快，落后即意味着淘汰，调整市场经济运行的经济法亦不可避免。经济法唯有不断反思自己的不足，查缺补漏，去陈迎新，才能更好地发挥其作用。将可持续发展原则列入经济法基本原则之中，是与经济法原则中的效益、公平、效率等价值观相契合的，是对经济法体系中倾向于着眼于经济利益、眼前利益，而忽视生态利益、长远利益的弥补与完善。为经济

法如何在当今环境、资源形势严峻的情况下为社会整体利益服务提供了良好的方向指引，使得经济法律体系更"人性化"，追求的价值目标亦上升到了新的高度，不再局限于"金钱利益"的小角落，提高了经济法服务目标的定位，同时也为其他法律体系的完善提供了方向，具有借鉴意义。

五、经济法基本范畴的提炼

范畴及其体系是人类在一定历史阶段理论思维发展水平的指示器，也是各门科学成熟程度的标志。学术思想革命总是同范畴的变革相连，与修正或变革理论体系的革命一样，范畴的革命和以基石范畴为核心的研究范式的革命是极其重要的。[①]

（一）经济法基本范畴提炼的必要性

范畴是人们深层次认识世界的一个工具性载体，是人为总结、归纳出来并进行组织化与体系化的概念及术语，为科学研究提供理论上的分类路径，同时也为学者间进行共同讨论、限定学科框架提供认识的基础。因此，每一门学科的建立都离不开对范畴的提炼、厘定与解释。经济法作为新兴的部门法，最早起源于西方国家，但国外经济法理论的研究更多地停留在对相关概念、规范、理论的阐述与争论之上，对经济法基本范畴的研究几乎是一片空白，中国经济法理论的发展由于受苏联之"经济管理法""纵横统一论"等认知的影响，同样曾一度陷入"部门法地位之争"的困境。对经济法地位及其存在基础的质疑，使得经济法的发展迫切需要理论上的支撑。如何将经济法的理论与实践研究上升到范畴的提取层面，并从法理学（法哲学）角度运用法学原理与方法加强对经济法基本范畴的研究，仍是我国经济法学研究的一个薄弱环节。而要解决现行经济法发展的桎梏，提升经济法自身理论的自洽性与周延性，加强对经济法现象的完整性认知，就必须对作为经济法发展内在基因的基本范畴进行合理的提炼与厘定。

第一，经济法基本范畴的提炼与厘定，不仅是奠定经济法学科发展的基本前提与基础，更可以科学有效地回应其他学科对经济法部门法地位的质疑。概念是解决问题必不可少的工具，没有概念便无法理性地思考法律问题，更无法将对法律的思考转化为语言，但仅仅将对经济法的认识停留在概念阶段同样将阻却经济法学科的发展。一个概念仅仅反映出了某一具体法律名词或理论的内涵，无法系统理论地总结出经济法发展的内在逻辑

[①] 张文显. 法哲学范畴研究（修订版）[M]. 北京：中国政法大学出版社，2001：1.

和理论全貌。经济法的产生、发展过程是一个形成概念范畴并将概念范畴化、体系化的过程。只有在垄断、竞争、干预等众多经济法概念的基础上抽象、概括出经济法的基本范畴才能形成系统化、理论化的经济法学。并且，经济法亦只有形成自身特有的基本范畴体系，才能有效地回应学界尤其是民法、行政法学者对其作为一门独立的部门法地位的批判和质疑，继而与其他学科开展正常的对话与交流。一门学科的成长与发展，需要有丰富且成熟的理论作为支撑，以此推动学科知识体系的形成、更新与完善。基本范畴的提炼、厘定与丰富表明了主体认识的深入与成熟，因而足以显示一门学科独立存在和走向学科化乃至科学化的进程，[①]有无自己的基本范畴以及对基本范畴的认识水平是考量经济法学能否独立存在的重要标尺。经济法的基本范畴是对经济法概念、特征、结构以及法制体系的整体反映与认知，是对经济法法律现象的抽象化与理性认知，它超越了对相关法律规范本身的解释，指引、评价着经济法学科实践的开展，也是与其他学科交流、对话的基础。正是基于此，强化经济法基本范畴的提炼，不仅有利于对经济法的理论进行更深层次的诠释，而且有利于对经济法本质进行更具学理化的解读，从而为经济法的独立的部门法地位奠定更加坚实的理论基础。

第二，经济法基本范畴的提炼与厘定将为经济法具体规则的建构与完善提供解释的标准。学科体系的丰富与发展有赖于基础理论体系的构建与完善，作为一个新兴的法律部门，经济法的发展历史尚短，其制度体系及内容必将随着经济社会的改革与发展进一步完善。"法律解释是沟通立法者意思和人们对法律理解的媒介，是法律从纸面走向生活的工具。"[②]经济法的实施与适用需要对"纸面上的法律"进行解释使其变成"行动中的法律"，以适合于动态发展的经济现象与经济事实。[③]对经济法进行解释也是人们深入认识具体经济法律制度的常用方法，而解释过程同时也是一个论证的过程，它需要在不同的解释方法中做出选择，不同的理论解释将对法律本身的适用与延续产生不同的影响，因而需要深入掌握经济法的理念、本质以及体系结构才能对经济法的适用过程进行科学的阐释。对基本范畴的提炼与把握虽然并不帮助产生具体的法律规范，但却可以为具体的法律解释提供理论选择的标准，使法律在实践中可以得到符合法律内涵的适用。因此，

---

① 汪涌豪. 中国古代文学理论体系：范畴论[M]. 上海：复旦大学出版社，1999：2.
② 王利明. 法律解释学导论：以民法为视角[M]. 北京：法律出版社，2009：34.
③ 谢晖. 中国古典法律解释的哲学向度[M]. 北京：中国政法大学出版社，2005：19.

对经济法基本范畴的提炼与厘定可以有效地促进经济法从"静态之法"向"动态之法"的转变，填补经济法规则的疏漏与缺失，同时也为经济法具体规范的形成与机制的建构提供理论依据。

（二）经济法基本范畴提炼的误区

经济法基本范畴的提炼需要运用法学基本理论进行理性的发现与创造。近年来学界对经济法基本范畴的提炼进行了广泛而深入的探索与研究，这些研究成果对于呼吁和加强经济法学基本范畴的研究具有导向意义。然而，经济法学界对于经济法学的基本范畴、经济法的调整对象等一些根本性问题的研究仍众说纷纭，尚未以求同存异的学术态度达成共识，致使经济法理论缺乏整体解释力，这也说明当前对经济法学基本范畴提炼的学术研究还存在诸多的误区。

第一，简单地从经济学、历史学、哲学、政治学等角度对经济法学的基本范畴作抽象的研究，并将其简单地概括为发展、公平、安全、自由、正义、秩序等。这些固然是经济法学基本范畴的内容，但又何尝不是其他学科的基本范畴，且严格地来说，诸如公平与自由等范畴已超越了法学本身既有的价值，甚至可以说是人类的共同价值理念。因此，单以公平、正义、秩序等作为经济法的基本范畴，既缺少对经济法本质的体现，同时也缺乏理论深度而使范畴本身欠缺科学性。

第二，囿于传统私法的概念，把其他法学学科的基本范畴照搬为经济法学的基本范畴或作为提炼基本范畴的出发点。如将"平等""权利"等范畴冠以经济之名形成"经济平等""经济权利"，并将其作为经济法的基本范畴或作为经济法基本范畴的研究起点。有的虽继续沿用传统法学的概念，但却将其在经济法语境中进行随意的修正或解释。事实上，这样的表述只是对传统法学概念的浅层次改造，根本无法真实反映经济法的特征与本质，有过于追求标新立异之嫌。经济法基本范畴的提炼不仅需要结合经济法本体内容，更需要对所提炼的范畴进行经济法语义上的论证与阐释，"机械"借用或"贴标签"的做法不仅没有赋予其经济法学语境的特定含义，也无法彰显其作为经济法学基本范畴的特征。

第三，尽管多年来经济法学界确实殚精竭虑地提出了一些经济法学特有的基本范畴，但并未遵循法学理论研究的体系性原则进行深入及系统化的提炼，使之构成具有体系性、逻辑性的经济法基本范畴序列。研究经济法的基本范畴，绝不能仅仅停留在单个范畴或范畴群中，要想全面系统地反映出经济法的理论全貌，就必须建立由范畴与范畴群组成的逻辑体系。

（三）经济法基本范畴提炼的标准

相较于传统的法律部门，目前我国经济法的范畴化程度水平较低，已有的经济法基本范畴并未实现体系内部结构的稳定性与高度概括性，经济法基本范畴体系的提炼亟待更加理论化与体系化的研究。科学提炼经济法的基本范畴，需要以法理学的理论基础为支撑，结合法学理论发展的先进成果及法学的具体实践，对经济法的本质、结构以及其具体形态予以科学、理性的认知，并在此基础上实现对经济法基本范畴的归纳与厘定。易言之，经济法基本范畴的确定不仅要遵循法学范畴提炼的一般标准，更要体现出经济法基本范畴体系的特有内涵，并反映出经济法研究的现状与水平。

第一，经济法基本范畴的提炼，应当反映出经济法的特征与本质，实现经济法视阈下具体法律现象的对象整合。伴随着市场经济的发展，政府立基于社会整体利益和实质公平发挥干预职能成为维护经济秩序、调节社会供求关系、促进经济可持续发展必不可少的方式，经济法正是现代国家行使并规范其经济管理与服务职能的法律化结果。经济法的基本范畴必须鲜明地反映出经济法这些独有的理念及价值，并以此为基点体现经济法调节的最基本的内在矛盾，从而为整个范畴体系的推演及逻辑展开提供依据。由于经济法基本范畴是对经济法本质特征的精确凝练，因而经济法基本范畴具有相对于其他部门法基本范畴的"特异性"，即"经济法学所特有的、与其他部门法学相区别的范畴，以及经济法学与其他法学领域有特别差异的范畴"[①]。寻求经济法学语境中特异性范畴的特定内涵和基本特征，需要进一步对经济法学基本范畴的考量标准以及主客观制约因素予以法理判断与剖析。而且，在经济法学等部门法学的各个分支学科领域，一般会存在由法学整体上的共同性范畴和本学科的特异性范畴组合而成的"组合范畴"，它们具有新的特定含义，对于法学各分支学科的发展至为重要。如此体现各个部门法学特异性的"组合范畴"，是对法理学上的非特异性范畴的进一步细化或具体化。[②]以权利为整个法学的基石范畴是学界的共识，顺此延伸，可以得出权利与义务、权利与权力等不同的基本范畴组合，任何法律学科都无法脱离权力与权利的范畴而运行。对经济法上的法权结构来说，其权

[①] 张守文. 论经济法学的特异性范畴[M]. 北京大学学报（哲学社会科学版），2006（3）：100-107.

[②] 张守文. 论经济法学的特异性范畴[M]. 北京大学学报（哲学社会科学版），2006（3）：100-107.

力与权利背后维护的其实是两种基本利益形态——个体利益与社会利益的暗合或重合，并以社会利益为侧重。正基于此，经济法视域中的权利或权力性质有别于传统的私权或公权，权力与权利在经济法学语境中的法理生态及表现出来的样态是特殊的，这种特殊性决定了经济法作为独立的部门法之渊源，更是经济法基本范畴提炼的基础。

第二，经济法基本范畴的确定应在逻辑体系上具有自洽性，以此实现经济法范畴体系的逻辑连贯与统一。经济法基本范畴的凝练需要对大量的具体感性认识予以深化与抽象，而这一过程必须遵循逻辑化的方式，使基本范畴的提炼与概括符合经济法内部与外部逻辑的一致性。这意味着经济法基本范畴的提炼既应遵循自身逻辑与历史的统一性，又要使范畴体系的逻辑结构符合经济法产生的现实基础。经济法基本范畴的提炼不能停留在西方经济法的理论框架、概念或命题之上，而应置于中国特定的社会情景、理论与实践背景，唯有如此才可血肉丰满。[①]经济法根植于经济与社会的现代发展而产生，与现实语境紧密相连，基本范畴的提炼应遵循着经济法产生的经济与社会发展的过程而进行，以保证经济法学的基本范畴体系与经济法在历史发展逻辑上的一致性。换言之，经济法的历史渊源与发展，既是经济法基本范畴提炼的逻辑起点，也是深化、丰富基本范畴内容的切入点，经济法基本范畴的提炼应实现理论深化与历史现实相统一。同时，经济法基本范畴的内部逻辑亦应该具有周延性。经济法基本范畴必须对经济法自身的方法论、价值、本体等内部子范畴系统具有逻辑上的解释力和合理性，并符合经济法子范畴自身发展的基本规律。换言之，经济法基本范畴的归纳与衍生应当在逻辑上符合范畴体系展开的一般规律，并在内容上对经济法律现象、基本矛盾、经济法本质及经济法律体系逐步予以解释与揭示。

第三，经济法基本范畴的厘定既要符合经济法在立法层面的制度构建及相应的学科体系，也要能准确反映经济法的内在法理，对经济法具体实践有着学理上的解释力，这是实现基本范畴"体系正义"原则的基本要求，经济法基本范畴是对经济法之理念、价值、研究对象以及学科的基本框架进行的提炼，因此范畴的提炼按照推衍逻辑进行展开，从抽象到具体的适用中所反映的内容应该贯穿整个学科制度体系，与现实状态下的学科理论和系统生态相对应，形成结构稳定合理、层次分明的理论整体。在此意义上，经济法立法及实践层面的制度结构与学科体系不仅是经济法基本范畴

---

① 梁治平. 法治在中国：制度、话语与实践[M]. 北京：中国政法大学出版社。2002：87-89.

提炼的制度与理论来源，也是经济法学基本范畴体系在"体系正义"指引下的检验标准，以确保经济法基本范畴本身的理性程度，使之在哲学层面上契合范畴的本质特征。与此同时，经济法基本范畴的提炼过程本身即是对经济法这一部门法的法理研究深入的过程，因此尽管经济法的外在表现形式以规范存在居多，但对其基本范畴的提炼仍应当避免就法论法，突破"规范教义"式的研究范式。经济法基本范畴的厘定不仅要符合经济法规范的文字意蕴，更要揭示经济法规范内含的法理精神。经济法作为现代国家实现经济调控的主要手段，其内容自然会随着国际经济发展理念和一国经济发展政策的转变而发生变化，此时，就需要在明确经济法所持的社会本位理念和保护的法益基础上，着重对经济法主体的层级结构及其法权配置进行哲学上的思考与法理上的解构，以此在本源上掌握经济法制度构建的基本框架与整体轮廓，以应对不断发展的经济结构与社会关系对经济法的现实需求。只有依此路径，才能确保所提炼之基本范畴具备对经济法进行学理解释的功能，才可能形成对经济法动态前进的立法与司法过程的有效理论指引。

（四）经济法基本范畴提炼的路径

我国经济法的发展起步较晚，在法制体系的建构与理论的发展方面深受国外经验的影响，经济法学科虽发展迅速但却因脱离中国的实践语境而饱受争议。因此，经济法学基本范畴的厘定与提炼应当在吸取经济法建立之初的教训的基础上，立足于法理学原理和方法，着重于经济法发展体系的梳理与归纳和对中国经济法具体实践问题的解读与关注，这也是保证经济法基本范畴提炼的能动性作用得以有效发挥的必要条件。

第一，经济法学基本范畴的提炼既要以法理学原理与方法为支撑，又要突破传统法学理论的局限性，以批判发展和更具理性的思维厘定经济法的"特异性"范畴。法理学在法学体系中处于基础理论地位，在系统阐释法的本质以及一般发展规律等核心性问题方面依旧具有不可替代的学科优势。经济法学基本范畴的提炼与归纳，不仅需要以法理基础知识为支撑，运用法理学的基本原理与方法，渗透到经济法学基本范畴的研究之中，亦需要综合运用法学理论来解释并检验已提炼的经济法基本范畴及其体系是否兼具形式与实质理性，是否真正反映了经济法的理念与本质。

首先，经济法基本范畴的提炼应以法学基本范畴为基础。基本范畴是对法学作为一门科学的全部现象进行的评析与认识，并以法的本体论、进化论、运行论、价值论为逻辑内容进行体系化的构建，并由此组成法学的本体论范畴、进化论范畴、运行论范畴、价值论范畴以及主、客体等范畴。[①]经济法基本范畴的提炼可以遵循同样的思维路径，围绕基石范畴——社会整体利益最大化与个体利益以及国家利益间的矛盾的展开、流变、发展、转化及联系，循序推演出经济法的价值范畴（实质正义与公平、经济秩序与效率）—主体范畴（规制主体、市场主体）—客体范畴（自然资源、产品资料、经济行为和信息资源）—行为范畴（市场规制、宏观调控等）—责任范畴（社会责任）等基本范畴，然后按照基石范畴、基本范畴以及普通范畴的排列归结出经济法的范畴体系，这一理论研究过程集中展现着经济法的理性认知由抽象贫乏向具体丰富推进和升华。

其次，经济法基本范畴的提炼也要综合运用法学研究的基本方法。法学研究本质上是一种人文研究，法学研究的客体均带有一定的目的性与主观性，法学研究方法离不开法律本身所内含的目的与价值，而研究者亦无法保持价值中立，研究者所做之评价与研究均以一定的价值为研究思维之基础。经济法基本范畴的提炼既需要对经济法具体制度进行客观认知，也需要对经济法制度下的具体法律规范进行价值评判，在对具体经济法律规范进行合目的分析基础上归纳、总结经济法的基本范畴。此外，经济法同样具有鲜明的实践性特征，经济法具体制度的实施可以能动地作用于经济法的具体法律规范，经济法中一些具体法律制度的修改与完善均是对经济法实践的一种反馈，以更好地体现经济法的内在本质与作用。因而对经济法基本范畴的提炼还应注重运用实证分析的方法，结合经济法的具体实践对经济法的基本范畴进行论证，确保基本范畴的科学性。

最后，经济法基本范畴的提炼要突破传统法学理论的局限性。在新兴的部门法尚未形成统一成熟的理论框架进而无法为法理学的发展提供素材的情况下，法理学很难发挥对新兴法律的原理、范畴体系等予以系统的归纳与总结的理论指导作用。因而就经济法的基础理论研究与制度构建而言，传统法理学对经济法这一新兴的法律现象的解释能力与指导能力是有限的，尤其是传统法理学所遵循的以调整对象为核心的部门法划分标准，在适用经济法之独立部门法地位方面解释力明显不足。如若在经济法基本范畴的提炼中再对法理学存有过分"实用化期待"，已然不合时宜。经济法要在理论逻辑角度实现与法理学的通达自洽，不能仅仅机械被动的套用传统法理学的概念，更为关键的是要建构一套能够传承法理学之合理内核并体现出

---

① 张文显. 法学基本范畴研究（修订版）[M]. 北京：中国政法大学出版社，2001：13.

经济法独特品性的部门法哲学理论。经济法基本范畴的厘定路径应在诉诸现行经济法条文的基础上，拓展到经济法背后的理论渊源中，从其社会基础（市民社会下国家—社会中间层—市场三元主体框架）、经济基础（市场经济关系）、思想基础（从代议制民主向协商民主的转换）等方面对经济法所内含的公共性、利益诉求及立法演变进行剖析与解读，围绕其社会性与公共性最终形成经济法特有的范畴及理论体系。

　　第二，经济法基本范畴的提炼应当重视对经济法基石范畴的厘定与诠释，并在基石范畴的基础上整理、确定经济法基本范畴的具体内涵。任何一种理论想要自成体系或形成学派，都必须具备自己的理论基石，而理论基石的具体表现形态就是基石范畴，基石范畴是整个法学范畴体系的逻辑起点和基础，基石范畴的差异直接决定了理论体系构建的不同，从而也就形成了理论研究中的各类不同的学派。法学研究的过程是"由点及面"并最终上升为体系的过程，提炼、厘定经济法的基本范畴体系不能盲目追求一蹴而就的结果，而是应当遵循从基石范畴到基本范畴的提炼范式，将经济法的基础理论与部门实践相结合，从而确保经济法基本范畴体系提炼的科学性与理论性。提炼、厘清经济法的基石范畴，离不开对经济法的基本矛盾及其法律关系的深层次认知。实践中，经济法所调整的社会关系属性大多表现为个体私利性与社会公益性及由此产生的效率与公平的矛盾，而这些矛盾的背后实质是普遍存在的私人利益与公共利益的辩证统一关系，因而从利益维护的角度来提炼并阐释经济法的基石范畴，更能贴近对经济法本质的概括。因为法律所认可和保护的利益最终是通过权利和权力的形式来体现的，决定权利与权力具体表现形式的就是两者背后所维护的法定利益。利益冲突是法律产生之源。"现代生活日益增长的复杂性以及各种相互抵触的社会力量间的冲突，使法律在某些情形下为了公共利益而对自由进行分配或限制具有了必要性"[①]，也正基于此，经济法正是通过对自由特别是竞争自由和契约自由做出适当的限制来保障社会整体利益的最优。经济法是以维护社会整体利益为出发点与着力点，通过确立自由、公平的市场秩序和持续、协调的宏观调控等社会整体利益所需的规则，实现对个体与整体利益等其他形态的利益的保护，这种法益结构正是经济法为国家干预提供法律手段和制度框架的结果。社会整体利益的维护深刻地揭示了经济法律体系的理论起点，也对经济法律实践做出了很好的诠释，同时反映

[①] [美]E. 博登海默. 法理学——法律哲学与法律方法[M]. 邓正来，译. 北京：中国政法大学出版社，2004：307.

出经济法的本质特征，因此被当前经济法学界普遍视为经济法的基石范畴。也正因此，经济法基本范畴的提炼及具体内涵的厘定必然以社会整体利益为逻辑起点而展开。

第三，经济法学基本范畴的提炼应结合经济法基础理论与具体实践进行。"所有的概念和理论都不过是我们的认知努力的暂时结果。这些暂时结果永远也无法摆脱被批评和被修正的命运。"①经济法基本范畴的提炼不仅意味着通过基本范畴的厘定深化对经济法进行抽象及理性认知，推动经济法具体制度的完善和学科理论的发展，更意味着经济法基本范畴提炼应结合社会经济发展语境进行论证与评价，确保经济法基本范畴的科学性、精确性与周延性。任何理性认识都具有相对性，但相对之中也存在确定性，因此经济法基本范畴的提炼及其实践效果必然要依赖于特定时间内的具体情境，并由特定的方法论证而成，缺乏科学的检视与评价，经济法基本范畴的提炼将失去客观性的参照。经济法基本范畴的提炼必须立基于变迁中的具体经济法制度或实践。法学研究既要对研究对象进行历时性的考察与梳理，也要对研究对象进行共时性研究，经济法的形成是社会化生产关系进一步发展与经济结构转型的共同结果，对经济法基本范畴的提炼离不开对变迁中的经济法制度的考察。如我国早期经济法集中体现为国家宏观调控职能的载体，但现代经济法不仅关注于对市场秩序与社会整体效益的规制与促进，更注重对市场经济结构下的弱势主体的利益进行维护与平衡。其实，经济法基本范畴的提炼之所以立基于具体制度或实践，是因为从制度实践中提取的范畴从根本上反映并体现了对经济法本质认识的深入与变迁。随着我国经济法实践的深入发展，尤其是反垄断、反不正当竞争领域中新的规制方式与审查标准的形成，使得学者们对经济法的本质有了更深层次的认识，在理论研究中，社会公共利益和作为其基础的社会经济秩序以及社会责任等范畴亦逐渐被归纳为经济法的特有基本范畴。②社会经济变迁与发展中的经济法具体法制及其实践，是经济法本质的外在表现与价值彰显，为经济法基本范畴的确定及范畴提炼的科学性与真理性提供了重要的参考标准，也是检验经济法基本范畴证伪的"试金石"。因此，经济法的基本范畴必然要针对经济法的基础理论和具体实践进行理论上的诠释，这也是经济法基本范畴的作用之所在。

---

① [德]莱茵荷德·齐佩利乌斯. 金振豹，译. 法哲学[M]. 北京：北京大学出版社，2013：5.
② 刘水林. 经济法是什么——经济法的法哲学反思[J]. 政治与法律，2014（8）：87-102.

第二节　经济法的价值思考

一、经济法的价值范围

（一）存在价值

商品经济是经济法存在的基础，两者间相互影响，经济法是商品经济保护法，它在鼓励企业间互相竞争，打破资源垄断的同时维持正确的竞争秩序，防比恶性竞争及不正当竞争。安全交易是市场秩序稳定的前提，经济法对各种经济关系进行调整，促进良性交易的发展，推动经济朝着快速发展的方向稳步前进，它在宏观上对市场进行监管，规范市场道德，使道德法律一体化。

（二）法权价值

经济法揭示了经济的权力本质，但它这种本质并不是指扩张权力，而是限制权力。限权一方面是对私人权利的限制，另一方面是对国家权力的限制，目的在于保障国家分配、再分配的秩序的规范合理，保护私有企业权力不受侵犯，保障私人企业的权益。从某种意义上说，经济法不但可以对市场进行纠正，还可以对行政进行纠正，确保经济政治的平稳发展。

（三）资源价值

经济法中的公平观念在于谋求交易规则的公平与平等，这并不是说明它想建立一个新规则干涉市场自由贸易，它所求的目的在于维护现有的市场规则、法律规定。经济法使市场间所有企业在同一个指导下进行交易，谋求的规则平等，并不是最终的结果与利益的平均，而是谋求在交易过程中的公平一致性。它的公平理念还体现在发展公平这一个国家提出的新型观念。经济发展会推动技术发展，技术发展后自然能养活更多的人。当然，理论上人口就越多，人类消耗资源的速度就越快，但技术的发展能从地球上得到更多的资源，或者以前不能用的资源在技术提升后又可以用了，如可燃冰。地球会不会持续性发展就看能不能做到人口—技术—资源平衡。发展公平认为经济发展速度的提高和生产力的发展是无限的，自然界中的资源却是有限的，人类当今社会所存在的一切事物，都是在自然资源的基础上而产生的。依照生态学原理，生态系统中自然资源经过漫长时间的积累与演进，要遵循一系列复杂的规律，通过一定的系统组织功能，按特定的速度进行。因此，谋求人与自然之间发展的平衡是如今人们面临的一个重要难题，这也是经济法中发展公平要考虑的。

（四）社会价值

传统商法以利己主义为核心，遵守道德为内涵，可是，随着经济发展速度的不断加快，交易形式日趋复杂，人们的利己主义渐渐走向极端，传统民商法显现出了弊端，有些商人在法律漏洞的掩盖下做着有悖道德伦理的事。经济安全是一切经济活动的前提，是经济法终极社会价值目标，如果说民法是微观经济的范畴，那么经济法则是宏观经济协调经济秩序，为国家整体经济安全提供了法律保障。

二、经济法价值取向的各种观点

法的价值取向是指法律对人产生的积极意义或有用性的一种选择和排序。经济法的价值取向是指经济法在规范和调整社会经济关系时期望实现的价值，它既是经济法所追求的期望目标，也是经济法对这些目标的选取和排序。改革开放 40 多年来，国内外众多学者对经济法价值取向问题进行了深入讨论和研究，提出了许多理论观点，其中有代表性的主要是以下几点：

（一）公平论

邹武鹰认为经济法在国内外的发展历程充分显示了它在调整经济运行过程中的价值：维护经济公正，这是它的本质价值，也是其本质属性。经济法的公正价值，既是其他价值的基础，也是其他价值的最后归宿。闫继华指出，从经济法的产生来看，经济法的价值体现在公平、秩序和效益，经济公平是经济法价值的基础，在经济公平的前提下形成良好的经济秩序，稳定良好的经济秩序为经济效益提供保障。马会认为，经济法在我国当前社会经济状况下的根本价值取向是公平优先而非效率优先。

在现实环境中，受客观和外界因素影响下，尽管起点是相同的，最后结果也会出现比较大的差异，因此需要借助人为力量加以规范。特别是市场经济，因为市场经济的特点是自发性，当没有外界力量加以引导，非常容易出现比较大的贫富差距。经济法的推出，它突出社会福利观点，它肯定经济意义上合理分配差距，也重视社会意义上分配合理性。主要的方法就是税收。经济法运用税收杠杆，对差距过大的收入分配进行调节，对收入进行合理分配，从而实现了结果公平。

但经济法的分配和平均主义是不同的。我国在改革开放前，采取的是比较集中的计划经济体制，追求绝对公平，但是对大众的积极性造成了打击，最后不仅没有产生丰富的物质资源，却导致发生饥荒的悲剧。因此，经济法追求的结果公平不是追求绝对平等。但指的是富多给，贫少出。我国推出的个税法、劳动保障、医疗保险等都是追求结果平等的体现。

（二）公平与效率统一论

曹平、李晓巍从经济法产生和发展的历史脉络、经济法的本质属性、我国经济体制改革发展的历程以及公平与效率的关系展开研究，认为我国经济法的根本价值取向是公平与效率的和谐统一。陈桂莲指出公平与效率是我国经济法的根本价值取向，通过坚持公平与效率进而真正实现经济法的价值，确保我国社会主义市场经济良好有序发展，进而实现社会主义和谐社会和全面建成小康社会的宏伟目标。

（三）国家经济安全论

吴保宏指出经济法是国家对经济进行干预的最基本的法律，其最根本的价值取向就是维护国家经济安全。罗杭春认为，法的首要价值是安全价值，经济法的安全价值是国家经济安全，经济法所追求的国家经济安全包含两个价值目标：一是宏观经济安全，二是发展安全。

（四）社会整体利益论

孔德周基于对中国经济与社会发展中若干矛盾分析，认为经济法的最高价值是通过公平，实现整体的、长期的、协调的高效益，经济法的价值是一个多元的、多层次的系统。赵伟昌指出经济法是以国家公权力的强制手段面貌出现，维护社会公共利益和人的基本权利是经济法的最终价值和根本宗旨，保护竞争公平、加强宏观调控、实现社会整体公平与效率的统一是经济法的基本原则。杨圣洁认为经济法的目的性价值是社会整体福利（幸福），体制效率、结果公平、经济自由和经济秩序是经济法的工具性价值。丁建军指出，经济法的价值本位是社会整体经济利益的实现，具有明显的经济性和社会性。

三、市场经济下经济法的应用价值

在中国进入世界经济市场以后，面临着更强的竞争，同时也有了更广阔的发展空间，而能否更好地发展，就要看我国对于经济法的完善和应用了，合理运用经济法，才能让市场经济发展有条不紊，经济法是市场经济的基本法，市场经济如果想要更加完善，面对国外市场想要提高竞争力，就必须加强完善基本法，这是经济法对市场经济所拥有的实用价值来决定的，如何妥善运用经济法正确管理市场经济，是我国经济法面临的主要问题。

（一）市场经济背景下经济法的应用现状

自从我国实行改革开放政策以来，经济一直处于极速发展状态，我国也始终围绕市场经济，不断加强经济法的应用和管理，尤其是经济法的建立，为社会主义市场经济的发展提供了极大的助力。一开始，国家初始制定了经济法，形成了以推动社会主义市场经济发展的法律体系，让我国经济市场体制得到了完善，我国市场经济模式大多数以企业为主，因此，加强相关方面的整合，通过对经济法进行完善和修改，让我国市场经济发展也越来越迅速。当今的时代是全球化、经济化的时代，我们的眼光要放长远，不能只顾开阔国内市场，要尽力发展国外市场，只有把目标定位在全球，才能更好地发挥经济法的作用。而不断完善经济法的目的有很多，如为了使市场经济竞争充满公平性，保证我国市场经济的发展水平，增强我国市场经济的综合竞争力，发掘更广阔的市场。

（二）市场经济背景下经济法的应用价值

1. 经济法对市场经济的效率价值

效率是指在不影响质量的条件下，成本与利益之间的关系。在市场经济中效率的主要体现是对于市场经济资源的有效利用。合理地运用经济法，可以对市场工作效率形成良好的影响，有效加快经济体制的完善。经济体制是包括激励、配置、保险和约束 4 个方面的经济制度。目前我国不同地区有着多种多样的经济体制，每种经济体制对于这 4 个方面的侧重点都不尽相同，正因如此，才导致各个地区市场经济发展不平衡。经济法通过对市场经济的管理，加强经济体制的建设，平衡经济资源的配置，加强了经济体制的效率，节约了资金成本。

2. 维护经济公平价值

公平是市场经济交易的基本法则，也是我国传统的交易观念之一，在我国民商公平与经济公平的含义是相差甚远的，我国民商公平是个人主观意义上的公平，如贫富差距、收入差距、待遇差距等，仅仅只是表示自由，而经济公平是追求全社会的经济交易范围内的公平，经济法直接关注竞争公平介入过程，保证过程和结果全部公平，这对于市场经济公平是非常有利的。通过推行经济法可以做到两方面的公平：竞争公平和发展公平。

竞争公平取决于经济法的实行力度，要做到竞争平衡首先要做到市场上各个法律地位平衡，我国的法律对于市场上的企业待遇问题存在着很大的不平衡，鉴于此原因，一方面，我国法律应明令禁止在市场竞争中有人借助超越经济势力范围内的手段进行竞争，以便于维护市场的稳定性；另一方面，经济法在对各种现象进行管理时，不应出现不公平的现象。竞争的公平，不仅仅要求竞争过程公平，还要竞争结果公平。要达到竞争结果的公平，还需分配公平。分配公平，就是把资源产生的利益进行公平分配。其主要关注的是如何将利益权利义务合理地分配给每一位有功成员。经济法有益于帮助社会上每一位有才而不得志的人才找到自己的机遇，帮助社会上处于不利地位的人。

发展公平对于市场经济中每一家企业都是福音，但我国目前经济法还不完善，做不到真正意义上的公平。经济法的公平价值也在新的经济法公平理念中锚定，最近几年，生产的分工越来越明确。工作人员和生产资料的相互结合产生了良好效果，但是同时附加性原则和合作利益法则问题也随之而来，新福利如何分配给工作人员，成了我们应当思考的问题。传统的法律主张自由贸易，国家不参与干涉，但是随着时代的发展，这种维持的发展公平逐渐被打破，这时国家就有必要动用自己的信息介入贸易市场中完善经济法，承担起贸易之间的调和作用，让单纯的市场经济增长变为国家综合实力增长。

3. 保证市场经济安全

经济安全是一切经济活动的基本前提，是衡量一个国家的基本经济秩序和经济问题是否能保证经济利益和经济行为的重要标志，传统的贸易关系只发生在民间的合作伙伴之间，合伙人之间需要有很高的专业知识。因此，传统民法与双方当事人地位相同，在平等的基础上寻求协议，并根据协议确定双方的权利和义务内容。本规则是对当事人的保护，是对个人安全的一种保护。因此传统的贸易规则是为保护交易安全而构成的商法概念。

4. 促进我国经济信息交流

市场经济条件下，经济法能有效促进引导信息的传递，经济发展与有效信息的传递、经济信息与经济行为的相互作用密不可分，论市场经济经营者的效率与利益这个经济法的制定是经济实体合理合法的前提。它使得经济事务委员会紧密合作，在经济活动领域，经济经营者可以不断地产生经济互动，相互传递信息。特别是经济法传递的信息，传播速度快，范围大，能够有效让信息传播到市场各处，信息交流促进中国经济朝着合理、合法良好的方向发展图。[①]

四、新冠肺炎下的经济法价值

（一）政府应对新冠肺炎疫情的经济举措

1. 安排专项财政资金

政府安排疫情防控的专项资金，主要用于三个方面：

（1）疫情防控方面。实施地方财政统筹安排、中央财政补助的方式。对确诊病人发生的医疗费用，在按照规定缴纳基本医疗保险、大病保险、医疗救助等费用后，个人负担部分由国家财政予以补助。

（2）个人补助方面。对确诊和疑似病例、参与防治工作的医务人员和预防工作人员给予补助，对履行职责中感染的医务人员和相关人员给予保障，增加医务人员一次性绩效工资总额，提高卫生防疫补助标准。

（3）企业支持方面。重点给予企业贷款财政贴息，免收医疗器械和药品注册费，实施重点医疗物资政府兜底采购收储，减免农业信贷担保相关费用，支持农产品冷藏保鲜，免收收费公路通行费，给予农产品供应链资金支持，减免技术服务收费，延长还贷期限、放宽贷款担保，减征基本医保费和企业社保费，给予住房公积金阶段性支持。

2. 加大药（用）品价格监管力度

市场监管总局开展了"保价格、保质量、保供应"系列行动，覆盖全国各行各业。

3. 实行税收优惠政策

新冠肺炎疫情期间国家的税收优惠主要有两个方面：

（1）个人补助方面。个人向县级以上人民政府、公益性社会团体和医院捐赠的用于防治肺炎流行的现金和物品，可以从个人所得税、参加防治人员的补助、奖金税前全额扣除，对传染病患者免征个人所得税，对单位

[①] 刘顿. 经济法在社会经济发展中的应用价值[J]. 中小企业管理与科技（中旬刊），2018（12）：110-111.

发放给个人用于预防肺炎的物品免征个人所得税。

（2）企业支持方面。执行重点物资生产企业所得税和增值税政策、企业捐赠税收政策、用于防疫的进口物资免税政策（不执行美国的关税政策），免征交通运输和生活服务企业增值税。

4. 严厉打击制造销售假冒伪劣商品行为

全国公安机关食品药品犯罪侦查局依法加大对抗疫药品、医疗器械、防护物资制假售假违法行为的查处力度。

5. 保障农民、城镇困难群众免费医疗

对患者医疗费用实施补助，除了基本医疗保险、商业保险等外，其余由中央和地方财政全部负担。疑似病例由就医地制定财政补助政策，中央财政给予适当补助。

（二）政府经济举措所体现的经济法价值

1. 秩序

秩序在经济法价值中有着基础性的意义。疫情下的暴利状态引诱着资本破坏市场交易机制，使得经济失序，经济法的其他价值追求自然难以实现。而经济法发展是以解决市场失灵和政府失败的特殊社会问题为基础的。疫情期间，市场失灵需要政府更多干预才能体现经济法的秩序价值，主要体现在四个方面：

（1）维护经济主体和经济管理主体的准入秩序。一方面，对于缺乏资质而违法生产、销售医疗防护物资的主体进行处罚，以维护消费者利益；另一方面，准许有资质的非医疗用品生产企业生产医疗防护物资，如服装企业生产口罩、防护服，酒类企业生产医用酒精等，增加供给，控制价格，稳定秩序。

（2）维护生产、交换的生产经营秩序。经济法通过《产品质量法》《价格法》等市场规制法把市场主体的经营活动限定在一定范围内，并通过对这些法律强有力的实施，如查处假冒伪劣产品和哄抬价格的违法行为，来保障经济秩序的稳定性和持续性。

（3）维护经济主体自由、公平的竞争秩序。经济秩序的目标是保障经济自由，经济法的秩序价值是自由和秩序的统一。疫情期间，既要防止垄断行为，又要打击不正当竞争行为，以确保口罩、防护服、消毒液、感冒药等急需物资的正常供应，维护良好的竞争秩序。

（4）维护总体宏观经济秩序。经济法的效率是整体的长远的效率，这就意味着对于经营者不能只重视其营利主体的特质，还应该注重经营者的经营活动对宏观经济的影响。[1]国家根据宏观调控法制定产业政策、运用诸如减免税收的财政政策和降息的货币政策，鼓励、引导各行各业复工复产，促进经济活动的恢复，稳定经济秩序。

经济法在市场失灵时修正并弥补私法的不足，以国家为主体建立了一整套的监督与管理机制，以尽可能低的成本来维护市场的秩序与安全，为实现实质公平这一经济法的根本价值提供了保障。

2. 效率

虽然人员的流动和聚集有进一步提高疫情严重性、紧迫性的可能，但是全行业停摆一个多月导致的经济损失难以估算，复工复产必须提上日程。各级政府为复工复产制定了多项措施，契合了经济法所追求的效率——社会经济总体的、长远的、可持续的效率。

（1）个体效率和团体效率相互促进、相互制约。中国走的社会主义市场经济道路意味着国家不只是市场经济的守夜人，还具有促进经济发展的义务，这就要求国家主动承担更多的资源整合功能和扶持功能。在复工复产期间，对于不同行业制定了不同的政策。

（2）短期效率和长远效率统筹兼顾、相互协调。国家出台《支持企业复工复产十条》后，成都、北京、江浙沪、广东作为春节后"复工潮"的人口主要流入地，防控疫情的压力很大，各地制定各种政策有序复工，虽然短期内经济恢复效率较慢，但有利于抑制后期疫情反复，保障长远的经济效率。

可见，经济法不仅能保障经济的平稳运行，同时也是经济发展的推进器。

3. 公平

"不患寡而患不均"，公平是人类社会的重要追求也是经济法的基本价值取向。在这一特殊时期，公平也是人们讨论的重要话题。2003 年的"非典"期间，免费医疗只面向患者中的农民和城镇困难群众；但是此次疫情期间，国家对确诊病例实行财政兜底。这一政策广受好评。经济法的公平价值，主要体现在分配公平和结果公平两个方面：

（1）分配公平。在疫情期间由于防控物资供不应求，经营者囤积居奇、

---

[1] 李友根. 论经济法视野中的经营者——基于不正当竞争案判例的整理与研究[J]. 南京大学学报（哲学·人文科学·社会科学），2007：55-66.

哄抬物价，社会资源无法得到合理配置，消费者处于弱势地位，只能被动接受高昂的物价。根据《中华人民共和国价格法》第十四条："经营者不得有下列不正当价格行为：（七）违反法律、法规的规定牟取暴利。"于是政府一方面对于超过平常价格 15%销售医疗防控用品的经营者进行处罚；另一方面，采取医疗防控用品限额购买、经营者按照政府定价销售的措施，协调经营者和消费者两个群体的利益，在一定程度上限制了经营者的利益，维护了消费者的利益，进而缓和了双方的利益冲突。

（2）结果公平。社会救助是保障民生的重要举措之一，事关困难群众的基本生活和生存保障。我国《社会救助法》尚未制定，依现行的《社会救助暂行办法》（2014 年国务院制定）第三条第二款规定，县级以上各级人民政府各部门依职责负责社会救助管理工作。该办法第二十条规定，国家要对受灾人员提供生活帮助。疫情期间，地方政府准备和调拨困难群众生活紧缺物资，并下拨临时救助资金，确保了困难群众及时得到应急性、过渡性的救助，体现了经济法所蕴含的实质公平要义。

经济法所注重的是社会公平、实质公平。例如国家发放给一线医疗人员和工作者的补贴虽然看似特殊待遇，但却是实质意义上的公平的体现。

4．正义

正义是维护和谐稳定的社会秩序的精神支撑。马克思主义认为，正义的评价标准应该是经济基础的符合性以及对社会稳定的积极作用。实现正义的价值必须平衡好公平与效率之间的关系。保护弱者是正义，所以在重视分配公平、机会公平的同时应兼顾结果公平，进行社会救助。在特殊时期政府还应通过平衡经营者和消费者的关系，保护消费者的利益。重视效率是正义，所以兼顾复工复产的迫切需求和预防疫情的长远利益，政府有序安排复工复产。据此，经济法的正义观应有三层含义：

（1）给予弱势者关怀。根据差别待遇原则，在人们可以接受的范围内，国家可以通过各种方式平衡社会关系，维护甚至照顾社会弱势群体的权益。这种维护和照顾针对的既可以是劳资关系中的劳动者的利益，例如，人社部规定，职工受疫情影响不能参加工作的，企业需正常支付工资；也可以是一个群体中的弱势群体，如小微企业在疫情期间抗风险的能力更低，需要政策向小微企业更多的倾斜。

（2）重塑社会主体人格。企业作为营利性组织，为了其利益最大程度的实现，在特定时期可能会侵害劳动者、消费者等的权益，因此对企业的行为要做出规制。例如，企业要配足口罩、消毒液、额温枪等物品，只有具备了最大程度预防感染的能力，保障好劳动者在劳动期间的安全，才能稳定企业经济环境。这虽然对企业是一种负担，但是却既能保持企业在疫情期间长期的生产能力，有利于保障企业自身利益，又能保护社会的公共利益。

（3）平衡协调社会关系。社会关系的平衡协调，一方面要求构建可持续发展的纵向、横向内在协调的社会结构；另一方面，利益分配的公平对利益相关方至关重要。而要协调好社会中的各部分主体的利益分配，则依赖于政策制定的程序正义和正义程序的真正落实。因此社会关系的平衡协调既需要决策、执行的公开透明，也需要政策的制定具有民主性和科学性。

第三节　新常态与经济法

一、经济新常态概述

（一）经济新常态概念

"新常态"这一概念最早是由美国太平洋基金管理公司总裁埃里安于2008年开始使用，用以预言2008年国际金融危机之后世界经济增长可能的长期态势。

经济新常态则是经济结构的对称态，旨在强调经济结构对称态基础上的经济可持续发展。由此可见，经济新常态区别于"经济常态"，是立足于调结构、稳增长的经济，是着眼于经济结构的对称态及其基础上的可持续发展，而不仅仅是狭义的GDP、人均GDP的增长与经济规模最大化。[①]换句话说，经济新常态就是要"用增长促发展，用发展促增长"。

（二）经济新常态基本特征

1. 降速度

自改革开放以来直到2011年，中国经济始终保持着9.87%的年均增长速度。中国经济在近三十年的时间里，速度增长之快引起了全世界的关注。然而在2014年、2015年，中国经济增速呈现回稳态势，年增长速度下降至7.7%左右。我们必须意识到，在新常态下，中国经济增速虽然放缓，但实

[①] 唐宇菲，严勇. 经济新常态下上海自贸区对浙江经济的虹吸和溢出效应分析[J]. 管理观察，2015（35）：171-174.

际增量依然可观，即使是 7% 左右的经济增长速度，在世界范围内，依然是速度与总量共增的典范。

2. 调结构

产业结构是经济结构的重要组成部分，在经济新常态下，产业结构的调整是我国经济发展的必然趋势，主要表现在：①进一步优化第一产业改革，推动其健康发展，第一产业的良性发展，既是对二、三产业的强力支撑，同时也是我国优化经济结构、建设社会主义新农村的必然要求；②进一步调整现有第二产业格局，在科技研发、技术创新、节能减排、落后产能转型等方面多下功夫，同时加大对新兴产业和创新制造业的扶持力度，让第二产业成为推动我国经济持续健康发展的"助推器"；③进一步关注第三产业良性发展，在解决就业之余，也对第一、二产业形成了"反哺"，促进我国经济转型。

3. 促消费

在经济新常态发展下，经济的增长速度相对放缓。通过银行降息、资本融通、商业信贷等方式，消费愈发成为一种有效的拉动经济的手段。但我们也应该看到，投资永远主导消费，只有投资主导下的消费才是可持续的消费，只有投资主导消费，才能达到经济结构的优化和经济的可持续发展。[1]

4. 化矛盾

当前，我国经济进入新常态发展模式，在转型过程中，各地区经济发展不平衡、居民收入差距大、医疗卫生系统改革阻力大、部分官员贪腐现象频出等，一方面容易激化社会矛盾，另一方面也严重阻碍社会主义和谐社会的建设。因此，强化监督、加强管理、深化改革、化解社会矛盾，也就成为我国发展经济的"必修课"。

（三）经济新常态的基本模式

1. 政府强化社会保障

经济新常态下，国家机关要完成从经济型政府向服务型政府的转变，工作重心逐步向社会保障倾斜，将民生问题作为今后工作的重点，降低现阶段可能发生的社会风险、经济风险等问题，进一步明确政府权、责界限，

---

[1] 陈世清. 新常态经济与新常态经济学[J]. 宁德师范学院学报（哲学社会科学版），2015（2）：34-38.

打破寻租空间，从而保障国民的基本生产生活，让广大干部群众更好地投入到国家的经济建设中来。

2. 市场规律促发展

我国十八届三中全会强调市场的决定性作用，十八届四中全会更进一步，提出了法治经济建设的新思路。即政府在法律法规允许的范围内，在市场规律起资源配置作用的前提下，通过职能转换、简政放权、适度让利等方式，将经济发展的主动权交给市场，让更多的企业、资本、人员参与到国家的经济活动中去，从而将我国市场经济搞活、搞好。

3. 鼓励大众创业、万众创新

我国当前的经济发展着力点已逐步由原先的"出口为王"转变为现在的促进内需，大众创业和万众创新作为我国优化产业结构、提高技术附加、缓解就业矛盾的重要手段，需要政府在很多时候予以政策、财政、公共服务方面的支持。

经济新常态的发展一方面需要法治的保驾护航，另一方面也对相关法律产生了深远的影响，尤以对经济法的影响最为突出。

二、经济法的功能定位

（一）经济法制约经济发展的方向

对于经济法的功能定位，首先要能够定位经济法制约我国市场经济发展方向上。虽然市场经济在推动国民经济发展中发挥着重要的作用，但市场经济与我国的社会主义制度有一定的冲突，而经济法的重要功能就是能够对社会经济发展方向进行制约，使市场经济在促进经济发展的同时，与国家的制度相符合。我国的经济制度一定要能够与社会主义制度相一致，要能够满足社会主义制度发展对经济内容的要求，而经济法就是保障经济体制与社会主义体制协调统一，保障社会主义发展的正确方向。

（二）经济法的宏观调控功能

当经济发展到一定程度的时候，会对社会政治产生一定的影响，对国家的政治制度产生一定的影响。当经济发展与社会政治制度发生矛盾的时候，就需要指定相应的经济法对经济发展趋势进行规范和管理。从政策角度而言，经济法就是对经济进行管理的体制。经济法对经济发展具有宏观调控的功能，是能够保障经济发展方向的一系列措施。当经济发展到一定程度时，社会矛盾与经济体制会发生一定的冲突，就需要通过宏观调控的方式进行经济的调整。经济法作为一种经济管理体制，对社会主义经济发展有着非常明确的方向上的规定，在社会主义体制与经济发展之间出现矛盾的时候，国家就需要通过经济法调控方式，对相关主要矛盾问题进行处理，并使相关主要矛盾能够转化为经济发展的新动力，从而促进经济发展进入到正常轨道。

（三）经济法的实施能够促进经济效益的实现

实施经济法一方面可以有效地节约交易费用，降低交易成本，另一方面能够促进社会经济的健康发展，促进经济效益的实现。

（四）经济法能够充分体现社会公平

通过经济法对经济社会关系的调整作用，能够创造出公平的社会经济发展环境，这种环境有助于社会个体的共同发展，有助于实现个体利益与社会整体利益的平衡发展。

三、经济新常态对我国经济法的影响

（一）对进一步完善现行经济法提出了要求

经济新常态的发展需要国家制定出新的发展规划及发展战略与之相适应，而国家所出台的国民经济、社会发展计划与规划性文件，都是经济法的非正式渊源。目前，我国已进入了十四五规划时期，经济朝向"新常态"发展，许多原来所适用的经济法条文，对于新常态下的经济已经不再适用，只有对部分滞后、僵化的法律进行修改或废除，强化经济法的"法律性、基础性、经济性和公平性"，从法律层面保证产业升级、技术创新，摒弃以投资拉动近期经济的做法，实行以创新为源动力的"新常态"，才能让经济法适应新常态下经济发展的新形势。

（二）对经济法规范政府市场干预提出了要求

自十八届三中全会以来，中央即明确了强调市场作用的"经济决定论"。在新常态经济发展下，经济法的应用很大程度上是对市场决定论的"回应"。市场决定论就是要让市场在经济发展中起决定作用，而宏观调控则起到对市场经济"度"的把握。宏观调控实质上是政府对市场的某种干预，但这种干预必须是建立在市场规律的基础之上，按市场规律办事。这对我们来说就要求，经济新常态下政府宏观调控要把"市场决定论"作为基本出发点，推进市场化改革，同时夯实宏观调控的微观基础，完善政策传导机制，更多地依靠市场化手段调控经济。[①]而经济新常态下所遇到的问题，很大程度上是潜在产出的降低，这就需要我们把宏观调控的重心放在稳定和防止潜在产出的下滑上，改变宏观调控的调控思维。

（三）对经济法"反哺"民商法提出了要求

如果说经济法是我国构建统一的国内市场、明确经济活动行为准绳的基本法的话，那么民商法及其所包含的商业社会观念则毫无疑问属于私法了。然而我国目前并未建立完善的市场经济，不少地区经济还涂着地方保护主义的色彩，少数企业制假售假、欺行霸市、影响恶劣，只能将经济法先作为"排头兵"，用以规范市场行为、打击反市场行为，同时通过经济法的实施来持续整顿经济秩序，强化市场经济观念，改变人民群众传统观念，逐步形成良性、互动、广泛参与的市场发展新局面，由"大"入"小"、从"面"到"点"，通过大环境让更多的人在意识到市场的优势后，逐渐产生财产权、物权、知识产权等民商法观念，将普通民众对社会的认识由道德层面上升到法律层面，从而更好地保护自身合法权益。

四、新常态环境下经济法功能的调整策略

经济法的主要功能是为社会经济发展过程中的物质利益分配提供法律保障。在经济新常态下，我国的产业结构发生了很大的变化，要适应这种经济新环境，国家需要出台新的经济发展政策，计划或者是文件。原有的经济法的一些内容与当前经济发展情况有一些冲突，因此，需要对经济法的一些内容进行调整，对其功能进行重新定位。只有不断完善经济法，突出经济法保障经济发展质量，优化产业机构，促进科学技术创新发展等方面的功能作用，经济法才能为我国经济发展保驾护航。在新常态环境下，要适当对经济法的功能进行调整，对其功能进行重新定位，才能使其作用得以充分的发挥。具体而言，新常态下经济法的功能调整路径如下：

（一）调整主体法律制度

调整主体法律制度是为了改变经济中各主体不平等的法律关系，激发主体的创新潜能，以推动经济的发展。调整主体法律制度，第一，要能够

[①] 张晓晶. 经济新常态下宏观调控的创新与演进[N]. 学习时报，2015-06-29（4）.

建立起政府、社会中间层、市场三位一体的主体法律制度体系。传统经济法忽视社会中间层的法律制度的构建，这就导致政府的宏观调控和市场监督职权过大，缺乏有效监督，这不利于经济的健康发展。经济新环境下，要能够建立三位一体的主体法律制度体系，明确各主体的地位和作用。要突出中间层的市场监管和宏观调控职能的监管作用。第二，降低政府对市场的干预力度，突出政府的服务职能。新常态环境下，要能够降低政府对市场的干预力度，能够充分发挥市场作用，尊重市场主体的合理地位，明确政府在经济法中对经济的干预权限，在经济法主体法律制度中，要能够正确处理政府与市场的关系，能够营造公平公正的市场竞争环境。第三，要能够明确社会中间层的法律地位，使社会中间层在优化市场资源配置，提供行业服务过程中发挥作用，能够调动社会中间层积极参与积极性，使其在经济发展中能够发挥作用。

（二）调整宏观调控功能

调整经济法的宏观调控功能，要求相关法律条文能够依托经济发展新常态进行调整，以促进社会资源向新兴产业及创新产业适当的流动。具体而言，需要能够调整财税法律制度，发挥财税法律制度的宏观调控功能，促使地方政府能够将经济发展与环境效益结合起来，淘汰一些落后产业，发展一些效益好、能源消耗低的新兴产业。另外，还需要能够调整金融法律制度，能够使金融法律制度的市场资源的配置作用得以充分发挥，积极促进金融体制的创新，促进金融资源能够向一些现代化产业、高科技产业倾斜。

（三）调整市场监管功能

市场监管是保障市场秩序的重要途径，在新常态环境下，我国经济发展出现一些新情况，要促进经济的稳定规范化发展，需要能够积极发挥经济法的市场监管作用。首先，要能够完善共享经济监管方面的法律制度，能够对共享经济行业进行监管，保障共享经济产业的规范化发展。另外，要能够完善产品质量监管方面的法律制度，能够不断完善产品质量评价标准，使相关标准能够逐渐与国际接轨，通过制度的完善不断提升产品质量检测技术，保障消费者的权益，不断实现消费升级，促进我国经济能够实现有效转型。

五、新常态环境下经济法的作用

经济法在我国经济发展中所发挥的最主要的作用是宏观调控作用。宏观调控是政府在体制与经济发展出现矛盾的时候所制定的一系列调节政策。

从美国次贷危机可以看出，经济发展到一定的程度，其发展与体制之间就会产生矛盾，容易造成社会物价上涨、货币贬值。我国社会主义经济体制与资本主义经济体制存在最大的不同在于通过我国会通过经济政策进行经济的宏观调控，通过国家的宏观调控对物件进行控制，保持社会物价的总体平衡，降低经济危机所造成的损失，维护社会的稳定。在几次金融危机中，我国受到的影响都不是很大，这得益于我国经济法的宏观调控职能的发挥。我国经济法具有较强的宏观调控作用，通过政治手段对哄抬物价及产品滞销等现象进行处理，打击犯罪，从而有效保持经济的良性发展。因此，经济法在我国所发挥的重要作用是宏观调控作用，通过经济法解决体制与经济发展之间的矛盾问题，使经济实现健康发展。

随着我国市场经济的不断发展，在经济新常态下，我们所面临的经济挑战问题更为复杂，在这种情况下，也必须要能够依托经济法对市场经济行为进行约束和调控，在经济法中赋予政府一定的权利，在体制制约经济发展的时候，可以通过国家无形的手对市场经济进行宏观调控，从而促进经济能够实现稳定的发展。

在经济新常态下经济法所发挥的具体作用如下：第一，传递经济信息的作用。在经济活动中，相关人员需要借助于一些信息对经济活动后果进行预测，对进一步开展经济活动进行决策，无论是做预测还是决策工作，都需要借助于相关信息，保障经济行为能够带来一定的效益。而经济法能够传递一定的经济信息，在此基础上，相关人员才能与其他人发生经济关系，实施行为互动，最终实现经济目的。第二，对利益进行分配的作用。经济法对社会经济活动中的相关人员的利益有着必然的作用，经济法中的权利与义务为相关人员进行利益分配提供法律保障。基于分配对象的不同，按照经济法要求进行利益分配，才能保障利益分配的公平公正性，促进各种利益实现均衡发展。第三，能够激励整体社会经济活动。经济法能够对整个社会的经济活动产生激励作用，能够对社会经济活动中行为人的经济行为产生激励作用，通过制度的合理设计，通过一定的激励机制，能够激励整个社会的经济活动，从而推动经济的发展。

总之，在新常态环境下，实行经济法能够有效助推经济的新发展，借助于经济法，能够促进经济转型，使经济发展步入正轨，经济法对经济发展是一种强有力的保障。在新经济常态下，要能够对经济法的功能进行准确定位，充分发挥经济法的宏观调控作用，以经济法的完善建设，促进我国经济的健康稳定发展。

第二章 经济法责任主体的市场规制与宏观调控

第一节 经济法责任主体的市场规制

一、市场规制权产生的基础理论梳理

当社会经济发展到了现代市场经济的时候，我们对市场经济的运行知识已经到了一个相对理性的阶段。首先，我们强调市场机制调节经济活动的基础作用，但也意识到市场这只"无形之手"并非是唯一的、万能的，任何夸大市场作用或将市场作用绝对化的观点、学说，都是有待商榷的。市场机制不能解决所有经济问题，存在着"市场失灵"，这是市场规制权产生的经济学语境下的正当性、合理性基础理由。其主要表现在以下几个方面：

（一）市场机制无法解决外部性问题

这是一种市场机制无法克服市场主体行为的外部效应问题。从经济学的角度来看，"外部性"的概念是由马歇尔和庇古在 20 世纪初提出的，是指一个经济主体（生产者或消费者）在自己的活动中对旁观者的福利产生了一种有利影响或不利影响。这种有利影响带来的利益（或者说收益）或不利影响带来的损失（或者说成本），都不是生产者或消费者本人所获得或承担的，而是一种经济力量对另一种经济力量"非市场性"的附带影响。外部性的存在使得社会脱离最有效的生产状态，使市场经济体制不能很好地实现其优化资源配置的基本功能。换一种说法，即在边际私人收益与边际社会收益、边际私人成本与边际社会成本相背离的情况下，依靠自由竞争是不可能达到社会福利最大化的。于是由政府采取适当的经济政策，消除这种背离。比如政府应采取的经济政策是：对边际私人成本小于边际社会成本的部门征税，即存在外部不经济效应时，向企业征税；对边际私人收益小于边际社会收益的部门实行奖励和津贴，即存在外部经济效应时，

给企业以补贴。因此，应对外部效应问题时，政府运用财政、税收、金融和规制等手段增加了正外部效应收益，也增加了负外部效应行为的成本。

（二）市场机制无法实现公共资源的利用

西方经济学家认为，公共产品的本质特征决定了政府提供的必要性。公共产品的基本特征是非排他性、非竞争性和外部性。非排他性决定了人们在消费这类产品时，往往都会有不付费的动机而倾向于成为免费搭乘者，这种情形不会影响他人消费这种产品，也不会受到他人的反对（由公共产品的非竞争性特点所决定）。在一个经济社会中，只要有公共产品存在，"免费搭车者"就不可避免。这样，私人企业如果提供公共产品，就无法收回成本。同时，由于公共产品的个人消费"量"是不确定的，价格机制不能有效发挥作用，竞争市场上一般无法提供这类产品。就像经济学家所说的，竞争性的市场不可能达到公共产品供给的帕累托最优，无法满足社会对这类产品的需求，因此，需要政府用公共财政资金以国家名义生产和提供。

当然，市场失灵只构成了政府提供公共产品的必要条件，但这并不意味着政府提供公共产品的条件是充分的。严格地讲，人们对公共产品的需求才是产生政府制度和政府职能存在的理由。正因为人们有这样一个理性的预期，把社会需要和社会安全置于一个重要的地位，才选择了政府制度，才为公共产品政府提供的制度安排留下了空间，同时还预留下了社会政策发挥作用的空间。例如，某些公共产品的生产具有可分割性，生产的可分割性就产生了私人提供的可能性，通过价格机制发挥市场调节，在边际效益等于边际成本的资源配置的最优条件下，进行市场交易，可分割性公共产品的市场提供也就变成了一种可能。此外，还可以通过市场定价将免费搭便车的情形排除在公共产品的消费范围之外，政府与市场的联合提供，或社会中的私人部门的联合提供都成为可能。如国防、法律、治安、社会保障等，不存在生产的可分割性，这类公共产品的提供由市场失灵理论来假设政府存在的必然性，存在其合理性。从总体而言，这种基于社会需求和社会安全理念的制度选择，降低了社会的运行成本，将资源配置于社会最重要的目标，并有效克服了市场制度的某些缺陷，如通过外部性的内部化，解决了公共产品消费中的搭便车问题，化解了社会风险。市场机制无法解决垄断行为和自然垄断现象，垄断的危害性在于限制了一定市场上的自由竞争，甚至产生完全排斥竞争的恶果。其危害性直接针对这三类利益：一是损害其他经营者的利益；二是损害消费者的利益；三是损害社会整体利益。认定垄断的危害性，当然也必须理性认知，排斥或限制竞争并非当然有害，比如国家的竞争政策、产业政策等社会经济政策目标甚至政治目标，需要生产和资本的集中，理性诠释竞争价值目标不是简单的、机械的，不是纯粹为竞争而竞争，在市场机制主导下的竞争目标之上，还存在更高的体现法治的人文关怀的目标，如社会生产效率、整体福利、消费者的利益、弱势群体的利益等。

（三）市场机制无法解决信息不对称问题

法律虽然秉承对互相竞争的生活利益的秩序规制，但以国家管理机构自身的立场和观念而言，国家立法不可能注意到或很少考虑到利益主体进行利益的充分交换问题在生活的方方面面的渗透，而给予彻底的、无遗漏的调整。这个逻辑大前提的限制可以一定程度上去诠释法律的归法律、社会的归社会，并为其划出适当的界限。各类市场主体的理性决策依赖于自身的各种优势，特别是对信息的及时、充分、真实性的掌控，决定了交易的平等、风险和收益。例如，经营者滥用形式平等和自身的优势损害消费者利益已是不争的事实。首先，交易过程中存在不对等性，如专业优势、信息优势、销售手段和经验优势等。其次，集团性侵害的抽象性、隐蔽性，受侵犯利益的扩散性和被害主体的分散性，经济人的私利性和普遍存在的搭便车的心理和行为，形成了集体行动的内在动力缺乏。最后，格式合同被泛化，消费者"被合同"在经济事实生活中的情况普遍存在。消费者的信息弱势和经营者的信息强势，这种实质上的不平等需要法律的强力干预，法律的秩序因法律制裁的存在而存在，法律预期的保护也应当为了生活的存在而存在。因此，政府对信息的披露进行规制就成为必要，以解决市场机制的弊端——自身无法解决信息的不充分和不均衡现象。

（四）市场机制无法克服分配不公现象

市场机制的自发调整是有限制的，过度竞争、私人自由意志的滥用和失范也是悲剧性的。当然，个人权益集体性的丧失演化为公共利益受损、市场扭曲、浪费社会资源，乃至整体社会利益的破坏也是悲剧性的，突破从限制对纯粹私人权利保护的模式，并从不特定具体受害的私人侵权向救济抽象社会整体利益的保护模式发展的趋势，即反映了经济法的宗旨，即矫正扭曲的平等，实现实质的正义。从而，经济法将民事主体还原，借以区分强弱势群体。从社会整体利益出发，赋予弱势群体利益的倾斜性保护来实现结果的均衡。民法理论从"经济人"假定的形式平等逻辑起点出发，以平等的契约意思表示一致、权利义务对等关系解析民事主体的关系，这种抽象平等与事实不平等是有出入的，只有当法律在本质上反射了福利国家的一种补偿理念，确立了平等利用法律保障的行动能力的机会平等的时候，能够对事实不平等的生活状况和权力地位进行补偿矫正，才有助于实现法律平等。因此，在私益与公益的激烈冲突下，因社会整体利益的保护和救济问题的存在，传统的其他部门法都不能很好地解决问题，如法律的形式、机会平等与事实上出现的实质不平等现象，对社会弱势群体、消费者、女性、老人、未成年人、残疾等的利益保护，如何在这种失衡中寻找新的依附就是一个实质意义的问题了？经济法本着对社会经济整体公益的保护，就是修正私法自治的缺陷和对传统诉讼制度固有缺陷的补充，在事实和法律的有效性之间找到平衡，为群体受害者、社会弱势群体提供更有实效性的法律援助。因此，市场规制领域国家的法律干预，致力于通过营造竞争秩序保证各个群体公平分配社会财富，致力于抽象的整体利益的救济保护。

（五）市场机制无法实现经济的协调发展

经济周期是指国民经济运行过程中出现的起起落落、扩张与收缩趋势不断交替的周期性波动。狭义层面的理解是，宏观调控从总体、总量方面对经济运行过程的调节和控制；广义层面的理解，凡可以归属为政府对经济运行过程施加的影响，皆可以归属于宏观调控，包括总量关系调节的控制、产业结构调整方面的政策控制、对经济运行的调节控制。从政府经济职能角度而言，宏观调控预期达到的目的，主要是稳定经济运行中的总量关系，从而稳定通货水平、稳定物价总水平，进而减小经济增长的波动幅度，而最基本、最终的目标则是保证经济稳定增长。

（六）市场机制无法应付社会突发事件

比如美国次贷危机的连锁影响，世界金融市场的震荡，本国雨雪冰冻、地震灾害对经济的影响，都不是简单的市场机制可以解决的。特别是自然灾害的发生。我国历史上一直是一个受自然灾害影响较为严重的国家。旱灾、洪涝灾害、地震灾害、台风、沙尘暴、冰冻灾害、虫灾（其中蝗灾尤甚）……自然灾害发生频率高、影响范围广。由于环境的变化，近年来自然灾害发生的次数和造成的影响都有上升的趋势，造成了严重的经济损失。对此，我国以财政救济为主的灾害补偿机制，通过三种途径即政府救济、保险赔付、社会捐助，对我国社会生产和人民生活造成的直接经济与社会损失进行补救。

在社会经济活动的运行中，削弱市场作用，或者排斥市场作用的观点和做法也是行不通的。20世纪30年代以后，西方市场经济发达国家反思了市场失灵的经验教训，继而推行凯恩斯主义的干预调控，主张国家（政府）对经济生活实行干预和调节，与此同时，市场作用受到忽视、削弱，但干预过度的结果出现了新的危机，国家（政府）干预主义在后来"滞胀"并存的经济危机面前变得无能为力。相反的经验路径是，战后新生的社会主义国家普遍推行计划经济体制，由以国家名义政府全面管理经济的做法导致国民经济缺乏活力乃至崩溃，进而不得不实行市场转轨取向的经济改革。这些后果使得人们不能不理性认识政府干预的缺陷，即"政府失灵"。

政府利益往往指的是中央及地方的各级行政机关自身的利益，从国家和政府产生的历史看，政府理应代表最广大社会公众的利益，但政府本身也是一个利益组织，有其自身的利益。著名经济学家诺斯在研究国家理论时就引入了国家利益的概念，他认为，国家有两种职能，一是促进社会福利的最大化，二是追求自身利益的最大化。两个职能是矛盾的，即人们通常说的诺斯悖论。他还根据这两个职能，将国家分为中性的国家、契约的国家和掠夺的国家。前两种类型的国家，以促进社会福利为己任，提供有效的产权安排，在各利益集团之间形成相对平衡的态势，而后一种则在利益集团之间的冲突中保护强势利益集团。诺斯的国家理论告诉我们，政府以国家名义，除了代表社会公众的利益，也会代表自身的利益，代表公众利益是它的法定义务，体现它"道德人""政治人"的属性，但它代表自身利益时则体现它"经济人"的属性。

总之，人的有限理性、集体有限理性，决定了市场失灵而政府善意治理是人类的预期，而作为多种角色代表的政府以国家名义调控时，"政府失灵"也是客观存在的产物。这主要表现在：第一，政府居于市场之外，没有随时会受到市场惩罚的直接压力，导致政府调控市场的行为缺乏直接的效率和直接的责任心。第二，政府难以也不可能完全掌握市场信息，从而只能保证对经济现象做相对评估，而非做出符合客观经济规律的完备状态下的正确认识，并科学决策。第三，国家政府机关作为一个整体与社会公众的矛盾中会体现出利益之争。第四，国家政府工作人员凭借权力为个人牟取利益。因此，政府官员的权力寻租行为，会导致决策的非理性化，在执行中的非法性、有欠公正性。第五，各级国家政府机关发生矛盾时会表现出利益之争，因此，官僚化和政策效应递减，最终导致效率低下。

我国社会主义市场经济是在渐进中朝现代市场经济不断发展和完善的，政府以国家名义利用市场规制和宏观调控等经济管理手段实现国家的经济社会管理职能，从而促进社会整体利益的增长和公共福利。这就既要发挥市场的作用，也要发挥政府的作用，注重市场与政府关系的互动、互补。从现实情况看，我国市场经济具有以下的特征·第一，它是公有制经济成分占主体基础多种经济成分并存的市场经济；第二，发展中大国的市场经济；第三，由计划经济转型而来的社会主义市场经济；第四，是压缩发展阶段的市场经济；第五，是民主和法治条件尚不完备，在渐进中需要不断完善的市场经济。

二、市场规制权的控权路径

秉承国家权力的"法无授权则禁止"的原则，国家协调经济活动的行为必须有法律的授权，并且必须依照法律规定的权力行使。因此，国家协调经济活动的过程实质上乃是经济权力主体行使经济权力和履行其经济义务的过程。市场规制权力主体的经济权利和义务的法律规定乃是国家协调经济活动的逻辑起点，市场规制权力主体依法行使经济权力和履行义务的行为乃是国家协调经济活动的伴生物。坚持义务本位，实行职权职责化，市场规制权力主体才不致怠于行使自己的职权，出现市场规制权力主体的权力寻租和权力专制现象。当市场规制权力主体进行权力寻租或者怠于履行自己的职权时，国家才有正当理由追究没有履行义务的市场规制权力主体的法律责任，为国家经济赔偿这种法律制裁提供责任基础支持。下文，笔者将从市场规制权力类型、程序控权、文化传统制约及法律责任制裁人手，来诠释市场规制权的控制。

（一）市场规制权的类型化

市场规制权破除了传统权力体制的框架即立法、司法、行政的划分，在这三种权力形态的互动中，在国家与社会互动过程中，发挥了独特的调节治理功能。市场规制权所体现的国家调节权是独立于传统的立法权、行政权和司法权之外的第四种权力形态，并由此产生了规制这种新型权力的新的法律部门——经济法。市场规制权具有独特性、多样性、复杂性、交叉性的特点。市场规制权以主体、对象、内容、领域、手段类型为标准的分类如下：政府规制权、非政府组织公共部门的规制权、竞争型的规制权、交易型的规制权、中介型的规制权、价格规制权、数量规制权、质量规制权、财务会计规制权、经济领域中的规制权、社会领域中的规制权、奖励型手段的规制权、惩罚型手段的规制权、以行政命令、合同或商谈方式进行的数量、质量控制手段的规制权等等。

1．政府规制权、非政府组织公共部门的规制权

此类规制权是制定规则的权力，这种权力是一种规制机构在规制领域中制定颁发的具有普遍约束力的规范性文件的权力。传统立法权专属于权力机构，但随着社会经济的高速发展以及专业分工的细化、技术化，某些领域中需要规范的客观事实存在，授权立法应事势而生。

例如，《中华人民共和国立法法》（以下简称《立法法》）第 9 条规定："本法第八条规定的事项尚未制定法律的，全国人民代表大会及其常务委员会有权做出决定，授权国务院可以根据实际需要，对其中的部分事项先制定行政法规，但是有关犯罪和刑罚、对公民政治权利的剥夺和限制人身自由的强制措施和处罚、司法制度等事项除外。"《立法法》第 10 条规定："授权决定应当明确授权的目的、范围。被授权机关应当严格按照授权目的和范围行使该项权力。被授权机关不得将该项权力转授给其他机关。"《立法法》第 11 条规定："授权立法事项，经过实践检验，制定法律的条件成熟时，由全国人民代表大会及其常务委员会及时制定法律。法律制定后，相应立法事项的授权终止。"

《中华人民共和国银行业监督管理法》第 15 条规定："国务院银行业监督管理机构依照法律、行政法规制定并发布对银行业金融机构及其业务活动监督管理的规章、规则。"《中华人民共和国反垄断法》第 9 条规定："国务院设立反垄断委员会，负责组织、协调、指导反垄断工作，履行下列职责：（1）研究拟订有关竞争政策；（2）组织调查、评估市场总体竞争状况，发布评估报告；（3）制定、发布反垄断指南；（4）协调反垄断行政执法工作；（5）国务院规定的其他职责。国务院反垄断委员会的组成和工作规则由国务院规定。"

《中华人民共和国消费者权益保护法》第 26 条规定："国家制定有关消费者权益的法律、法规和政策时，应听取消费者的意见和要求。"《中华人民共和国药品管理法》第 9 条规定："《药品生产质量管理规范》的具体实施办法、实施步骤由国务院药品监督管理部门规定。"《中华人民共和国药品管理法》第 29 条规定："药物临床试验机构资格的认定办法，由国务院药品监督管理部门、国务院卫生行政部门共同完成。"《中华人民共和国药品管理法》第 30 条规定："药物非临床研究质量管理规范、药物临床试

验质量管理规范由国务院确定的部门制定。"《中华人民共和国药品管理法》第 31 条规定："实施批准文号管理的中药材、中药饮片品种目录由国务院药品监督管理部门会同国务院中医药管理部门制定。"《中华人民共和国药品管理法》第 32 条规定："国务院药品监督管理部门组织药典委员会，负责国家药品标准的制定和修订。"

可见，中国人民银行、银监会、保监会、证监会、国务院各部、委、局、署等在其规制领域发布的规范性文件，所行使的其实是一种"准立法权"。但对于规制权主体的权力配置而言，在现行的法律上并没有系统的说明，规定得过于原则、简单并缺乏可操作性，法律规定不明晰。对于权力而言，法有授权才可为，法律规定不明晰产生的后果则是为权力的恣意行使预留了空间，使得行政性文件和政策缺乏稳定性、规范性、权威性。这种规制过程中的授权立法不清晰易产生混乱，所以重复执法、多头执法，为利益之争而执法，无利益相互推诿或扯皮，部门利益之争贯穿着市场规制权的分配混乱不明的因果关系。因此，将市场规制权力主体的经济权力通过明确的法律授权、行政授权或项目委托等法律规范下的多种方式，向非政府公共部门适当放权，培育自治性团体，促进民间服务组织的行业管理职能、社会监督职能，政府通过社会组织来执行部分职能，增强政府合法性的支持，依法有效控权，并为多元主体的需求预留空间，主体多元化发展的方向和法律渠道的通畅是必要的保障。

2. 竞争型的规制权、交易型的规制权、中介型的规制权

此类规制权是根据受规制方提供的申请，确认获得某种资格、确认某种权利、许可从事某种行为的权力。我国在这方面的规定是生产经营者必须事先从有关机关获得许可证和营业执照、核定经营范围、获准某种商品进入某一特定市场等，如金融许可、证券发行的核准、电信运营牌照的发放。确认获得某种资格的许可权、确认某种权利的认证权、许可从事某种行为的权力，不是一种普遍性的规制权，而是居于特定行业、特定领域、特殊市场而进行的一种通常表现为对事关国计民生的特定行业、特定领域、特定市场的监管规制。信息、风险、安全、利益是这种市场监管规制区别于一般市场规制的最重要的方面。因此，此类规制权主要是中央政府及其相关部门所拥有的规制权。可以说，这种市场规制权力的调整在本质上具有了宏观调控的效果，因此法律责任和竞争秩序的建构对此类规制权治理的意义重大。

《中华人民共和国商业银行法》第 16 条规定："经批准设立的商业银

行，由中国人民银行颁发经营许可证，并凭该许可证向工商行政管理部门办理登记，领取营业执照。"《中华人民共和国商业银行法》第 21 条规定："经批准设立的商业银行分支机构，由中国人民银行颁发经营许可证，并凭该许可证向工商行政管理部门办理登记，领取营业执照。"

《中华人民共和国电信条例》第 7 条规定："国家对电信业务经营按照电信业务分类，实行许可制度。经营电信业务，必须依照本条例的规定取得国务院信息产业主管部门或者省、自治区、直辖市电信管理机构颁发的电信业务经营许可证。未取得电信业务经营许可证，任何组织或者个人不得从事电信业务经营活动。"

《中华人民共和国拍卖法》第 8 条规定："依照法律或者按照国务院规定需经审批才能转让的物品或者财产权利，在拍卖前，应当依法办理审批手续。委托拍卖的文物，在拍卖前，应当经拍卖人住所地的文物行政管理部门依法鉴定、许可。"《中华人民共和国拍卖法》第 11 条规定："拍卖企业可以在设区的市设立。设立拍卖企业必须经所在地的省、自治区、直辖市人民政府负责管理，拍卖业的部门审核许可，并向工商行政管理部门申请登记，领取营业执照。"

3. 价格规制权、数量规制权、质量规制权、财务会计规制权

此类规制权是一种在微观经济视角下对微观市场行为进行规制的权力。此类规制权的特征是规制市场主体的微观市场行为，因为地方政府及其相关职能部门直接和各类市场主体打交道，在交往活动中更容易获得真实、便捷地进行规制所必需的信息内容，确保地方及其职能部门依法规制市场的能动性、积极性、创造性。而这类规制权则体现出了"准司法权"的特征，规制机构对特殊案件在具体裁决的方式、手段的选择上，履行了司法机关的某些职能，听证裁决或对某些事项的行使调查权、强制权、禁止权、命令权、处罚权。比如规制过程中的调查权（《中华人民共和国产品质量法》第 15、18 条的规定，《中华人民共和国食品安全法》第 72—75、77 条的规定，《中华人民共和国反不正当竞争》第 17 条的规定，《中华人民共和国银行监督管理法》第 34、42 条）、监督权、协调权、命令权、禁止权、奖励权、强制权（《中华人民共和国食品安全法》第 72 条第 2、3 款和第 77 条第 4、5 款，《中华人民共和国反不正当竞争》第 17 条第 3 款，《中华人民共和国反垄断法》第 39 条，《中华人民共和国银行监督管理法》第 41 条，《中华人民共和国证券法》第 180 条第 6 款，《中华人民共和国保险法》第 155 条第 7 款等）、处罚权（《中华人民共和国反不正当竞争》第 21—30 条，

《中华人民共和国商业银行法》第 74—77、83 条）等。

4．经济领域中的规制权、社会领域中的规制权

此类规制权主要体现在其规制范围对象上的差别，经济领域中的规制致力于防范竞争性的市场秩序失灵，严格控制市场主体资格的获得，严格规制价格控制、产量控制，并针对退出的影响做全局性评估和风险防范。社会领域中的规制则致力于规避社会风险的发生，对危及公共安全、公共福利、公共健康的领域中，严格规制标准、奖惩机制和执行机制、抗风险机制，如生产安全、交通运输安全、食品安全、药品安全等重要领域。

（二）市场规制权的程序控权路径

如前所述，我国现行的法律非常重视市场规制权力主体的经济权力。当前，我国不同类型和层级的经济法中，大多充斥着关于经济权力的规定，其范围涉及国民经济决策权、经济协调权、经济命令权以及经济活动监督权等众多权力。市场规制法中关于市场规制权力主体的经济权力的规定始终是经济法的重心。正如这样的总结，我国至今都没有关于政府经济干预权的专门立法；在经济干预立法权方面，立法应有的层级顺序被颠倒，部门立法和地方立法产生了恶性膨胀；在经济干预执法权方面，对于执行权主体的总体分配缺乏系统的法律规定，对政府经济职权的规定过于原则和简单，一些政府职能部门的权限缺乏法律的明确规定。上述问题对于调制机关正确行使调制权无疑有较大的负面影响。市场规制权扩张到社会的各个领域，一方面是现代社会的现实需要；另一方面，市场规制权的膨胀也对现代社会中的个人权利与自由带来潜在或现实的威胁。从实体上对权力进行制约是必要的，但现代社会在实体上不得不给予政府强大的市场规制权力，对于这种权力的约束如何从程序上进行事前、事中、事后的监督、制约和救济，程序控权即要害。

1．对市场规制权力在授权立法活动中的控权

市场规制权应当是一种经济法律权力，应当来源于法律的授权和确权，而且是在一种控权思路下的法律确认。当然这种控权是在承认国家机关"权力利益"的客观存在基础上，实现权力利益与权利利益（私人利益）之间的平衡调节，为公众提供充分的参与经济事务的机会，让公众的意见通过合法途径得以表达，并最终得到一切社会主体所认同，被纳入共同遵守的法律之中。首先，政府机构或其他社会组织所享有的市场规制权，其所代

表、代言的利益要在其法定权限之内，在内容上要具有必要性、正当性，为此，需要设置一种能够捍卫和保障代表的真实性、全面性、公正性的议事机构。其次，利益的不同代表主体之间也必然发生围绕利益的纠纷，因此，也必须存在一种程序机制来解决利益不同代表人之间的纷争。涉及市场规制权与政府、企业、私人主体、行业组织的利益博弈时，需要法定的程序规则支撑这种利益博弈秩序。即先通过一定方式、途径（如网络、媒体、座谈会、听证会、论证会等）征求和听取相应社会不同利益主体的意见。可见，利益调整法律化中正当程序的完善成了解决问题的关键。政府要保障知情权、参与权、听证权等基本权利。政府在做出影响到经济权利主体的经济权利行为时，要遵循正当法律程序，事先告知相对人，说明行为的根源理由，听取其陈述，申辩，事后为相对人提供救济的途径。例如，配置说明理由程序，设置公众参与程序，预留公正补偿程序。最后，受损害人依法享有获得法律层面救济的权利，包括申诉权、补偿权、诉讼权等，对于最终被确定为非法利益而进行的侵害，当事人拥有要求经济赔偿的权利。

2. 市场规制权在行使过程中应当遵守的原则

经济法律权力的实现常常借助行政主体和行政程序，强调行政合法原则、行政合理原则、行政公正原则、责任原则贯穿于市场规制权在行使过程中始终具有重大意义。

行政合法原则主张市场规制经济权力主体依法设立并依法行政，控制滥用自由裁量权。行政合理原则主张政府行使市场规制权力在以公共利益为目标而不得不限制公民权利时，必须在法律保护的必要范围内。为了实现经济管理目标而可能对行政相对人的权益造成某种不利影响时，应当让这种影响限制在尽可能小的范围和限度内，使二者的关系处于适度比例。行政公正原则主张在立法上公正地分配政府与公民的经济权力、权利、义务，在市场规制执法过程中关注市场规制权力行使的实体公正和程序公正。"阳光是最好的防腐剂"，市场规制主体应当实现决定公开、过程公开、信息公开。因为程序公正是看得见的公正，程序公正不一定能保证实体的公正，但程序公正是实体公正的起码前提。（责任原则主张权利与义务（职责）、权力与责任的平衡与统一，凡是属于市场规制权力主体义务的行为，都不宜采用"可以……"和"有权……"等职权式的规定，而应该表述为"应当……"和"必须……"等。只有坚持义务本位，实行职权职责化，市场规制权力主体才不致怠于行使自己的职权，不致出现市场规制权力主体的权力寻租和权力专制现象。当市场规制权力主体进行权力寻租或者怠于履行自己的职权时，国家才有正当理由追究没有履行义务的市场规制权力主体的法律责任，为国家经济赔偿这种法律制裁提供责任基础的支持。

3. 市场规制权在市场业务中的行政管理行为有限化

行政主体在市场管理职能中表现为三方面：一为组织市场活动，利用行政手段提供交易的条件和场所，制定交易规则，促进市场形态形成；二为调节市场活动，运用经济和法律手段通过价格、税收及指导性计划等调节商品流通；三为监督市场活动。市场业务的行政管理行为有限化主要体现在第二种职能上，即由行业行政主管机关或行业性公司来制定市场发展规划和活动规范。我国的现状是管制的范围波及市场活动的内外，而管制过多会带来大量的短期行为和机会主义。一方面，管制起到维持市场竞争秩序的作用；但另一方面，它自己的力量却内生性地不断膨胀。所以限制市场管制活动要倾向于外在管理如合同、商标、广告等，而不是在内在活动上如商品流通、价格变动经营等（除特殊情形外）强硬干预，要保持一个中立、公正、不偏不倚的政策，尽量用市场化的方式来改变公共权力的行使方式。随着社会经济的发展，大量非政府的社会中间阶层主体涌现，如行业协会（消费者协会、旅游协会、劳工协会、律师协会、会计师协会、弱势群体保护协会、商会等），这些行业协会在一定范围内履行着部分规制职能，规制主体的公共性趋势出现。

（三）市场规制权的文化传统影响路径

从下文"契约—身份"语境下的市场经济解读中，我们会发现文化传统对市场规制权的深刻影响缺乏一个较为宽松的政治环境，没有发达的市场经济背景并且市场主体普遍缺失。

英国的法律史学家亨利·梅因认为，迄今为止，所有进步社会的运动，都是一个"从身份到契约"的运动。论证契约代替身份是近代人类社会进步的标志，将契约对人类社会的作用给予了高度的评价，其"从身份到契约"成为几百年来人们广泛引用的名言。事实上，"从身份到契约"、从"契约"到"契约文明"，某种程度上正是最近几百年西方法治化进程、社会进步的一个最简捷的概括。

契约和社会契约观念的推广，极大地促进了西方的社会进步，梅因的"从身份到契约"也成了法学界最著名的格言之一。反观中国社会契约的产生和利用具有极为久远的历史，但契约始终只停滞在一种器具的层面上，由于这个器具容量太小，它只能容下"信"，至于其他自由、平等、权利等价值就再也装不下了。也因此，中国传统契约的价值内涵，从来只停留在"信"这一工具价值的层面上，而不具备自身独立的价值。《周礼》曰："以质剂结信而止讼"表达了西周时期人们对契约的认识，应该是在长期的契约活动经验上抽象出来的结果。正是因为契约的价值是信用，而不是自由或平等，契约作为信用工具在中国社会得到了广泛的运用，所谓的官有政法，人从私契，两共平章，书指为记，即将契约的内容和效力视为与法律具有同等效力的观念。可以说，中国传统契约的效力的确立过程，也是信用价值的意义和权威在社会中得到普及的过程。也正因如此，在几千年的中国社会，契约始终只是一种信用工具而已。换言之，契约只具备信用价值，而不可能再包含其他价值，契约观念以及与此观念相关的自由、平等、权利等思想长期以来一直未能对我们社会的进步有任何实质性的贡献。"契约"始终只是"契约"，而未能形成"契约文明"，也不能演化成"社会契约"，事实上，"从身份到契约"至今也仍然是需要我们补上的很重要的一课。

1．平等、自由等契约观念的形成，有赖于一个较为宽松的政治环境

在中国几千年的文明历史中，君主的绝对专制、不受任何制约的绝对权力，对于众多人来说是无处不在的。所谓"普天之下，莫非王土，率土之滨，莫非王臣"便是最好的概括。在这种背景之下，人们的私人空间的个人财富无时无刻不处在皇权制度的威胁之下，大臣们作威作福到这种地步，以致没有一个人可以说自己的财产是安全的，人人都整天提心吊胆，唯恐受到诬告而被剥夺他所有的一切。在政治上高压的同时，皇权制度很早就开始在思想上对人们进行"禁锢"，秦始皇"焚书坑儒"，而清朝的"文字狱"也莫不是如此。在文化专制的同时，皇权制度还通过"科举"取仕来笼络知识分子，利用知识分子"齐家、治国、平天下"的理想，通过"四书五经"等成功地"规训"本来最具有独立思考能力的读书人的思想，将其"格式化"于皇权制度所需要的模式中，"忠""孝"构成了知识分子以致整个社会的终极价值观，使知识分子成为皇权专制制度的卫道士。而知识分子作为"社会良心"的"自由思考，独立人格"品质则荡然无存，为了保持住自己的气节，了不起"达则兼济天下，穷则独善其身"，而想要"兼济天下"，"忠"必须是首要的条件。

海瑞是中国历史上少有的广受称赞的清官之一，也是通过科举进入仕

途的"读书人"的优秀代表。《明史·海瑞传》载海瑞的上书称"夫天下者，陛下之家"为了表达自己对皇朝即对皇上的忠心，海瑞甚至让人抬着棺材押后向皇上进谏，以示自己之所以直言上书，目的是为皇朝而不是为自己，一句话，是"忠"字使然。就算是到了近代，同时代的西方公民争取自由、民主、人权运动方兴未艾的时候，中国有名的思想启蒙家顾炎武仍然在其所著的《日知录·才用》中不容置疑地宣称："天下一家，何非君土；中外之财，皆陛下府库。"

在这样一种绝对专制的背景下，类似西方市民社会那样的组织是不可能产生的，面对皇权的无处不在，人们没有任何遮蔽的空间。而西方平等、自由等与契约相关联的观念形成正是依赖于有了一个对抗王权的"私域"的培植。

2. 西方契约观念的广泛传播，离不开其发达的市场背景

西方的城市是工商文化和市场精神的发源地，契约观念与契约精神离不开工商发达的城市环境。城市、贸易和资本主义在欧洲同时出现。商业、制造业、银行业、经营技术、信贷，全都起源于城市。而中国的城市与西方的城市不一样，中国的城市是政治中心（封建堡垒）而不是经济中心，大城市与小城市的区别并不在于其经济的发达程度，而在于其是首都还是督抚所在地抑或是州县的所在地。针对中国经济的发展状况，19世纪古典政治经济学的创始人亚当·斯密曾经有一段很有见地的意见："中国，一向是世界最富的国家。其土地最沃，其耕作最优，其人民最繁多且最勤勉。然而，许久以前，它就停滞于静止状态了。今日旅行家关于中国耕作、勤劳及人口状况的报告，与500年前客居于该国之马可波罗客居时代相同，而很久以前，中国财富就已经达到了该国法律制度所允许之要限。"亚当·斯密的论述揭示了一个事实，即中国经济尽管在历史上曾处于世界领先地位，尽管在西方人的传说中，当时的中国一直是一个充满财富的东方神秘王国，但事实上，其经济很早以来就处在一种停滞不前的状态。

经济停滞的原因在于中国专制统治者长期以来一直奉行以农为本、重农轻商的基本国策。其目的是防止商人尾大不掉，避免其在经济强大之后，再谋求政治上的权利，形成对皇权制度的挑战。这种国策早在春秋战国时期就已见端倪。《吕氏春秋·沿农篇》说："古先圣王之所以导其民者，先务于农；民农徒非为地利也，贵其志也。民农则朴，朴则易用，易用则边境治，主为尊。民农则重，重则少私义，少私义则公法立，力专一。……民舍本而事末，则好智，好智则多诈，多诈则巧法令，以是为非，以非为

是。"在封建专制统治者看来，民务农，则民相朴易治，而商人则奸诈狡猾，智谋多出，只要重农轻商，就可以达到国泰民安、尊卑有序、农者安于本分而不会犯上作乱的理想状态。

对于专制统治者来说，安居乐业、安田重土的农民对于封建秩序的稳定是极为有利的，而富裕起来的商人却有可能成为一种不稳定因素，成为封建专制统治的潜在威胁。以农民为主的小生产者被固定在土地上，以家庭为单位，在家长的率领下从事农业生产，其产品主要满足自身的需要，很少与他人发生交换与交往，形成了老子所描绘的人人"甘其食、美其服、安其居、乐其俗、邻国相望、鸡犬之声相闻、民至老死不相往来"的情形。人员很少进行流动，人们的婚丧嫁都局限在一定的小范围内，从而形成了一个以血缘关系为基础的"熟人的社会"。在这个"熟人的社会"里，人们竭力维持一种温情脉脉的气氛。正如《诗经·木瓜》所说的"投我以木瓜，报之以琼琚。匪报也，永以为好也。投我以木桃，报之以琼瑶。匪报也，永以为好也"。通过这种互惠式的赠受，亲属、邻里之间形成了一种互助式的情分，所谓"施惠莫念，受因莫忘"，人们依靠这种彼此之间的恩惠形成一种长期和相对稳定的信任关系。在这里，人们的身份是第一位的，中国人所常说的"面子""情面"构成了人际交往的重要规则，而冷冰冰的契约则不是人们喜欢的交换方式，人们交往所凭借的是关系而不是法律契约。

总体上的重农轻商政策，使许多商人感到从事商业活动不如从事封建性的剥削有利和可靠，因而他们往往在积累了一定的财产以后，就转向农村购买土地，从事地租剥削或高利贷经营。斯大林曾经指出，中国的商业资本是和封建主的统治、和地主的统治独特地结合着的，它从地主那里袭用了中世纪的剥削和压迫农民的方法。商人转化为地主或高利贷者，不仅使商业资本本身的发展受到很大的限制，同时，这种结合也削弱了商业资本对自然经济解体作用，甚至还会反过来维护自然经济，这又在一定程度上延缓了中国商业资本的发展速度。一个具有

神圣不可动摇的传统的王国和一个具有绝对自由的专横与仁慈的王国并存。这种情况，无论是在中国还是在其他各国，都会阻碍对这些政治因素特别敏感的工商业资本主义的发展。因为在这种情况下工商业发展所必需的那种理性的、可预计的管理与法律机器并不存在。

3. 文化背景亦是影响中国商品经济形成的重要原因之一

西方著名的韦伯命题认为，西方的新教伦理与资本主义精神是强调要有"一种要求伦理认可的确定生活准则"，是一种合法化的，对人会产生心

理约束力的规范。它认为，对世俗生活（即对利益的谋取）的道德辩护从而合法化为某种伦理，正是资本主义的精神支持与动力，而资本主义发展的动力正在于人们对利益最大化的不懈追求。新教认为，财富与上帝的眷爱是联系在一起的，赚钱越多，你的财富积累越多，越能证明你受到上帝的庇护，越能说明你是上帝的选民。而且赚钱本身就是一项值得称赞的荣耀上帝给选民的"天职"，人类的存在完全是为了上帝。一切造物，只有一个生存意义，即服务于上帝的荣耀与最高权威。圣徒的生活完全是为了一个超验的结局，即获得拯救。……这使其信仰有其独特的禁欲倾向。这种倾向所宣扬的至善——就是尽可能地挣钱，使人们严格避免任何本能的对享受的冲动，人们完全被赚钱的动机所支配，把获利看作人生唯一最终级的目的。社交尘埃，无聊闲谈，耽于享乐，甚至超过了对健康来说是必不可少之时辰（至多为6—8个小时）的睡眠，凡此种种皆位于应遭受道德谴责之列。……时光无价，因为虚掷一寸光阴即丧失一寸为上帝荣耀而效劳的宝贵时辰。

反观同时代的明清时期，发财致富了的中国人，由于没有"一种要求伦理认可的确定生活准则这样种意义上所说的资本主义精神"的支撑，赚钱只是为了个体富贵，缺乏一种"超验"的精神，都比于舒适豪奢的生活，发财之后，就失去了目标感，除了把钱用于购田造房屋就是以享受奢华、排场为荣。

中国人的这种对待财富的态度足可与印第安人的"Potlatsh"（保特拉赤，意译为夸富宴）一争高下。在"Fighting with Property"中，科迪尔为我们描述了流行在夸扣特印第安人中的"Potlatsh"行为。夸扣特人是一个十分注重社会地位和荣耀的民族，而获得社会地位和荣耀的最好的方式就是"Potlatsh"这是一种宴请与送礼的盛大仪式，是一种显示财富的竞争，挑战的双方都竭尽全力把自己的宴席摆得更加豪华，送出更加昂贵的礼品，以此获得族人的尊重和崇高的社会地位。

正是由于存在这样一种对待财富的态度，对于中国人来说，"富不过三代"就是一种很正常的逻辑了。

商品经济是契约观念产生和发展的温床，"商品是天生的平等派"，离开了发达的商品经济的土壤，自由、平等观念也就无从生存了。

契约观念产生和传播，要求社会成员都是自主的主体。

主体之间的地位是完全平等的。不论其身份、地位如何，在商品生产和交换中，都具有自己独立、自主的人格。参加交换的个人已默认彼此是平等的个人，是他们用来交换的财物的所有者。

希腊、罗马文化是西方文化的源头。古希腊人追求智慧、公正、节制、勇敢等道德规范，主要满足个体对于幸福的追求。在希腊人的眼中，智慧能使人获取各种知识，以指导个人获得幸福。对后世产生过广泛影响的罗马法强调法律不只是"不应如何"，更应当是"应该如何，可以如何"，希望在教导人们行善时不仅借助刑罚的威吓，而且也利用奖赏的鼓励。法律的基本原则是："为人诚实，不损害别人，给予每个人他应得的部分。"

而在中国古代，事实上并不存在具有自己自主权利的平等主体和平等个人。中国古代人口的基本单位从来都是"户"而不是"口"，因而，其民事法律关系的主体不是自然人，当然法人的概念也就更不可能产生了。长期以来，享有民事权利和承担民事义务的主体都是户。"一家曰户"，一户的范围包括同居共同财的直系亲属和同居一起的姻亲（如上门婿）。家长是户的代表，家长代表其户承担全家的民事法律责任，以及经济、行政法律责任和义务，行使全家的民事权利。

中国传统法律制度中，家庭是社会的基本单位，个人只是这种家庭中的一个普通成员，个人是不重要的，个体也是不重要的，重要的是每一个人把自己的社会角色扮演好，父像父的样子，子像子的样子，君像君的样子，臣像臣的样子，这样才有助于实现社会的和谐。这种以家族、集体为本位的思想，使得个人的人格只能从属或融解于一个更大的集体生命之中才有意义。个人的存在和价值只能由集体派生，而并非先天给定、不可剥夺的。个人的价值取决于他能为集体所贡献的服务。所以，中国人从不追问而西方人永恒追问的一个问题——"我是谁？"因为这个问题对中国人来说，是父亲或儿子，是丈夫或妻子！自然而然地存在。

中国传统哲学中占据统治地位的"天人合一"理论同样使个人的主体地位无法确立。"无人合一"强调"人与天地一物也""物我一理"。既然如此，人们在认识上便应做到"视天下无一物非我"，即我是万物，万物就是我，人们只有首先将自己融化在天地万之物之中，才能将处身的修养品质提升到至高的层次。"天人合一"的前提是无我，从而自然否认了人的独立和个体存在的必要性。

（四）市场规制权的法律责任制裁路径

"制裁"在字义上的理解，是用强制力去管制、约束并惩处，使得不能胡作非为。或表达为由于不遵守法律、规则或命令，而导致适用刑罚或强制措施去矫正。前一种是《现代汉语词典》的描述性的界定，后一种是《布莱克法律词典》所做的描述性界定。

国内法学界的学者们关于法律制裁的界定述评：①沈宗灵先生的观点。他认为，法律制裁分为刑事制裁、民事制裁、行政制裁和违宪制裁四种，并且这些法律制裁是与国家强制力密切联系的。它不同于违反纪律、道德或其他社会规范、行业规则中的制裁，其根据只能是法律，由具有国家强制力的国家机关按法定的程序决定并依法实施。②张文显先生的观点。他也主张法律制裁分为民事制裁、行政制裁、刑事制裁和违宪制裁。他认为，法律制裁意味着惩罚，国家针对责任主体用强制力保障实施的在人身、财产、精神方面给以制裁的责任方式，惩罚是法律责任中最严厉的手段方式。③孙国华、朱景文主编的《法理学》中，他们认为的法律制裁，是国家司法机关或国家授权的专门机关，对违法者应当承担的法律责任而采取的惩罚措施。体现国家保护和恢复法律秩序的强制性措施，包括恢复权利性措施，对构成违法、犯罪者实施的惩罚性措施。

国外学者边沁的观点。他认为制裁体系分为四类：身体制裁、宗教制裁、道德制裁和政治制裁。托马斯·莱塞尔的观点。他认为的制裁分为惩罚类和奖赏类，或者表述为消极制裁和积极制裁。消极制裁即对违法者实施一种痛苦或恐吓的阻却，其目的是消除违法行为造成的社会秩序紊乱。他认为的消极制裁还可以细化为三类：最轻微的语言制裁，被谴责、被嘲笑而起的警告作用；有形制裁，体罚、剥夺自由；社会制裁和经济制裁的交汇，如货币和财产惩罚、公开展示等。他认为的积极制裁，是因为对符合规范的行为而提供好处或奖赏。如表扬、肯定、祝贺、授予称号和奖励、授予勋章和荣誉称号或礼物、任命、涨薪、提升或提供非物质特权等。

诉讼、仲裁是传统法律制裁的方式，在市场规制权力行使的过程中，用司法权治模式所体现的就是一种消极制裁的社会控制方式。但由于市场规制权的"准立法权""准司法权"特征，及其借助行政主体和行政程序用市场规制权力调整实现社会整体利益的目标，积极制裁、预期疏导的功能不是传统的立法权、行政权、司法权所能简单覆盖的。正如劳伦斯·M·弗里德曼认为法学研究总的说来对奖赏注意不多。

行政执法和诉讼是一种渠道，在我国现行的体制下，这是一种主要规制经济权利主体的制裁方式。根据法律规定，违反经济法律、法规应负的法律责任有民事责任、行政责任和刑事责任三种。对于这一观点，中国一些权威性教材是认可了的。法律的发展经过了从责任中心主义到义务本位再到权利本位的过程。责任中心主义围绕法律责任的形式、依据和内容等展开，而不以权利义务方式事先为人们预设行为模式；义务本位坚持的是义务—责任模式，该模式以义务为设置和归结责任的根据，相比责任中心主义，这一模式使人们被追究责任前有选择自己行为方式的权利；而权利本位坚持的是权利—义务—责任的理论逻辑，在这一模式中，法律义务的设置乃是为了保障法律权利，法律责任的设置也是为了督促义务主体履行义务并最终保障权利。在这一模式中，权利、义务和责任构成了三位一体的关系。权利和义务成为责任存在的依据和正当前提，责任则是权利义务安排的必需结果。正是沿着这一理论逻辑，该学者认为，综合责任论没有也不可能从经济法中的权利义务推出经济法律责任乃是综合责任，综合责任论可能完全脱离了自身对经济法调整对象的界定，是对经济法本身的自我否定。笔者认为，对于市场规制权力主体的而言，这种表述是存在值得质疑的地方。笔者将结合相关法规作具体的分析。

　　在市场规制过程中刑事责任的设计现状：一方面，违反市场规制法行为的刑事责任是指市场主体违反法律规定，实施了不正当竞争行为或垄断行为，破坏市场竞争秩序，构成犯罪，依法应承担的法律后果。另一方面，对于造成严重后果，追究直接执行监管责任人员的刑事责任。我国是将刑事责任作为民事责任与行政责任的补充作为规定，在《中华人民共和国反不正当竞争法》中有 11 种不正当竞争的行为，但仅规定了 6 种情节特别严重的不正当竞争行为的刑事责任：①假冒他人注册商标的行为；②擅自使用知名商品特有的或与知名商品相似的名称、包装、装潢并借此销售伪劣商品的行为；③商业贿赂行为；④被保证国家工作人员忠于职守、认真履行监督行为检查不正当行为的职责，追究国家机关工作人员徇私舞弊和玩忽职守的刑事责任；⑤作引人误解的虚假广告行为；⑥侵犯他人商业秘密行为。责任形式不应限于行政责任，而应增设刑事责任。主要是因为行政罚款不足以起到威慑作用，恶的收益远远高于成本，罚款相对于其收益来说可谓九牛一毛。因此，增设刑事责任是一种必要选择，特别是加重直接责任人的刑事责任，加大违法成本的作用，无论是对市场规制权利主体还是对市场规制权力主体的约束都是必要的。

　　违反市场规制法行为的行政责任是指实施了不正当竞争行为或垄断行为等违法行为的责任所承担的法律后果。行政责任主要是由市场规制执行机关给予的，分为责令改正或撤销决定以及处罚责任人，还有就是追究行政机关的行政责任，这点主要是强调罚款。行政责任的适用范围是最广泛的，从市场规制法实践看，一国对行政责任的运用决定了该国对经济干预程度和范围。

在市场规制过程中民事责任的设计现状。违反市场规制法的民事责任是指市场主体实施了不正当竞争行为、垄断行为、限制竞争行为所要承担的相应的民事责任。这种责任是违法行为人承担民事责任的方式，也是对受害人权利的救济。这种民事责任的形式主要有三种：①赔偿损失。我国《反不正当竞争法》第 20 条规定，经营者给"被侵害的经营者造成损失的，应当承担赔偿责任。被侵害的经营者的损失难以估量的，赔偿额为侵权人在侵权期间因侵权所获得的利润，并应当承担被侵害人因调查……不正当竞争行为所支付的合理费用"。②停止侵害。我国《反不正当竞争法》规定了 6 种使用停止侵害的民事责任方式，分别为商业混同行为、公用企业限制竞争行为、虚假广告行为、引人误解的宣传行为、侵犯商业秘密行为、违反该法第 10 条规定的有奖销售行为等。③消除影响、恢复名誉。对违反市场规制法的人给予民事制裁应由法院应专门机构起诉而做出，其制裁方式包括罚款和责令解散、分离或放弃合并或联营。从市场规制法执行的实践看，违法者承担民事责任主要是通过损害赔偿的方式。

如果上述三种法律制裁都不能消除违法造成的巨大社会成本，增设国家经济赔偿制度便成了一种必然选择。在市场规制的范围内，国家经济赔偿是在国家机关及其工作人员在市场规制过程中，由于不作为、乱作为或急于作为，对不特定的公民群体的财产和人身造成了严重损失和损害，同时，这种损失和损害又是市场受制主体无力承担或无力独立承担的情形下，国家机关向不特定的受损公民群体所承担或分担的一种责任。

第二节　经济法责任主体的宏观调控

一、宏观调控主体法律责任的经济利益价值

（一）宏观调控主体法律责任的经济利益价值

法所体现的意志的背后是各种利益，法对社会的控制和调整主要通过对利益的调控实现。利益是实施政府宏观调控行为的基础。政府宏观调控行为是否有效取决于三种宏观调控行为所含利益在多大程度上被经济主体吸收。如果利益所产生的诱因足以吸引经济主体自觉接受政府宏观调控行为，这表明政府宏观调控行为产生了效力。反之，其无效或效力弱化。然而我国宏观

调控中政府行为本身包含的利益之争状况令人担忧，主要表现如下：

（1）某些宏观政策、措施缺乏科学性、合理性、公平性、公正性和严肃性，部分政策朝令夕改，一些政策因缺乏刚性很难贯彻到位，宏观调控政策因为不协调而导致效率低下。

（2）一些政府官员好大喜功，以宏观调控之名大搞"首长工程""形象工程""政绩工程"，片面追求经济增长率，甚至虚报数字，形成"官出数字，数字出官"的恶性循环，政府官员腐败屡禁不止，权钱交易滋生，从而辜负市场主体的信任。这种不诚信的行为与权力体制有很大关系。比如，地方行政官员调度频繁，他跟地方的联系并不紧密，在任时给外来投资者承诺很多优惠条件。任期结束，钱花完了，未完的工作是下一届的市长、书记要关心的事。有的甚至还有更极端的想法——退了却希望下一任不如他，以显示自己的功绩。

（3）地方政府为了扩大自己的经济权限，有明显的反对中央政府宏观调控行为倾向。政府机构虽然统一行使国家管理权，但在"五级行政、五级财政"的构架下，因事权、财权和人权不尽统一，中央与地方政府及其部门之间常因"私利"而阻碍公共政策的形成和层递落实，即"上有政策，下有对策""山高皇帝远""诸侯经济"，利益之争导致的政策不通畅严重妨碍了全国统一市场的形成。利益之争让政府的宏观调控措施及行为收不到其应有的效果，因为缺乏公信的政府，成文法就可能蜕化为抽象规范或利益假象，进而抽象政策会变得无足轻重，丧失掉政策特有的理念先导、实践示范等功用。因此，宏观调控的利益价值一方面表现为既然我们不知道如何最有效地集中利用稀缺资源，我们就只能调动所有个体的积极性，让他们尽量有效率地利用这些资源。一个社会如果没有实现经济增长，那是因为社会没有为经济方面的创新活动提供激励，也就是说没有从制度方面去保证创新活动的行为主体应该得到的最低限度的报偿或好处。而衡量资源配置是应当符合这样一种自然状态的是否有效的唯一能使人在长期演化中继续生存下去的准则就是人类的继续生存和繁荣。这种利益价值也就是经济法所追求的可持续发展状态；另一方面是对政府"私心"的制约，由"球员"变为"裁判员"，淡化偏袒意识，公平有效地行政，所以对权力最好的控制即是法治。

（二）宏观调控主体法律责任的经济利益甄别

宏观经济利益是国家、社会从总体和全局进行权衡、取舍、确权、保障、补救等方面，甄别出的更重要、更能影响国家、社会稳定发展的整体性利益，而不是个体性的私人利益。这种甄别对宏观调控权的正当、合理行使及其法律责任制裁具有重要意义。宏观调控权涉及对宏观经济利益的权衡、取舍、确权、保障、补救的配置关系，并在这种配置关系之中平衡国家、社会、个人的经济利益，以及解决如何识别、保护的问题。良性互动的国家社会模式强调国家与社会之间的合作关系，但并不否定各种社会组织的相对独立性，强调社会通过制度化的渠道对国家进行控制、监督与参与，并强调国家对各种社会组织的保护与促进，要求国家作为社会总体利益的代表在尊重社会及其各种组织法律上的独立性的前提下积极介入社会生活过程，对后者的活动进行多种形式的协调与引导，或者为他们创造出适宜的活动环境与条件。对于社会自身不能解决的问题，如环境保护、社会正义等，国家必须主动予以解决。上述目标模式正是经济法的宗旨与价值取向所在，经济法以社会为其法域的"本座"。

1. 国家和社会利益的识别

就国家、社会、个人的经济利益的区别：在经济法语境下，在本书的探讨中，就个人而言，"经济利益"可以等同于物质利益，财富上的"所得"。但就国家、社会而言，其涉及的"经济利益"则超越了物质利益的价值判断。因为笔者同意麦克韦尔的观点：人类面临的基本课题，不光是苏格拉底提出的"人应该如何生活"，还应该包括人类学家提出的"我们如何生活在一起"的问题。

日本宪法学家美农部达吉将"利益"定义为"所有满足人类价值感情的东西，可以称为利益，于这种意义而言，不用说不是含有单纯经济的利益（物质利益），而又不是含有适于人类的福利的意味，总之，于各时代思想上，人类觉得对于她有价值的一切的东西，……无论其为外界的事物，或为人类内部的状态……都属于此种意义的利益"。可见，受制于特定时间、空间条件的制约，利益要有个确定性的标准去界定是不可能的。实质上，这是因为界定利益的前提离不开价值判断。价值不存在于客体或主体之中，而是主客体相互作用的产物，"将价值视为个体适应她的生物和社会、文化环境的各种转态的表现"，"价值判断表示的是一种主体和客体的相互作用，是一种对人与周围世界关系的认识"，"当我们想到人类价值评判主体的所有生命功能都要依赖于这种与环境的相互作用时，价值便表现出其至高无上的重要性"，人本身是目标导引的、按一定程序进行追求的系统，人类有一个遗传学的程序的基础上，在此基础上叠加起来的多重文化程序，这种文化程序是由个体和它在经验世界中的冒险经历确定的。

国家利益是一个很复杂的概念，因为诠释国家的理论很多，人们可以从不同的方向去理解国家。比如：社会契约理论语境下的国家学说；黑格尔的伦理实体语境下的国家学说；诺奇克国家理论语境下的"最低限度的国家"；民族国家理论学说；马克思学说语境下的国家观。尽管理论上有分歧，不过国家利益大致还是可以被归为四大类：自由主义的国家观、无政府主义的国家观、国家主义的国家观、民族主义的国家观。

第一，自由主义的国家观。该观点体现了一种对人性持消极态度的国家观，就理性层面而言，它是对基督教政治文化积淀的现代性转换。其代表人物霍布斯和洛克主张的古典自由主义国家观非常消极，而他们假设的自然状态正是基督教的堕落状态的翻版。托马斯·霍布斯认为："自然法是一种真正的普遍道德，它也符合自我利益，尤其是人类的共同利益。"最重要的自然法有三条：①每个人只要有获得和平的希望，就应当力求和平；②为了和平的目的，他会自愿放弃这种对一切事物的权利；③人们必须履行所订立的信约。他认为自然状态存在于国家产生之前，政治实体的各部分就是由契约和协定所产生的，承诺的实现作为人类政治义务的基础。自然状态会导致战争状态的持续，公共权力的补救是进入公民社会的捷径。许多评论者认为自然状态是一种虚构或假想的模型，它只是用来表明，如果没有政府，人类可能会或就会出现什么样的状态，契约就是在这种情况下所有人都可能会普遍接受的条件。但是这种逻辑上的假设却提供了一种理论上的说明，即自然状态下人是平等的，但却面临着一切人反对一切人的战争，没有一个权威而彼此之间便会相互伤害。理性启迪人们放弃自然权利缔结契约建立国家管理社会，它涉及国家的起源、目的、权限等问题。而洛克的契约论是以个人不可剥夺的自然权利生命、自由、财产为名义来限制政治权威。他也承认自然状态的缺陷，但认为这是公共法官的缺位。他认为，不应完全放弃自然权利，还应保留生命、自由、财产权利，保护和尊重这几项权利是政府的责任。如不能保护这些最基本的权利，人民有权解除契约，建立新政府。所以他极力主张一种有限政府的理论。

总之，他们假定国家产生的直接背景都是人的有罪状态。在自由主义者那里，国家植根于人性之恶中。古典自由主义奉承的基督教宗教观是"伊甸园的神话故事—人性的堕落—国家的救赎"版本。自由主义信奉的自然权利观是"自然状态—社会契约—国家（公民社会）"版本。他们一脉相承，都自然而然地接受了国家产生于人类邪恶本性或人性的缺陷的观点，自由主义根深蒂固的宗教信念无论如何是抹不掉的，从而深深影响了他们对国家的态度，影响了设计国家权力结构的思想，规范国家活动的有限范围。例如，孟德斯鸠在《论法的精神》中指出："自由只有在政府没有滥用权力时才存在，但有一永恒的规律，任何具有权力的人都倾向于滥用权力，直到他遇到限制为止，而且美德也需要有限制。"在自由主义者身上，基督教政治态度和政治情感形成的文化积淀的顽强作用支撑了这种理论假设。道格拉斯·诺斯认为，国家有三个基本特征：一是国家为了取得收入而以被称为"保护""公正"的服务作为交换；二是为使收入最大化而为每一个不同的集团设定不同的产权；三是面临其他国家或潜在的统治者的竞争。国家的目的，是使统治者的租金最大化，又要降低交易费用以使全社会总产出最大化，从而增加国家税收，这两个目的是相互冲突的，会导致相互矛盾甚至对抗行为的出现，使国家处于不稳定状态。

可见，自由主义也许用这种方式隐蔽了一个的主题——国家问题。其实，自由主义从来就不是与国家完全对立的，它反对的只是无节制、肆意的国家权力。把国家利益隐藏在所谓普世的道德价值之中进行制度建构是一种高超的政治智慧，普世的东西即法治、权利、规则、宪政，而国家建设问题则隐藏其间。现代自由主义的国家观主张以恶制恶，化恶为善。自由主义从两个方面设计对国家的制约：其一是以个人的权利限制国家的权力范围。其二是在国家内部实行分权制衡。通过对国家权力进行分割，使各个部分巧妙地实现相互竞争、制约和监督，以防止掌权者堕落，也使掌握国家权力的人或集团在追求自己利益时，增进公共利益。

第二，无政府主义消极的国家观。此种国家利益观与自由主义观都持一种消极的态度，而关于人性恶的诠释则有差异。前者极端地将国家视为纯粹的恶；而后者在对恶的观点予以认同的同时，也承认有限的善，或者将其表达为一种善的工具。无政府主义将国家视为万恶之首、万恶之源，人的本性为善并有自治能力。他们相信，一旦取消了国家，人类就会回到完美的状态。尽管存在差异，但无政府主义与自由主义却存有同一的政治心理，即对政府或强制性政治权力持怀疑态度，只是怀疑程度颇为不同。程度的两者区别如下：在无政府主义那里，怀疑和抵制是公开的；而在自由主义那里，则是含蓄、潜在的。总之，无政府主义毫无保留地断言，国家是祸害；而自由主义则持犹豫、谨慎态度，认为国家是"有必要之恶，必要的痛苦等。

第三，国家主义至上的国家观。国家主义与自由主义持对立的观点。

根据国家主义的观念，国家是自然的存在，即黑格尔的观点——"自在自为"——的存在。它不依赖于个人，不是单个人机械的集合。国家是一个有机整体，而个人是其有机组成部分。因此，国家之第一要务在于创造法律秩序。为达此目的，国家的意志形态应是超越个人的私见，个人有绝对服从之必要。国家第一位；个人第二位。个人只有选择融合于国家中，通过国家公共事务的参与，为国家尽义务，才能实现自己的本性或价值。国家本身即是目的，个人不能与国家相分离，且不能有与国家相对立的权利。只有在对国家事务的参与和服务中，个人的价值才能得以实现。因此，依据国家主义观念，国家是个人的终极归宿，个人获得自我的拯救，个人的权利和价值皆源于国家。对于国家，人们会自然地产生感恩心理，从中找到一种归属感，并萌生出亲情似的崇敬之情。总之，国家主义是一种理想主义，它希望实现个人与国家之间内在的统一、高度的和谐。

第四，民族主义的国家观。其认为每一个人都要忠于自己的民族祖先，每一个民族的学术、感情都与该民族的身体气质和物质环境紧密联系，并运用这一原理解释所有的观念和制度。民族精神实质上就是一个民族的禀赋，是一种自发的创造力量。它是伴随着民族与生俱来的，不能也无法从其他民族的文化模式中学到。民族禀赋具体体现在民族文化、特性、气质等内容上。在这种国家观之下，文化民族主义被改造成政治上的民族主义，并依托于这样的逻辑关系建立共同体——"一个国家、一个民族、一部宪法、一个家、一种爱"。在其影响下，"民族精神"被改造成为一种"国家精神"，在民族—国家的观念视野中展开，从国家制度秩序与国际秩序的视角人手。其中，个人被从家族、地缘中抽取出来，还原为法理学意义上的原子论个人。这种个人不是地方之聚居者，而仅仅是对国家、社会、人类承负责任与义务者。由此，个人可以直接交付给国家来使用。

有关社会的界定也是存有分歧的。就方法论而言，大多个体主义坚持者都主张唯名论，认为社会由发生各种联系相互作川的个人而存在，认为社会是个虚体，具有抽象性，个人利益才是真实、唯一的利益。而大多整体主义坚持者则主张唯实论，认为社会是个真实的存在，社会不是个人利益的简单总和，而是受制于自身发展规律的客观存在。

社会现象是存在于人们身体以外的行为、思维和感觉方式，同时通过一种强制力，实施于个人，对于生物客体的个人而言，社会事实是客观存在，当个体消失或被替代时，事实仍永恒存在，社会事实具有强制力，这种力量凌驾于每个社会成员及其独立意志之上，无论以法律或是习惯的形式出现，这种制约力总是在社会利益受到侵犯时发挥作用，凌驾个人之上，引导个人需求，影响个人思维倾向。社会整体利益在经济法中是一个潜在的抽象理性假设，具有不确定性、模糊性、动态变化性。但可以肯定的是，这种"存在"不是机械的、简单的个体利益相加的总和，而是强调整体性、整合性的"存在"，是社会各方利益博弈协商的结果。这种类型的利益依赖于经济法中各种具体制度的供给实现这种社会整体利益观。

以反垄断法为例：首先，在规制对象上，反垄断法规范垄断或限制竞争，禁限排斥、消灭竞争的行为（或现象）。其次，在立法目的、保护对象和法律地位上，反垄断立法的要点在于制止和矫正垄断（或限制竞争）行为对竞争秩序的结构性、全局性破坏，实现市场竞争的自由、充分。从实际来看，其主要是保护中小企业或新入市企业的利益，与促进社会公共利益和经济民主秩序相联系，具有强烈的公法性，并因此而常被誉称为"经济宪法"。最后，在对其规制对象的法律否定态度上，反垄断法较多地关注竞争行为的经济界限（即是否符合经济效益的要求），对垄断（或限制竞争）行为的否定是相对的，允许有诸多例外。

以价格法的宏观调控及其听证为例，《中华人民共和国价格法》（以下简称《价格法》）第30条规定："当重要商品和服务价格显著上涨或者有可能显著上涨，国务院和省、自治区、直辖市人民政府可以对部分价格采取限定差价率或者利润率，规定限价，实行提价申报制度和调价备案制度等干预措施。省、自治区、直辖市人民政府采取前款规定的干预措施，应当报国务院备案。"《价格法》规定："当市场价格总水平出现剧烈波动等异常状态时，国务院可以在全国范围内或部分区域内采取临时集中定价权限，部分或者全面冻结价格的紧急措施。"价格听证制度要求政府在制定关系群众切身利益的公用事业价格、公益性服务价格、自然垄断经营的商品价格等政府指导价、政府定价时，应当建立听证会制度，由政府价格主管部门主持，征求消费者、经营者和有关方面的意见，论证其必要性、可行性。政府指导价、政府定价制定后，由制定价格的部门向消费者、经营者公布。在法律程序方面，价格听证制度要求政府价格主管部门或其他有关部门制定政府指导价、政府定价，应当开展价格、成本调查，听取消费者、经营者和有关方面的意见。

"公共利益"在政治学、哲学、经济学领域研究的意义也各有不同。柏拉图认为统治者的利益就是真正的"公共利益"。托马斯·阿奎那认为，公共利益至少包括三个方面的内容：公共精神利益需要、社会秩序和国家安全。边沁认为，公共利益就是组成共同体的若干成员的利益总和。亨廷顿则认为："……公共利益既非先天存在于自然法规之中或存在于人民意志之中的某种东西，也非政治过程所产生的任何一种结果。相反，它是一种增强统治机构的东西。公共利益就是公共机构的利益。"此外，公共利益在经济学领域被视为公共物品，即公共利益在现实中的物质表现形式。公共物品是指非竞争性和非排他性的货物。非竞争性是指一个使用者对该物品的消费并不减少它对其他使用者的供应。非排他性使使用者不能被排斥在对该物品的消费之外。经济层面的公共利益指向了社会总福利的最大化。政府公共政策制定的目的不仅仅是某一个群体福利的最大化，还要考量社会总福利的最大化。

可见，公共利益是个典型的不确定性概念。公共利益是一种具有公共性的利益；反之，属于个体性、私人性的利益（含私人利益、集体利益）则是与之相对应的私域。但"公共性"的外延是个开放结构，在公共利益、社会利益、国家利益的分类中，"公共""社会""国家"均揭示的是受益对象，而真正的内容则是"利益"。"公共的不确定性"在于，将一定地域空间内的大多数人作为判断公共利益公共性的标准并不妥当，因为其解释不了该种公共利益可能使地域以外的人也受益的问题。如果以"不确定多数人"作为公共性的标准，那么对少数弱者的援助所揭示的福利国家公共利益理念又该如何解释呢？而且在国家之外还存在一个更大的圈子——"全人类的利益"，这并不是一国国内法所能解决的。因此，公共利益不是严格、确定的法律概念。对经济法而言，以社会整体利益为理念的制度设计，并不是简单的概念、规则、原则的问题，其必须通过不断的探索、实践才能得以实现。社会与国家均可作为最大共同体而存在，在日常生活中经常可以代表公共利益，但对二者加以区分却是必需的，因为社会整体利益并不等同于国家利益。

国家的利益主要指政治统治利益：一方面，其是指国际政治范畴中的国家利益，或指一个民族国家的利益，与之相对应的概念是集团利益、国际利益或世界利益；另一方面，其也指国内政治意义上的国家利益，是政府利益或政府代表的全国性利益。社会整体利益则主要是经济和文化利益，虽然国家是维护和促进社会整体利益的主要力量，但不能把国家利益等同于社会整体利益。尽管国家"为了达到自己的目的就不得不把自己的利益说成是社会全体成员的共同利益"，而社会整体利益形成机制弱小，又必须借助国家权力的整合。此外，因为现代政治国家与市民社会不断融合，国家经济职能被广泛执行，国家利益与社会整体利益在很大程度上是一致的。识别两种利益的重要意义在于防范国家利益任意入侵社会整体利益，从而强化社会整体利益的整合、实现机制。

国家和社会应该有各自的定位和权利，国家对于市民社会来说，工具性的功用观点很强，是一种手段而非目的。在市民社会中，每一人都以自身利益为目的，其他一切相对其而言都是虚无的。社会是一个独立的领域，有其自身的组织原则，这个独立于政治的社会，其基本性质是经济的。市民社会的秩序建构并不是完全排斥国家的，问题两面性在于，不是不要国家干预，而是要确定国家干预的具体方式、内容和限度。市民社会的独立性要素需要得到确立和保护，但应该有一个合理的限度。首先，提供制度性的供给以确保市民社会的相对独立性。其次，市民社会无力解决的社会矛盾和各种冲突，需要国家干预的救济，从而使得多元利益主体应当在法治的轨道上通过多种渠道表达利益诉求。最后，经济利益集团在成熟以后，向政治层面的渗透应当是理性的、规范的，如果没有制度保障，对国家和社会之间的张力关系处理不当，也会引起非良性的发展。统治装置一味扩大、膨胀，造成国家因为负荷过重，对于社会的要求开始丧失柔软性和敏捷性；另一方面，丰裕及成熟到某种程度的市民社会，对这样的国家放弃期待，加深不关心政治的程度，容许政治参与的空洞化和仪式化，穿上"漠视之外衣"，形成国家与社会紧张关系的大障论。

经济法以社会整体利益观为本位，秉承"求经世之道，思济民之法"的法律观，在保障社会整体利益的过程中、维护社会团结的过程中，协调各种利益的冲突并实现对个人利益的保护。在复杂社会中，最稀缺的资源既不是市场经济的生产效率，也不是公共行政导控能力，需要精心维护的首先是已经枯竭的自然资源和正在解体的社会团结，在今天，社会团结的力量只能以交往的自决实践的形式而得以再生。自主性的观念，人类只有当他们所服从的法律也就是他们根据其主体间地获得的洞见而自己制订的法律的时候，才是作为自由的主体而行动的，它表达了事实性与有效性之间的张力，这种张力随着社会文化生活形式的语言构成的事实而"被给定的"，对我们来说，对已经在一种这样的生活形式中形成自己认同的我们来说，它是不可避免的。

2. 整体利益与局部利益的识别

根据宏观调控涉及的当事人一方所处的阶位不同，宏观调控必须遵守一致行动原则。所谓一致行动原则，是指在中央政府决定采取宏观调控并提出宏观调控措施时，各级政府及各部门应当在法律规定的职责范围内采取一致的宏观调控行动，禁止各方当事人规避宏观调控措施甚至采取逆向行动。在横向的一致行动下，强调同级政府的各个职能部门——主要包括财政、金融、税收、国土、公共投资、物价等部门——之间应采取协调一致的行动，不得出于本部门的部门利益考虑而规避宏观调控措施。在纵向一致行动下，强调下级政府应采取与中央政府相一致的行动，不得为了地方利益规避宏观调控措施甚至采取逆向行动。部门保护主义与地方保护主义，在行政管理体制未完全理顺之前（如行政权治的理念），在某种程度上会使得宏观调控政策的效果大打折扣，使其达不到预期调控甚至偏离目标。

我国的市场经济是政府推进型的市场经济，在市场经济活动中，政府在干预或参与经济活动时，往往是利用传统的政治思维而非法治思维去思考问题。受"国家—市场"二元模式的影响，国家对经济生活的干预多以行政干预方式进行，经济法的执法程序和立法程序也多沿用行政程序法的规定，经济法执法机关多为行政机关，这体现出了一种行政权治的理念。这种理念由于带有强烈的公法"暴力"色彩而与市场经济所崇尚的平等、自由理念格格不入。因为市场的自由天性与政府的权威至上之间有着一种天然的紧张关系，它们为了追求实现自身必然排斥对方，如何认知和调整这种困境，也是在中国实行一致行动原则的必要性和现实性所在。

第一，行政权居主导地位的传统色彩很重，在行政权运作过程中又带有明显的政党的背景，受政治力量和政治因素左右严重。这种特点不可避免地混同了政治国家与经济国家的角色，造成了公共利益代表者与政治利益代表者的身份在经济活动和政治活动中偏离定位。

第二，行政权治理念在经济活动中仍突出行政主体的强势中心地位，忽视社会团体和民众参与经济决策的权利。这样必然会导致经济法决策的低效率和偏差，难以及时、准确地反映经济现状，同时也容易造成行政机关过多地、刚性地干预市场。

第三，行政权的管理和命令的特征使得经济执法机关更侧重于创设经济关系，而非调整经济关系。这使得市场配置资源的基础性作用被大大削弱，经济执法机关凭借强势地位为获取地方、部门、集团利益而滥用职权、破坏经济关系，也为行政垄断等行为大开方便之门。

第四，行政体系的科层制包含着单一的等级秩序，其势必导致权力的集中化，而集权与市场经济已被事实证明是相异不相容的。同时，结构的科层化也使得科层的利益与社会公益相背离。对科层中的各单位、各构成分子而言，服从科层的独立利益、独立意志比服从社会的意志来得更为重要。因而只要科层的利益、意志与社会的利益、意志相异，行政权治理念无法融入经济法所追求的价值范畴之中。

3. 宏观调控中的私益保护

宏观调控在平衡整体与局部的利益关系中，势必会影响到私主体的权益，任何宏观调控措施都会触动私人主体之间财富的分配问题，损伤到一部分人的权利和利益往往是改革所不可避免的代价。当然，在宏观调控的必要性前提下思考如何保护私人主体的利益问题，特别是信赖利益保护问题，也具有特殊意义。

可以确定的是，法律与宪法调整的是未来的事情，而不涉及已成为过去的那些事情，除非为过去和悬而未决的事情作了明文规定。所以，无论我们追问法律是意志的产物，还是经验的产物，在特定时间、空间发生的一切都已经成为过去，而现在的一切则正在发生，只有未来才可能改变。因此，法律更应该关注未来，关注人们对未来的预期。当然，这是一种明确的预期，或一种大致确定的预期，以便利人们的交往或是行为。这也是需要实践的，而不能停留在抽象的理论层面。预期行为有效用才能体现法律的主要功能。

第一，在民商法领域中，缔约过失责任（Jhering，耶林）起源于"亚麻地毡案"，所体现的是一种信赖利益的保护。从事合同缔结之人，是从合同外的消极义务范畴进入合同上的积极义务范畴；其因此而承担的首要义务，系于缔约时须善尽必要的注意。法律所保护的，并非仅是一个业已存在的合同关系，正在发展中合同关系亦应包括在内；否则，合同交易将暴露于外、不受保护，使合同一方当事人成为他方疏忽或不注意的牺牲品。合同的缔结产生了一种履行义务，若此种效力因法律上的障碍而被排除，则会发生损害赔偿责任。所谓合同不成立、无效者，仅指不发生履行效力，非谓不发生任何效力。简言之，当事人因自己过失致合同不成立或无效者，对信其合同为有效成立的相对人，应赔偿因此项信赖所生之损害。这是一种承认积极违约，其将契约责任扩展到预约契约中，并发生密切联系。

缔约过失责任是指在合同缔结过程中，当事人因自己故意或过失，致使合同不能成立，对相信该合同成立的相对人，为基于采信信赖而生的损害，应负的损害赔偿责任。我国《合同法》第 58、113 条规定了信赖利益和预期可得利益。

第二，在刑事法律领域中，1979 年《中华人民共和国刑法》没有规定刑法的基本原则，而 1997 年修订的新刑法典，在第 3~5 条明确规定了三项基本原则，即罪刑法定原则——"法无明文规定不为罪"和"法无明文规定不处罚"；适用刑法平等原则——对任何人犯罪，在适用法律上一律平等，不允许任何人有超越法律的特权；罪责刑相适应原则——也称罪刑相适应、罪刑相当、罪刑均衡原则，是指犯多大的罪，就应承担多大的刑事责任，法院也应判处其相应轻重的刑罚。可见，刑法是用法的明确性、法律的不溯及既往性、平等性来限制国家刑事处罚权，为人们提供一种明晰的预期利益保护。而刑法对溯及既往的利益保护，针对的是未经审判或判决尚未确定的状态，采用从旧兼从轻原则，以明文的法律规定做出。总之，人们的预期利益是通过遵守明确、具体的法律规定而实现的。

第三，在行政法领域中，因对政府行为的信赖而产生的预期利益较前两类情形要复杂得多。行政行为实施过程中产生的预期利益保护，更致力于结果而不是过程。行政行为具有强制性、自由裁量性、单方意志性、效力先定性。（行政行为一经做出，都具有拘束力，任何团体和个人都必须遵守和服从。要否定行政行为的效力，需要经过有权机关依职权和法定程序审查决定。）行政行为也具有无偿性。行政行为以无偿为原则，以有偿为例外。行政相对人无偿地分担了公共负担（如纳税），当然，当特定行政相对人承担了特别公共负担，或分享了特殊公共利益时，则应是有偿的。可见，法律规则对行政相对人提出的要求是可以做什么、不可以做什么，强制、命令的义务规则模式占主导。行政行为分为抽象行政行为（是指国家行政机关针对不特定对象制定和发布的能反复适用的具有普遍约束力的行为规则的行为，即包括制定行政法规、行政规章及其他行政规范性文件在内的行政立法行为）与具体行政行为（是指行政主体针对特定对象做出具体决定、采取具体措施的行政行为）。在我国行政法实践中，根据当前的行政救济机制，行政相对人对具体行政行为不服，可以依法直接提起行政复议或者行政诉讼，而对抽象行政行为，则只能在对具体行政行为提出复议或者诉讼过程中，要求复议机关或者法院判断具体行政行为所依据的抽象行政行为是否与上阶位的法律规范相冲突、相抵触，以对抽象行政行为进行间接的监督。可见，具体行政行为对行政相对人的利益保护侧重于结果救济，在抽象行政行为中形成的预期利益保护只能更关注过程保护的重要意义了。

在宏观调控领域中，对于私人预期利益的保护更有别于上述几种部门法，但与抽象行政行为中形成的预期利益保护存在相似的地方。法律的主要功能也许并不在于变革，而在于建立和保持一种大致确定的预期，以便利人们的交往和行为。受控主体的权利保护可以遵从调控主体自身约束、受控主体监督、司法机关审查的逻辑思路，但受控主体预期利益的形成过程与预期利益的存在，在客观上是无法回避信息不对称、宏观调控短期性、临时性、间接性的特点的。同时，该种利益存在着自身特殊性，即对象范围的不确定性、未来性、期待性。在这种大致确定预期过程中形成的利益虽不能意味着受控主体因此而享有权利，但受控主体的利益也关乎调控目标的实现，所以保护此种形态的利益，过程保护的重要性具有特别意义。当然，过程保护的路径、制度设计并非只有诉讼一种模式。这也是本书于后文中将要探讨的国家经济赔偿将体现国家在宏观调控领域中的承责模式选择。

二、宏观调控主体的经济法责任及归责原则识别

法律责任，是指行为人由于违法行为、违约行为或者法律规定而应承受的某种不利的法律后果。按照违法行为的性质和危害程度，法律责任可以被分为：违宪责任、刑事责任、民事责任和行政责任。违法是指国家机关、企业事业组织、社会团体和公民因违反法律规定，致使法律所保护的社会关系和社会秩序受到破坏，依法应承担法律责任的行为。违法可以分为违宪、民事违法、行政违法和刑事违法。法律制裁是国家专门机关对违法者依其应当承担的法律责任而采取的惩罚措施。法律制裁的目的在于保护权利，惩罚违法行为，恢复被损害的法律秩序。可以将法律制裁分为：违宪制裁、刑事制裁、民事制裁和行政制裁。法律责任和法律制裁的关系如下：法律责任是法律制裁的前提，法律制裁是法律责任的结果或体现；当然，法律责任不等于法律制裁，有法律责任不等于有法律制裁，法律制裁在结果的实现方式上有差异。据前所述，宏观调控行为在本质上是一种经济法律权力，法治经济是宏观调控法律责任产生的法理基础，宏观经济利益是国家、社会从总体和全局进行权衡、取舍、确权、保障、补救等方面甄别出的更重要、更能影响国家、社会稳定发展的整体性利益，而不是个体性的私人利益。宏观调控行为涉及对宏观经济利益的权衡、取舍、确权、保障、补救的配置关系，并在这种配置关系之中平衡国家、社会、个人的经济利益，继而如何识别、保护问题。在甄别国家与社会利益、整体与局部利益、宏观调控行为中的私益保护过程中，国家面临着秩序与利益冲突的价值取向选择及其定位问题。因此，讨论宏观调控行为的承责方式与救济机制的探析，首先需要识别与宏观调控法律责任关系密切的"政治

责任""违宪责任","行政法律责任"。其次，识别归责原则。最后，识别除诉讼、仲裁外，国家经济赔偿的承责方式是对宏观调控行为公共参号性不足及其损害救济的适宜之路。

（一）宏观调控法律责任与"政治责任""违宪责任""行政法律责任"的识别

1. 宏观调控法律责任与政治责任的识别

有关政治责任的述评包括：郭道晖在《法的时代精神》一书指出，政治责任是指"国家机关及其工作人员所作所为，必须合理、合目的性（合乎政府为人民服务的宗旨），其决策（体现为政策与法规、规章、行政命令等）必须符合人民的意志与利益。如果政府决策失误或行政行为有损于国家与人民利益，虽则不一定违法（甚至有时是依其自订之不合理的法规、规章办事的），不受法律追究，却要承担政治责任"。日文版的《现代政治学小辞典》在解释政治责任这个词条时认为："政治家必须对自己的言行之结果负责。对于行政官员来说，首先重视的是法律责任；对于政治家而言，即使没有法律责任，但仍要求他对于自己言行之结果负责。"陈鉴波在《现代政治学》一书中认为政治责任是政务官"决定政府政策及领导监督所属机关执行国家政策之责"。马起华在《政治制度》一书中认为："由于民生政治是民意政治，所以违反民意的行为是严重的错误行为，应该负政治责任"，而且"直接或间接民选的行政首长主要负政治责任"。萨孟武在其《政治学》一书中认为"所谓政治上的责任就是行政机关所作行为必须合理。至于其责任范围，一方是监督下级官厅的行政能够适合于施政方针；同时又注意自己所决定的施政方针能为公意所接受，其形式常表现为提出法案，而向议会说明法案之合理。"张国庆在其主编的《行政管理学》一书中认为："政治责任与普选制相联系，一般表现为经直接或间接公民选举而就任的政府首脑及其所属政务官员对选民或对方针所负的责任。"王成栋在《政府责任论》一书中认为："政治责任相对于法律责任而言，与政府的行为是否违法无关，而是关系到政策是否失误。"

可见，政治责任的含义的不确定性是非常强的，政治责任与法律责任在解释责任政治（狭义的层面指行政机关的合法产生并对代议机关负责的政权组织形式，广义的层面代指代议民主的理念，即公共权力的行使如何设计、如何规范行使从而符合民意、对人民负责）的责任形式时是很容易混淆的。因为任何公共决策都必然受制于多方制约和影响，而政治官员又作为法定的最终决定人和总负责人而承责。从此意义上而言，除政治官员以外的参与者对公共政策决策影响过程中的各种意志、利益、行为的表现，以及政治官员对这些表现的回应在整合和协调的过程中产生的具体结果，形成了公共政策。本书探讨的宏观调控将涉及广泛、普遍的公共政策，公共事务没有绝对的、确定性的正确与否的边界可寻。它不是追求真理，而是一种利益诉求的博弈，在不同的时间、不同的地点、不同的情况下，这种利益平衡的方式和形态是不一样的、千变万化的，利益根据社会阶层、个人偏好等因素的差异也是不尽相同的。在这种内容不确定的动态语境下，没有所谓绝对的真理，正如追问正义的复杂性一样。凯尔森认为："正义是个永恒的话题，从柏拉图到康德，绞尽脑汁，可现在和未来这问题依然没有解决。"恩格斯主张："永恒公平的观念不仅因时而异因地而异还因人而异。米尔柏格'一个人有一个道理'。"博登·海默则坚持："正义具有一张普罗透斯似的脸，随时可呈不同形状并具有极不相同的面貌。"政治的目标应该是"努力消除具体的罪恶而不是要实现抽象的善"。（卡尔·波普语）"政治是在现有行动路线中选择最小之恶的艺术，而不是人类社会追求至善的努力"。（奥克·肖特语）因此，识别宏观调控法律责任与政治责任的区别和联系，对理解宏观调控承责方式的选择具有重大意义。

法律责任必须有法律的明文规定，而政治责任不可能完全精确地由法律明文规定。因为后者的不确定性，政治责任主体的决策行为符合法律程序是一种形式正义，决策及其后果的合理性则是一种实质正义。程序意义上的政治责任可以由法律以明文规定，但实质意义上的政治责任却很难用法律精确界定，而且即使有必要界定也是原则性、抽象性的，法律可以规定政治的程序运转模式，也可以规定政治的运转方向，但规定不了政治的运转结果。比如，各方利益主体博弈后产生的公共政策的具体内容，或者说法律不能判断一项按其规定的程序制定并趋向其规定的方向的具体政策是否合理可行。当然，假借符合法律程序而推卸政治责任的现象也是存在的，例如制定不合时宜的政策。一种情形是满足形式合法；另一种甚至是根本不违法，因为是依其自订之不合理的法规、规章而为的。

我国单一制的国家结构治理模式及政治集权、经济分权的现实语境，将宏观调控行为限定在中央一级的宏观调控权进行论证，笔下的宏观调控法律责任设定为宏观调控决策法律责任。基于此，笔者认为，这种类型化研究既符合我国法治国家建设的进程要求，也契合了公有资本与社会主义市场经济相结合的法治经济建设应有之意。宏观调控法律责任的实现相对于政治责任、法律责任中特别是刑事法律责任的实现而言具有优先性。我国《行政诉讼法》第 12 条规定，人民法院不受理公民、法人，或者其他组织对于国防、外交等国家行为提起的诉讼，因为这些行为具有较强的政治性，含有较多的政策性成分。即使在法治程度相对成熟的美国，在 1803 年审理的"马伯里诉麦迪逊案"中，通过司法复审权解释宪法的过程，确立了政治问题不可由法院审理的原则。可见，政治责任主要针对政治问题，司法机关针对法律问题，对政治问题的回避不是妥协，它的礼让表明它不是追究政治责任的合适地方。

混淆宏观调控法律责任与政治责任、刑事责任的承担方式，会导致以下后果。

第一，以政治责任代替宏观调控法律责任，事实上加重了责任主体应承担责任的程度。规范主义的"应然性"是一种强迫适用，现实主义将法律问题与社会问题相融。"应然性"的宏观调控是"法治法"，但宏观调控面临变动不局的社会现实，将是不断修正的，是"不得不"，是最低限度的应该。诚然，决策行为的程序要素形式包括了时间和空间形式，违反法定义务是宏观调控决策法律责任的必然要件，但就决策本身追究责任的复杂性、可能性无法回避让能力判断成为事实判断和价值判断的逻辑桥梁的前提，正如不得不视为最低限度的"应该"，它在选择事实与价值方面寻找平稳的逻辑过渡，亦如哈贝马斯主张的"合意性"构造"主体性"并以合意作为真实性和正当性的判断标准。因此，宏观调控决策法律责任违反法定义务的设计应当考量人的有限理性、集体有限理性，追寻宏观调控经济利益的实质正义实现是一个无限接近的过程。集体责任的特点是对那些我们不曾做过的事情负有的替代性责任，这种对那些我们于其全然无辜的事情的后果的毅然承受，是我们为这个事实付出的代价：即我们不是独立生活，而是和我们的伙伴一起生活，并且作为最卓越的政治能力，行动的能力只能在一种人类共同体的形式中得到实现，尽管人类共同体的形式事实上是多种多样。可见，违反法定义务变通为强化决策程序义务，是对人的有限理性、集体有限理性的现实及法律的理性认知，宏观调控决策法律责任侧重于是否违反了法定决策程序。其本质上是为了识别。普通的行政官员的首要承责类型是法律责任，而政治家的首要承责类型则是政治责任，法律的归法律，政治的归政治。

第二，以刑事责任代替宏观调控法律责任，这又会产生两个方面的后果。一方面，对宏观调控法律责任问题用刑事责任的方式来追究，直接后果是使宏观调控责任主体付出过高的代价、承担过重的责任，间接后果——也是更危险的后果一是打击持不同意见者，其实质是压制民主；另一方面，也是比较常见的，以"通报批评或依法追究刑事责任"的抽象提法，甚至以抽象的不具操作性和法律强制力的"道德责任""纪律责任""责任感"和"领导责任"等抽象提法代替法律害任。可见，用刑事责任的标准来衡量宏观调控法律责任，在实质上是借口达不到犯罪的程度、不必承担刑事责任而免去宏观调控法律责任。其提高了承担宏观调控法律责任的要求和标准，使宏观调控法律责任得不到实现。

第三，政治责任具有连带性特点，政治责任主体不仅要对自己的行为负政治责任，而且可能因为其下属的机构和人员的行为而承担政治责任。而法律责任是个别性的特点，任何人违法犯罪，其法律责任都只能由其个人承担而不能累及他人。在政治秩序中，正如在宗教制度里的服从，这种服从在制度化的宗教中通过未来惩罚的威胁得到强化一样，法的秩序同样只是由于制裁的存在而存在，不能被惩罚的就是被许可的。制裁措施的效果又取决于两个变量：制裁的严厉性和确定性。当法律责任规定得较为严格时，制裁措施就具有较强的严厉性和较大的确定性；反之，制裁措施具有较弱的严厉性和较小的确定性。政治责任与法律责任，在一定程度上是交叉关系而不是法律责任涵盖政治责任的关系，让这两个变量关系更处于不确定性状态。首先，虽然很多时候是法律责任问题引发了政治责任问题，但法律责任有其自身的承责方式，以承担政治责任的方式来承担法律责任有弊端；其次，当然并不是所有政治责任问题都由法律责任问题引发，政治责任主体不必承担法律责任的行为并不意味着其可以不承担政治责任。如果用法律来替代事实，用原理来消化和解决政治实践中必须面对的利益平衡与权宜，用价值理性替代工具理性，很容易陷入由对政治的思考转向对政治的幻想。无力从事集体的实验，没有办法检验行动的极限。

可见，政治责任不是从属于法律责任的，解释为一种交叉关系更合理些。对理性的绝对信任、对知识的绝对自负、对过去的全面批判、对未来的完整设计，是建构论理性主义的特点，利用人类固有的理性，完全主宰自己的命运，用理性设计能力来建设对自身有裨益的各种制度，这些制度可能产生的益处完全会实现。但政治问题本身极其复杂，理想和现实之间的距离和张力，超前的理论用于实践，不仅无益还有害，害即消融人们对理想的情怀和追求，人因此而更务实，社会经济活动是无法通过做实验来重塑社会结构的，对历史、传统的否定和阻断是对社会的整体性破坏。

2. 宏观调控法律责任与违宪责任的识别

违宪审查制度是保证宪法得以有效实施，裁定并处罚违宪行为的一项根本制度。即某个机构对涉嫌违反宪法的法令或行为进行审查，其包括事前审查和事后审查。违宪审查制度的模式有三大类：一类是以美国为代表的普通法院进行违宪审查的模式。也就是说，随便一个审理普通案件的法院，在审理具体案件时，都可以对本案所涉及的法律、政令是否违反宪法做出裁决。当然，最高法院的裁决效力最高。实行这种制度的有六十多个国家。第二种模式是以奥地利、德国、俄罗斯为代表的宪法法院模式，即设立一个宪法法院，专门解决宪法上的争端。全世界实行这种制度的有四十多个国家。第三种是法国的宪政院模式。这是一个政治性机关，前任总统是当然成员，它的特别之处在于，法律在未通过之前，就可以对其是否合乎宪法进行审查。

我国违宪责任的实施机制表现为一种宪法监督，指由宪法授权或宪法惯例认可的机关以一定的方式进行合宪审查，纠正和处理违宪行为，以保障宪法实施的一种制度。我国宪法监督的特点是：中央集中监督与地方分级保证相结合、事先审查与事后审查相结合、专门机关监督与群众监督相结合。然而，我国现行宪法监督的实践问题也是存在的，比如宪法监督与人大监督重叠，宪法监督缺乏系统化、规范化、法律化的程序启动机制。

宏观调控决策法律责任的责任形态易于与宪法责任发生竞合，如弹劾、罢免、宣布法律文件无效、撤销法律法规的责任形式，与限制、剥夺经济管理资格（撤职、降级）、纠正、调整经济管理行为、变更、撤销决策和规范性文件的形态对应。因此，通过追究宏观调控决策的程序责任来解决这种竞合问题，秉承上位法优于下位法、一事不二罚的原则，决策的规范性内容应交由违宪责任的实施机制独立解决，决策的程序性审查是追究宏观调控法律责任的要害。而经济法语境下的宏观调控法律责任致力于程序的制度设计问题则是对现实的回应。

3. 宏观调控法律责任与行政法律责任的识别

行政法律责任形式表现为：罚款、没收、吊销营业执照。宏观调控法律责任形式有"变更、撤销或重新做出决策""停止对被调控主体的违法干预和予以改正""实际履行""对社会中间层主体的经济信誉责任追究"等。行政法律责任的主体主要是行政机关和经法律授权的非行政机关及其工作人员。

在宏观调控的立法滞后、不完善的情况下，从其他部门法律规范中寻找依据便成了一种选择。经济法中实体规范甚多，以致行政机关在认定市场主体的行为是否构成违法以及如何进行行政处罚时，必须依经济法中的相关实体规定。市场主体作为行政相对人时对行政行为进行抗辩也依经济法中的实体规定，而经济法的这些实体法规定都须依赖行政主体和行政程序来实现。行政法律责任形式，如罚款、没收、吊销营业执照等成了两种部门法融通的责任形式。因此，这种事实上的互动关系要被剥离清楚尚需要制定宏观调控法或单行法，依赖于立法完善循序渐进地推进解决。

（二）归责原则的识别

归责原则是指基于一定的归责事由而确定责任成立的法律原则，或者说是基于一定的归责事由而确定行为人是否承担责任的法律原则。

1．过错责任

过错责任以过错为前提。过错责任有两个要件：违约和有过错。被告被推定有过错，须就自己无过错进行举证推翻推定。诚然，以推定过错来追究宏观调控主体的承责，是理想化的设计，违法性原则的适用对宏观调控行为存在特殊性，在宏观调控中只有违反决策程序才会导致宏观调控法律责任。所以，过错责任原则意味着决策主体在决策时存在主观的故意和过失去违反法定程序，本书探讨的宏观调控法律责任因此而存在。

2．无过错责任

无过错责任不以过错为前提。无过错责任有两个要件：违约和无免责事由。双方无须证明过错是否存在。原告只需证明对方履行瑕疵；被告只需证明自己有免责事由。无过错责任具有如下优点：减轻原告举证责任；不履行与违约责任直接联系，促使当事人严肃对待约定；只要有损害，就要承担责任。其意义不在于制裁，而在于对不幸损害的合理分配，损害填补。在笔者看来，决策的规范性内容由违宪责任的实施机制独立解决，决策的程序性审查则是追究宏观调控法律责任的要害。宏观调控决策产生的损害，在违约层面，涉及的是宪法审查问题。普罗伊斯把"宪法"定义为一个可错的学习过程，通过这个学习过程，一个社会可以逐步克服其在规范性自我反思方面的无能状况：一个社会之被立宪地构成，意味着在恰当的建制形式中，在具有规范导向的适应、抵制和自我纠正过程中，与自己面面相对。因为宪法审查的归责和机制的建立、实施将是另外一个谈论的问题。决策的程序性审查是追究宏观调控法律责任的要害，而宏观调控决策产生的损害，有一种情形是决策主体违反了法律规定的决策程序，将损害归责于程序违法，另一种情形是决策主体并没有违反法定程序但事实上却造成了损害后果。所以，无过错责任原则不易适用。

3. 结果责任

宏观调控行为一经做出便产生公定力（公定力来源于行政机关对行政权这种公权力的运用，来源于行政机关代表国家的意志对某一事项的注入和渗入，公定力的限度和范围取决于行政权运用的范围以及行政机关意志渗透的程度）和公信力（公信力并不是来源于行政权的渗透，只是法律拟制的使社会公众相信的效力）的效用后果。对于本书探讨的宏观调控行为，笔者主张进行一种形式审查，如果没有违反相应的法定决策程序，即上文提及的过错归责，那么因这种形式审查合法后具有的公定力即处于一种预设的合法性状态，对其内容的实质性审查可由违宪审查机制在不断修正中的过程给予渐进式的解决。结果责任在于弥补过错责任以现有的程序控权法律规范为依据，而法律规范不可能面向社会的一切事物现象和问题。法律虽然秉承对互相竞争的生活利益的秩序规制，但对于国家管理机构自身的立场和观念而言，国家立法不可能完全注意到或考虑到利益主体进行利益的充分交换问题在生活的方方面面的渗透，而给予彻底的、无遗漏的调整。这个逻辑大前提的限制可以在一定程度上诠释"法律的归法律，社会的归社会"，并为其划出适当的界限。但如果假定合法的宏观调控行为造成了事实损害，从现有的国家赔偿范围的局限性和国家补偿制度还处于系统化、程序化尚待建立之初期现状出发，经济法语境下的国家经济赔偿将很容易为某些损害在两种制度中都得不到救济时提供新的路径。

人民主权学说认为，主权是绝对的，它属于人民，国家、政府机构及其公务人员只是公共权力的代表，公共权力在人民主权的委托和监控之下，从技术上将公共权力分解为立法权、行政权、司法权，遵守和执行主权者人民制定出来的法律和接受法律的制约，国家违反法律的行为也应当承担相应的法律责任。

人权保障学说认为，民主国家的重要任务或目标是保障人民权利不受侵害，国家承担的是一种保障责任，当人民的权利受到他人侵害时，国家有责任惩罚侵权者并让受害人得到赔偿，当国家侵害人民权利时，国家也应该承担赔偿责任。

法律拟制学说认为，国家和法人主体都是法律拟制的一种特殊主体，它们的关系是一种法律关系，接受法律的调整和制约。它们的行为侵害他人权利时，国家也应当如私人、法人一样承担法律上的赔偿责任。

公平负担学说认为，国家的活动是为了增进社会和公共利益，应当由全社会成员平等负担。国家财政来源于税收，属于全社会的财产，国家公共机构及其公务人员执行公务对特定人造成的损害，不由个人承担，而由全体社会成员共同分担。

保险责任学说认为，政府的活动是为了造福社会，因此而产生的风险必须也由全社会来承担。

国家不能对人民进行暴政，人民不能对国家进行革命，这就是进行法治的前提。既然法治要求以和平的理念为前提，但从理论上又找不到一种力量来约束国家的权力（只有靠国家权力的自我约束），于是就产生了国家机关把权力交给法律的情况。其权力来自于法律，同时遵守法律。这表现在，首先，国家要向公民做出承诺，如立宪。其次，国家要履行承诺。国家要遵守相应的机制。权力不受约束，国家就不存在法律责任，法律责任对公民来说是一种制裁，但对国家而言，却没有相应的强制力来制裁它，而只能采取一种补救性的法律责任来约束它。这表现在：①从法律上消灭这种违法的权力的效力，使它不再对公民的权利发生约束力，使公民的权利恢复原状。②对后果的补救。如果这种行为对公民造成实际损害，则涉及补偿，即国家赔偿责任。不同国家的国家赔偿责任制度建立在不同的理论学说基础之上，其归责原则也不尽相同，并且归责原则的内容也处于不断发展变化之中。就我国而言，法律认可的国家赔偿的一般归责原则是违法归责原则。但这种归责原则也存在相应的问题。例如，不违法但存在过错造成的损害，对不确定性的预先防范不足，赔偿范围过于狭窄，不对抽象行政行为进行侵权审查，审查行政行为违法标准的依据是法律和法规，规章只是参考而这个标准最终又延伸为国家赔偿责任的标准，从形式上评价是非的标准与弥补损害的标准等同给归责原则的实现带来的可操作性方面的障碍等。

立法行为进入国家赔偿范围，不是一个荒谬和绝对永远的问题，而只是发展阶段的渐进式问题。首先，"立法"的范围是需要限定的，立法赔偿是针对议会的立法行为，还是政府机关的立法行为或准立法行为是需要区别的。其次，审视国情，我国现行的国家赔偿归责采用的是违法归责，而不是过错归责。《行政复议条例》《行政复议法》规定对省政府或国务院部门行为的复议，直接起诉至法院，或申请国务院复议。如果选择国务院申请复议，其决定是最终的裁决，不能再提起行政诉讼。法律、法规、规章是具有法律特征属性的抽象立法行为，其违法实际上是违反宪法，而在没有确立宪法的司法审查体制的情况下，只能由我国现行立法的监督模式对其进行矫正，并因此使其被排除在了国家赔偿范围之外。本书主张应将制定不具有法律的特征属性（第一，法是调整人们行为或社会关系的一种行为规范，具有规范性的特征；第二，法是由国家制定或认可的，出自国家，具有国家意志性的特征；第三，法是规定人们权利和义务的社会规范，具有利益导向性和普遍约束力；第四，法是由国家强制力保障实施的社会规范，具有国家强制性）的其他规范性文件的抽象行政行为（由经济权力主体实施的行为）纳入国家赔偿范围进行讨论。一方面，这有助于解决违法标准的"法"与"非法"的混淆现状；另一方面，这有利于确立宏观调控领域中国家经济赔偿的独特归责原则。

宏观调控领域中国家经济赔偿的归责设计要考虑设定弥补责任、评价责任、追究责任的有机衔接问题，避免完全把国家经济赔偿当成评价是非的制度，受害人需要弥补损害的事实才是关键。这需改变一味强调追责，造成国家机关对赔偿责任的负担产生天然的抵抗情绪，在事实层面造成人为阻却赔偿责任的确定和落实，阻却国家赔偿责任，阻却追究行为人的责任和问责。

综上论述，国家经济赔偿对归责原则的选择适用将关系到国家经济赔偿的适用范围，在本质上反映着国家对公共权力与公民权利在法治的人文关怀层面的态度。当然，同时还要考虑国家财政承受的能力，兼顾民主法治发展的现实进程。在现行的法律体系大背景下，本书探讨的国家经济赔偿与其他法律的衔接，理性选择符合当下国情的模式。因此，国家经济赔偿在宏观调控领域中的归则原则，适宜于以过错责任（决策的程序性审查是追究宏观调控法律责任的要害，决策主体在决策时存在主观的故意或过失而违反法定程序，视为决策主体因违反了法律规定的决策程序，归责为程序违法）为主，结果责任（决策主体并没有违反法定程序但在事实上却造成了损害后果）为辅的归则原则。

第三章　经济法律关系的社会关系基础

　　法律关系是法学理论中一个重要的基本范畴，也是司法实践中经常被运用的法律概念。随着"走向法治，建设社会主义法治国家"这一治国方略和奋斗目标被写入宪法，依法治国成为 21 世纪我国政治生活和社会生活的重要目标。如何理解法律关系理论研究在我国法治实践中的重要理论指导意义。

第一节　法律关系的起源与概念

　　"法书万卷，头绪纷繁，莫可究诘，然一言以蔽之，其所研究或所规定者，不外法律关系而已。"[①]法律关系是法学理论中一个重要的基本范畴，也是司法实践中经常被运用的法律概念。

一、法律关系的历史嬗变

　　几千年来，法律关系的起源、进化和演变，如同国家和法律的产生与发展一样，经历了一个漫长的历史过程。法律关系作为人们之间的权利义务关系，始终代表着人与自然、社会与自然、个人与社会之间的斗争与和谐，代表着原始人与文明人、贵族与平民、强者与弱者、国家与社会、权利主体与义务主体之间在分配社会利益和社会责任方面的冲突、抗争以及不平等结果。可以说，一部法律关系演进史，同时也是一个社会、一个民族的文明发展史。无疑，其中包含着血泪与阵痛，也包含着野蛮与理性。[②]

（一）早期的法律关系

　　揭开历史的扉页，我们看到远古人类的社会形态。考古学家和人类学家们借助于原始人类所遗留的陶片、岩画、石器等物，向人们描绘出一幅幅生动的原始社会生活图景，曾经令千万个文明人感到激动、陶醉和向往。

[①] 梁慧星. 民法总论[M]. 北京：法律出版社，1996：47-49.
[②] 舒国滢. 略论法律关系的历史演进[J]. 法学家，1993（3）：29-34.

古典自然法学派笔下的原始"自然状态"，更是富有诗意和浪漫气息。在洛克（Locke）和卢梭（Rousseau）的作品里，人们领略到原始人类田园诗般的生活：在自然状态下，人人都是自由的、独立和平等的，从来不存在天生的奴隶和天生的主人，不存在服从和被服从，奴役和被奴役。

这种平和的生活情调所造成的假象，使已经获取近现代文明的人们感到了文明的"罪恶"，喊出"回到自然去"的口号，企图在"自然状态"中再造人类的质朴和纯真。

然而，自然法学家们沉醉于"自然状态"的美丽幻想之时，却忽略了原始人类（尤其是生活在原始蒙昧时代的人类）社会中存在的三个最基本的事实，即自然界的压力，生产力低下以及人类体力和智力的差异。

人类的进一步演化，生产工具的改进，人类认识水平的提高，曾使社会由蒙昧时期走向野蛮时期，又由野蛮时期走向文明时期。如历史所描述的那样，人类进入野蛮时期以后，在社会关系上发生了一系列变化，其中最为突出的，就是氏族社会关系的产生。氏族构成地球上即使不是所有的也是多数的野蛮民族的社会制度的基础，并且在希腊和罗马还由氏族直接进入了文明时代。氏族既是原始人类的生活组织，又是生产组织，在血族团体的凝聚与稳定方面有着特殊的功能。与此相适应，这一时期逐渐萌生一系列特殊的原始社会规范，调整着氏族成员之间的生产、生活、食物分配及神鬼祭祀、部落战争诸方面的关系。这就是我们现已熟知的原始习俗、礼仪、禁忌、图腾崇拜等。然而，这一时期，在氏族制度内部，权利和义务还没有任何差别：参加公共事务，实行血亲复仇或为此接受赎罪，究竟是权利还是义务这种问题，正如吃饭、打猎究竟是权利还是义务的问题一样荒谬。这种原始社会关系的非法律化，并不是人类文明的体现，而恰恰是人类生活蒙昧的反映。所以，由原始社会规范所调整的社会关系不得不以"最粗陋的形态"表现出来。而且，从整体上看，社会调整本身也普遍地带有禁止性强制的特点。禁止性习惯规范构成了原始社会秩序和谐的基础。

法律关系的滋长，伴随着人类社会的文明和进步。大约在新石器时代的晚期（野蛮时期的中级阶段），人类社会生产力发生了划时代的巨变，即由石器向金属器时代的过渡，出现了金属工具（青铜器），促成了第一次社会大分工（农业和畜牧业的分离），分工的直接后果，是引起氏族部落之间的物物交换，在畜牧部落中最先出现了私有财产。与此同时，由禁止性氏族规范调整的社会关系出开始发生变化。"刑政不用而治""刑罚来施而民化"的理想境况亦已成为历史的梦幻，代之而起的是人们在财产领域的角逐与冲突。到了青铜器时代的晚期（野蛮时期的高级阶段），第二次社会大分工（手工业与农牧业的分离）发生。铁器被广泛地动用于战争，加强了部落的战斗力，使战争由纯粹的"复仇性质"转化为大规模地掠夺财富的过程。

战争的结果加速了私有财产的聚集和氏族的分化。人们之间"自然发生的共同体的脐带"被最终剪断，最卑下的利益——庸俗的贪欲、粗暴的情欲、卑下的物欲、对公共财产的自私自利的掠夺——揭开了新的文明的阶级社会；最卑鄙的手段——偷窃、暴力、欺诈、背信——毁坏了古老的没有阶级的氏族制度，把它引向崩溃。于是国家这种从社会中产生但又自居于社会之上并且日益同社会脱离的力量，以及国家制定和认可的特殊社会规范——法律，就应运而生了。与此相适应，氏族成员之间由习惯调整的社会关系，也逐渐演化为阶级社会的法律关系。早期的法律关系产生表现在下列方面：

1. 刑罚关系

随着奴隶和奴隶主之间对立和矛盾的加剧，出现了旨在镇压敌对阶级反抗的刑罚和刑法。复仇和承认"私刑"的氏族习惯被予以废除，代之以规定一般刑罚制度的法律。这样，犯罪人与被害人之间的罪罚关系，就变成了由国家介入的刑罚处罚关系。

2. 契约关系

契约，源于原始部落的物物交换。还在不发达的物物交换的情况下，参加交换的个人就已经默认彼此是平等的个人，是他们用来交换财物的所有者；他们还在彼此提供自己的财物，相互进行交易的时候，就已做到这一点了，这种通过交换和在交换中才产生的实际关系，后来获得了契约这样的法的形式。契约，由不完善到逐步完善，由个别到一般，由口头形式到书面形式，反映了习惯→习惯法→成文法在私法领域发展的轨迹。至文明时代，随着商业的发展和金属货币的广泛流通，确认买卖、借贷、租佃诸方面关系的习惯法的出现，契约之债成为最为常见最为普遍的一种债权法律关系，它在双方（或多方）当事人之间锻造出无形的"法锁"。

3. 诉讼关系

诉讼来自纷争，它是人们之间利益冲突的必然结果。诉讼的最早形式是原始氏族的神明裁判程序。其后，在氏族组织向国家质化的过程中，曾先后产生过各种形式主义的诉讼习惯法，如罗马法中的誓金之诉、程式诉讼、非常诉讼等。诉讼习俗的法律化、使当事人之间简单的争讼关系具有了法律的意义和效力。在诉讼的背后隐含着的，是人们之间权利与义务及其相互关系。

总之，法律关系在人们利益的矛盾与冲突中诞生，继而又在这种冲突与矛盾中获取存在的价值。

这一过程，恰如人的诞生一样，一律是伴随着剧烈的阵痛的。然而，由于法律关系本身表现着社会的公平与正义，表现着统治力与社会力的冲突与平衡，表现着权利义务在法律上的合理限定与规范制约，因此从历史进化的角度看，由强权关系到法律关系，由纯粹野蛮的法的"动物形式"到日益文明的"法的人类形式"，由习惯权力到法定权利的演化和运动，是社会机制法制化的必然趋势。一个国家法律关系体系的完善发达与否，在很大程度上代表着当时社会关系的秩序化及事实关系的法制化水平。在这个意义上，我们有理由承认：相对于无秩序的野蛮的社会强权关系而言，法律关系的存在标志着人类的文明和进步。

（二）发展时期的法律关系

英国历史法学家梅因（Henry Summer Maime）在考察古代法发展的历史时，曾得出如下广为人知的结论："所有进步社会的运动，到此处为止，是一个'从身分到契约'的运动。"[①]这一精彩的概括，描述了法律关系嬗变的基本特征。梅因在这里所指出的一个事实就是：至少在私法领域内，权力服从关系(身份关系)最终要取代于平等的权利义务关系(契约关系)。由权力到权利的演变，是社会文明发展的必然结果。同理，在公法领域内，国家权力的分权制衡、行政活动的法制化、人民与国家（政府）之间的权力（利）分配等等，都反映着"由权力到权利"的运动趋向。从另一角度看，上述运动事实上就是法律关系领域内所体现的总体精神由义务本位向权利本位、再由权利本位向社会（责任）本位演进的趋向。

从原始氏族习惯关系脱胎而来的早期法律关系，像早期的国家和法律（习惯法）一样，深深地带有原始公社形态的痕迹。在这一时期，人们不是被视为一个个人而是始终被视为这一个特定团体的成员。具体言之，每一个人都是一个国家的公民，必须具有政治属性，隶属于一定的阶级，或者成为"贵族阶级"的一员，或者属于一个"平民阶级"的成员。每一个

[①] [英]梅因. 古代法[M]. 沈景一，译. 北京：商务印书馆，1984：97.

人也以各种不同的角色参加一定的社会关系，成为不同社团群体的组成部分。每一个人还必然隶属于一个家族（或家庭），不是父，即是子；不是夫，就是妇；不是兄，就是弟。显然，在这种社会结构中，个人往往是家庭、部落、集团、阶级、社会的一个平均值或等级因素，个人的属性为社会的属性所取代，个体主体性为社会整体主体性所同化和销蚀。在法律关系中，个人并不为其自己设定任何权利，也不为其自己设定任何义务。他所应遵守的规则，首先来自他所出生的场所，其次来自他作为其中成员的户主所给他的强行命令。因此，在这样制度下，就很少有"契约"活动的余地。在总体上，权利义务的分配决定于人们在家族及其他"特定团体"中所具有的身份和地位，等级观念成为法律规范和法律关系的基础和实体内容。在中国，以等级观念为特征的宗法制度，曾经影响法律制度达数千年之久，其法律原则强调义务而轻视权利，重视君主与团体（国家），而轻视臣民与个体。所以，至少在封建时代，人一生下来，便与他相关之人（父母、兄弟等）发生多种伦理关系，负有相当的义务。君臣、父子、夫妇、兄弟均为权力服从关系，臣民绝对效忠君王，子女绝对听命于家长，妻子绝对顺从丈夫，弟弟绝对服从兄长，乃是法律规范的基本要求。这种以"家庭的层系"（a hierarchical system of families）为特点的社会制度和法律制度，强调义务本位，所要达到的社会价值目标就是："孝者所以事君，弟者所以事长，慈者所以使众"，为政者护民"如保赤子"。具体言之，在经济上客观存在它强调要实行财产家族化或国家化，在法律上，强调人人克守规制，进入"息讼""无讼"极境。然而，应当看到，以"义务"为本位的法律关系是以公开的"野蛮""残暴"为后盾的，因此这种关系的实质在于抑制人们做出一定的行为，从而给人们的人身和精神套上难以挣脱的法律枷锁。

权利和义务的再分配及以合理的形式在法律制度和政治中确定下来，是伴随着人类观念的第二次觉醒（个体主体性的觉醒）而出现的事实。个人所有权的保护和发展，精神劳动的独立与自由，使社会的个人认识到自身存在的价值和特殊性。认识到个性解放对人类社会整体解放的意义。于是，强调以自由公正为基础、以个人为本位的个性主义平等观由萌生而渐趋成熟。在西方，14-16世纪欧洲的文艺复兴运动，拓开了个人主体性的全面觉醒时期。它要求以个性、自然来代替神性，以人的世俗世界代替神的天堂；以人的理性、经验来代替神学的蒙昧主义或神秘主义；以人的个性解放、人生欢乐来代替教会的禁欲主义；以个人奋斗来代替宗教宿命论；以人权代替神权。这一伟大的思想解放运动把"人"推到了至上的高度，也引起了社会关系领域的一场革命性的转变。此后，欧洲 18 世纪启蒙思想家，如孟德斯鸠、卢梭、伏尔泰等人相继提出了"天赋人权""契约自由""分权制衡""法律面前人人平等"的口号，从而使个性解放运动从文艺思想领域转向政治法律领域。1789 年法国《人权宣言》强调："在权利方面，人们生来是而且始终是自由平等的。"其后，各国宪法、民法等对此一原则均予确立。这意味着，一个新的法律时代——权利本位时代悄然而至。从此，个人及其权利渐从特定团体中独立出来，成为法律规范制定和实施所要强调的重点。在法律关系方面，我们看到了这样一些与旧时代（即义务本位时代）不同的明显变化：

1. 契约化

在权利本位时代，人们在建立法律关系时，往往采取双方合意的契约形式。契约，成为人们在诸法律领域活动的必不可少的手段。普遍的契约关系是权利本位主义的具体表现。契约关系是一种平权的法律关系，它的前提是尊重个人的自由和人格，主张人人在法律面前的平等地位。契约既是人与人之间权利义务的纽带，又是对"身份关系"的根本否定。契约关系的发达，标志着商品经济和私法规范的发达，标志着个人主体人格的成熟和完善。因此，契约关系是具有积极意义和开放性质的法律关系。

2. 崇尚无限所有权

权利本位在财产关系上的法律表现是无限所有权原则的确立。法律规定，所有权人对私有财产拥有"神圣不可侵犯的权利"，对其所有"物"可以无限制地占有、使用和处分，不负任何附加的义务。所有权具有无限的回复力、完整性和绝对性。所以，彻底的无限的所有权原则，赋予个人在财产上的"主权"地位。它是个体主体性从社会整体性中分化出来并走向自身独立的基础。公民个人在政治、社会、教育、福利诸方面权利的实现，也取决于这一原则的真正实现。可以说，个人独立于社会、家庭、团体，在法律上则首先开始于私有财产的分割和独立占有。

3. 权力制衡原则的确立

"三权分立与制衡"原则作为资产阶级革命的理论基础之一，曾经在历史上起过进步作用。因而，资产阶级在夺取政权之后，即以根本大法（宪法）的形式对此一原则予以确立。分权制衡是"社会契约"在政治上的现实反映，它代表着社会力量的冲突与平衡，是一种纳入法治范畴的新型政治关系。权力关系采取了法律关系的形式，本身是对治者与被治者之间的统制服从关系的彻底否定，其目的在于保护个人权利、自由以及社会的稳定与发展，并在它们的平衡中做出最优的价值选择。

4. 罪刑法定主义的法律化

在刑法领域，这一时期的一个根本变化就是罪刑法定主义原则的确立。罪刑法定原则否定了封建时期普遍奉行的罪刑擅断主义，对于保护人身自由、人格尊严、权利平等、权力均衡、契约自由的实现，曾有过积极的作用。它是权利本位在刑事法律规范和刑事法律关系中的具体表现。

（三）新时代的法律关系

历史的发展往往从某一原点出发，而似乎又必然回到原来的出发点。当西方工业经济由"自由资本主义"向"垄断资本主义"过渡之时，在法律关系领域也出现了一种所谓"社会化"倾向。这一更迭的总体特征就是个人权利本位代之以法律的社会（责任）本位。

19世纪以来，西方诸国在经济、政治、文化等领域发生了一系列令人注目的变化：周期性的经济危机、工人阶级的斗争、殖民帝国之间的战争，科学技术突飞猛进的发展带来的社会道德问题，等等。这些问题，迫使人们从一个全新的角度，重新审视社会关系中的冲突与和谐、战争与和平、正义与非正义现象。于是，在思想文化领域，从哲学、政治学到法学，开始出现全面检讨启蒙思想家提出的"人权""自由""平等"理论的思潮。在现代法学史上，继19世纪德国历史法学派、英国分析法学派之后，又先后出现了社会法学、新黑格尔主义法学、新功利主义法学、规范法学诸派。这些学派大多数有一个共同的特点，即强调社会利益，反对个人的绝对权利，提倡"社会合作"和"法律的社会化"。这一团体本位（社会本位）的法学思潮对西方国家的宪法、民法、商法、刑法等部门的内容更新，产生了较大的影响。于是，以国家积极干预为特征的"社会化"运动，像一股劲风，吹进法律关系领域。无限的崇权时代度过了它的"蜜月期"，而渐次告终。

概括起来，21世纪法律关系领域的社会化，明显地表现在以下诸点：

1. 从契约自由到契约受限

契约自由是自由竞争的必然要求，从"身份"到"契约"，经历了一个伟大而浪漫的时代。但到了垄断阶段，国家为了调和各种利益冲突，又必须对交易等多方面的自由实行某些必要的限制。这样，契约自由原则发生了形式上和内容上的变化，例如法律对弹性条款（善良风俗、诚实信用、情势变更等）的规定，在一定程度上限制了当事人之间的签约自由。

2. 从无限所有权到有限所有权

无限所有权曾经保护过个人在财产占有、使用、处分上的独立地位，但这种权利在实际运行过程中的滥用，也阻碍着社会化大生产和大规模经营的发展。因此，为了使私人所有权"服从公众权力和计划化。"西方国家对无限所有权在法律上作了某些限制性规定。

3. 从过错责任到严格责任（无过错责任）

"无过失即无责任"渊源于后期罗马法，后来被资本主义早期的法律所沿袭，成为私法的三大原则之一。但19世纪以后，伴随着大工业的发展，大机器的广泛采用，工业事故、工业灾害加剧，交通事故大量发生，环境污染日趋严重，社会公害问题日益突出，产品责任事故和医疗事故日益复杂。在此情形下，一种新的法律责任形式——无过错责任（严格责任）应运而生。它要求，在某些情况下，当事人无论自身有无过错，皆须对某些损害结果负责赔偿。无过错责任的确立，是法律关系中的社会本位的典型表现。它表明：法律的重心个人利益逐渐转向社会利益，并在个人、社会和国家利益之间做出平衡的选择。

4. 从行政统治到行政服务

"以社会为本位"，在公法上表现在多个方面，其中最为明显的，就是由"行政统治"向"行政服务"观念的转变。21世纪政治、经济、军事、外交诸方面日渐复杂的社会局势，迫使政府既不能"包罗万象"，又不能"最少管理"。因此，法律要求政府及其工作人员应以积极的姿态，站在人民公仆的立场，为社会和人民尽职尽责；政府的职能行政程序均应以为人民服务为宗旨，贯彻便民利民原则。

此外行政活动必须依法进行，依照法律程序接受人民的监督，国家机关应为自身的行政过错承担法律责任。公务观念体现为权利和义务的规定，促成以现代法制为基础的新型行政法律关系的产生，这是公法关系上的一个划时代的变革。

5. 从罪刑法定到社会防卫

在刑事法律领域，刑罚体系的中心由死刑、肉刑转向自由刑，由严酷趋向缓和，是刑法由"威吓时代"到"博爱时代"演进的必然过程。这一历程的基本特点就是罪刑法定和罪刑相应，强调犯罪与刑罚在量的规定性上的一致。显然，这种以"究其已然"的刑罚倾向，尽管在伦理上有其合理性，但在实际运行中并不能取得预期效果。"社会防卫主义""新派教育刑论"在此背景下问世。新的刑罚制度的视角由犯罪行为转向犯罪人，由已然的犯罪转向未然的犯罪，主张改善教育措施，采取刑罚个别化，适用缓刑、假释、不定期刑等措施。而且，它还要求通过刑罚与保安处分的一元化，相对减少刑罚的适用面，使刑罚保安处分化，以实现消除犯罪与刑罚的目标。从重视刑罚到重视社会防卫的历史沿革表明：惩罚犯罪已不再属于单纯地报复犯罪人的犯罪，而在于保护整个社会（乃至犯罪人）的利益。

　　诚如上述，从表象上看，21世纪法律和法律关系领域的社会化倾向，似乎是旧时代"义务（团体）本位"历史的简单回归。事实上，旧时的"义务本位"的基点是人际关系的不平等，义务、身份、特权三位一体，相辅相成；而新时期的"社会（责任）本位"的基点是人们之间的平权关系，它的前提是尊重个人的"自由""平等"和"人权"，重视个人的人格、尊严和独立发展。在坚持这一基本原则的基础上，法律规范和法律关系中体现"社会化"精神，要求人们既享受权利又不得滥用权力，并且承担相应的义务和责任，从而使法律及法律关系更趋合理和有效。在此意义上，我们可以说，社会（责任）本位实际上是权利本位的改迁形式，是权利本位在现代条件下的延续和发展。

二、法律关系的定义

　　在中华人民共和国成立以前，中国法学界关于法律关系的定义主要来自德国和日本。中华人民共和国成立以后，我国法学界关于法律关系的定义主要来自苏联，主要有法律关系四要素说（即认为法律关系由主体、客体、权利、义务组成）、大三要素说（即认为法律关系由法律关系主体、法律关系内容和法律关系客体组成）、小三要素说（即认为法律关系由主体、权利、义务组成）、二要素说（即认为法律关系由权利、义务组成）等。

　　我国学术界对什么是法律关系有如下一些表述：

　　《中国大百科全书·法学》的定义是："法律关系是由法律规范所确认和调整的人与人之间的权利和义务关系。其构成要素是：①参与法律关系的主体——简称权利主体；②构成法律关系内容的权利和义务；③法律关系主体间权利和义务所指向的对象——简称为权利客体。……社会关系基本上可划分为两大类：物质关系和思想关系。物质关系主要指生产关系，是人们在生产过程中的关系，构成社会的基础。思想关系是通过人的意识而形成的人与人之间的关系，是生产关系的上层建筑。法律关系是一种思想关系，它由生产关系所决定。有些法律关系，如财产关系、买卖关系，比较直接地体现生产关系；有些法律关系，如家庭成员间的非财产关系、公民与国家机关以及国家之间的政治生活方面的法律关系，并不直接体现为生产关系，但是作为上层建筑现象的法律关系，归根结底是由社会的生产关系决定的。"[①]

《法学词典》(增订本)的定义是："法律关系是法律规范在调整人们行为过程中形成的权利和义务的关系。其构成要素：①权利主体；②权利与义务；③权利客体。法律关系是法律规范在实际生活中的实现。只有当人们按法律规范结成具体的权利和义务关系时，才构成法律关系。……法律关系是一种意志关系，属于上层建筑范畴。法律关系的内容包括经济的、政治的、文化的、家庭婚姻等各种社会关系，是实现社会关系的思想形式，其实质都是经济关系的反映。"[②]

沈宗灵主编的《法学基础理论》的定义是："法律关系是法律在调整人们行为的过程中所产生的一种特殊的社会关系，即人们根据法律规定而结成的特定的权利和义务关系。其构成要素包括三个方面：参与法律关系的主体；构成法律关系内容的权利和义务；作为权利义务对象的法律关系的客体。……法律关系是一种思想关系。……社会关系，按其性质基本上可划分为两大类；一类为物质关系，一类为思想关系。物质关系，主要指与一定生产力发展相适应的生产关系，是人们在生产过程中结成的关系，这种关系构成社会的基础。思想关系，是通过人的意志和意识而形成的人与人之间的关系，它是生产关系的上层建筑。……法律关系之所以是一种思想关系而非物质关系，就在于它的形成和实现，都要通过人们的意志和意识活动。……还在于每一种法律关系，通常总是要通过它的参加者(单方、双方或多方)的意思表示而产生。"[③]

周永坤的《法理学——全球视野》的定义是："法律关系是受法律约束

[①] 中国大百科全书出版社编辑部. 中国大百科全书·法学[M]. 北京：中国大百科全书出版社，1984：99.

[②] 《法学词典》编辑委员会. 法学词典（增订版）[M]. 上海：上海辞书出版社，1984：617.

[③] 沈宗灵. 法学基础理论[M]. 北京：北京大学出版社，1988：415-416.

的社会关系。这里的'法律'是广义的。……我们仍采主体、内容、客体三要素说。……至于说法律关系是思想社会关系，这是容易引起误解的判断。……列宁在《什么是'人民之友'以及他们如何攻击社会民主主义者？》一文中，在反驳民粹派时将社会关系分为'物质的'和'思想的'两部分，那是在历史唯物主义层面上讲的，是就最终的、发生学意义上讲的。我们这里的法律关系是一个法律概念，讲人与人之间的权利义务关系的，与列宁所说的'法律关系'不是同一概念。法律关系就其涉及的对象言，有物质的，也有思想的。……法律关系是人与人之间的社会关系。……法律关系是人与人之间的关系，不是人与物，更不是物与物之间的关系。……物权虽然规定人对物享有的权利，但是法律关系中的权利是对其他人而言的，就法律关系中的物权内容而言，实质是人际关系，规定他人对物之所有人的义务。……（环境保护）法律关系中，环境和动物只是法律关系所指向的对象，……（环境）保护是通过规定人际环境权利与环境义务来实现的，实质上仍是人际关系而非人、物关系。……法律关系是人与人的关系还指法律关系不包括人与想象中的社会主体的关系，例如，人与祖宗的关系、人与上帝的关系、人与某种思想的关系，这些属于神学或哲学范畴。"[①]

王涌在《权利的结构》一文中的定义是：所谓法律关系，是指法律所规定的法律主体之间的规范性关系。[②]进而言之，第一，法律关系具有三项基本要素，即法律关系的主体、法律关系的形式和法律关系所指向的行为。第二，法律关系是人与人之间的关系，而不是人与物之间的关系。第三，每一种单一的法律关系都指向一种行为，它是对于这种行为的规范关系，这种行为可以与物有关，也可以与物无关，可以是事实行为，也可以是法律行为。

张志铭认为，法律关系是社会生活关系的法律形式，是法律所确认和调整的社会生活关系，是法律关系主体或法律人格之间基于一定的法律事实而形成的法律上的权利和义务关系。

张志铭进一步从社会生活关系的角度论述。他认为；法律关系是法律确认和调整社会生活关系的结果，是社会生活关系的法律形式。所谓关系，也即事物或现象之间的联系。社会由人所组成，以人为中心，人是社会生活的主体，因此，社会生活关系说到底就是人在社会生活中相互之间以及与周围环境或事物之间形成的联系。人既具有自然属性，又具有社会属性。

[①] 周永坤. 法理学——全球视野[M]. 北京：法律出版社，2000：122-123.

[②] 郑永流. 法哲学与法社会学论丛（四）[M]. 北京：中国政法大学出版社，2001：243.

作为自然的一部分，人必然与自然界发生各种联系，离开与自然界的物质和能量交换，人就无法生存。同时，人作为社会动物，要过社会生活，从而必然在人与人之间形成各种联系。人类的社会生活关系尽管纷繁复杂，但从内容性质上说则不外乎人与自然的关系和人与人的关系这样两大类。

张志铭认为社会生活关系是由人与自然的关系和人与人的关系构成的体系。具体地说，人与自然的关系是人在认识和改造自然的生产过程中与自然界发生的关系，也即通常所说的生产力关系。在社会现实生活中，上述各种关系往往相互交织、互相影响，而在此过程中，生产力关系对经济关系、经济关系对其他各种社会生活关系的形成和状况具有决定性的作用。同时，由于在社会历史领域内进行活动的全是有意识、有目的的人，任何社会生活关系都包含有人的意志或意识的因素。

第二节　经济法律关系的起源与概念

一、经济法律关系的定义

有学者认为，经济法律关系是指经济法主体，根据经济法的规定，在参加体现国家干预经济活动的过程中所形成的经济职权和经济职责，以及经济权利和经济义务关系。有学者认为，所谓经济法律关系是指属于经济法部门的法律关系，也即由经济法部门所规定和保障的权利义务关系。也有学者指出，经济法律关系是法律关系的一种，它是指由经济法律规范所确认的具有公共经济管理内容的权利（力）义务关系。

如上节内容所述，法律关系是法理学的一个重要范畴，法理学一般定义其为"根据法律规范产生，以主体之间的权利、义务关系的形式表现出来的特殊的社会关系"。根据民法产生的民事法律关系、根据行政法产生的行政法律关系等与法律关系都为特殊与一般的关系。由此类推，根据经济法产生的经济法律关系与法律关系同上所述。比照法理学中的定义，此处我们定义经济法律关系为：根据经济法产生的，以经济法主体之间的权利、义务关系的形式表现出来的特殊的社会关系。

二、经济法的起源与发展

对经济法的起源问题，学界一般认为源自垄断资本主义条件下国家对经济运行的干预或调控，而通过对西方国家经济发展史的考察与分析，事实上，对于经济发展中的产业政策和贸易政策，各个资本主义国家都有其积极的干预。从西方资本主义的发展历史来看，在自由资本主义阶段是否不存在市场缺陷，或者说民商法能够解决所有公共物品的市场难题？国家是否在自由资本主义阶段不存在干预？对于国家经济干预是否是经济法产生的渊源？这些问题的回答，需要从近代资本主义的经济发展实际来探讨。

（一）近代资本主义国家经济发展进程起源分析

从西方国家的社会经济发展来看，英国的道路既是一个特例，又是一个具有普遍意义的典型。从最早工业革命的发展来看，英国自由主义思潮兴起，英国经济在一系列海外扩张中，击败了一个个竞争对手，并一举成为鼓吹自由竞争的资本主义国家。早在 14 世纪的爱德华三世时期，英国为了获得自有毛纺织工业的发展，不惜通过提高关税和禁止出口的方式来提倡国产衣服的销售，直至 19 世纪中叶，英国还在通过各种产业措施来促进本国经济的改善。1846 年《谷物法》的废除标志着自有竞争的到来，而"放任主义"的经济环境是在国家经济政策的限制下来实现的，如英国政府通过对贫困、教育、失业等问题开展一些福利政策，制定相关的立法活动来驱动经济与市场之间的发展。与此相反，德、日、法等国作为后进资本主义国家，在其资本主义的产生及发展初期，为了实现工业化发展进程，它们通过制定一些重商主义政策，以国家干预来推动全国市场的统一和形成，并在国家实力的快速增长中实现了工商业的发展。

历史上的资本主义国家对于所谓"放任主义"的经济政策，只不过是政府干预下的暂时现象而已。对于我们刚才提出的前两个问题的回答，主要从以下两个方面来论述：一是市场缺陷在自由资本主义时期也是存在的，各资本主义国家在面对国家经济中的问题时，分别通过一系列的政策规范来确保社会福利事业、来规范投资行为、来保障劳工权利等，从而揭示出国家在经济法性质中的作用和地位。二是对于自由资本主义历史时期的前后阶段来说，也存在着国家对经济事务的干预行为。所谓的自由是相对的，不同历史时期，不同国家经济干预的力度和方式不尽相同，所以有学者指出"国家经济干预具有和工业资本主义几乎同样漫长的历史，它既不始于凯恩斯主义，亦不局限于一种特定的形式"[①]。

对于国家调节或干预经济的做法是源自现实需要的话，则在自由资本

---

① 梁小民. 经济学是什么[[M]. 北京：北京大学出版社，2001：229-230.

主义阶段，面对市场失灵或者市场弊端，国家从经济政策的立法或社会政策的立法上来规避和干预，就构成了经济法的源头。学界普遍认为经济法源自 20 世纪以后的垄断资本主义时期，但也有人持不同观点。从资本主义国家对市场经济体制的干预来看，无论是对公共物品的提供，还是对市场环境的稳定，旨在通过投资、保护、补助、促进等方式来促进国家经济的良性发展，也就是说，基于相同或基本相同的经济目标而采用的法律规范，其都具有现代意义上的经济法。为此，探讨经济法的产生与发展，也可以认为是在自由资本主义阶段这一时期就已经开始，只是还处于幼稚阶段。

（二）现代资本主义经济发展与经济法的历史演进

20 世纪以后资本主义经济发展迅速，两次世界大战以及 20 世纪 30 年代世界经济危机的发生，在法律领域内对经济法、危机对策等"病态"经济法的关注和承认，给后凯恩斯主义的产生奠定了经济学理论基础。战后资本主义国家在经济领域的干预日益加深，特别是美国经济，从美国推出的"战时经济繁荣"新政来看，国家在经济发展以及公共领域建设上发挥了重要的作用。而有学者呼吁的"回到斯密、回到萨伊"，也从一个侧面反映了里根政府所面临的无法解决的经济问题。在自由主义供给学派的呼声中，美国政府对国家干预的力度也与日俱增，在面对经济危机下的美国政府，也通过采取多重混合经济政策的方式来干预经济，从而对政府在经济社会发展中的作用进行了重新定位和肯定。鉴于此，作为干预国家经济运行的利器：经济法，从单纯的市场失灵调节中，逐渐转向市场失灵和政府失灵的有力工具，在确保国家权力的同时，更多的是通过经济法来解决政府和市场发展中无法克服的缺陷。

（三）当代资本主义经济发展及"第三部门"与经济法分析

从 20 世纪 70 年代出现的世界经济"滞涨"问题伊始，对于市场中有形的手与无形的手之间的相互配合，滋生了所谓"第三部门"在经济运行中的作用。就其定义来看，"第三部门"主要是除了以政府为代表的第一部门、以企业为主体的第二部门之外，以其余的非营利组织为主体的社会公共性组织为第三部门。在经济领域分析第三部门的作用，旨在通过非营利性组织，包括部分特殊的营利性组织，以其中介性、自律性、公共性特征来参与到市场经济的运行中，从而发挥其自身的调节经济发展的重要责任。

具体来讲，经济法中的第三部门主要有三类：一是以工会、商会、行业协会代表社会某个阶层或集团利益的非营利性组织，这一类社会组织，如果能够从具体的经济事务中获得相应的参与与发言权，从组织机构的建立和完善上确保弱小群体的权利和利益，对于降低社会冲突，维护社会稳定具有重要的意义。如英国工会在为工人争取应有待遇的同时，也为有效地约束所属成员擅自罢工发挥了积极的作用；二是证交所、证监会等内在市场、直接对经济运行、市场交易起作用的非营利性组织，其自身拥有若干经济管理职能，并具有较大权威，但不同于政府的公权力，其权威来自于公众的信赖和依存，并通过法律来得到保障；第三类是证券发行或交易中的律师事务所、会计师事务所等中介组织，具有对市场运行赋予公示、信赖作用的非营利组织，从实际来看这类组织属于营利性市场主体，而与一般企业不同的是，其行为和自身信誉的破坏会对自身的发展带来巨大损失，也就是说，信誉是其生存的基础，既独立于政府，又独立于市场的客观公正。

第三部门在西方资本主义国家的发展和扩大，使其影响力日渐增强，并在促进社会稳定的同时，也对社会和经济的发展带来了很好的促进和平衡作用。第三部门从起源到形成，也从社会化进程中推动了法律领域的完善。如早期工会基于对劳工的保护、对社会的救济等方面而制定的劳动立法，对环境、对消费者保护而建立的相关立法，也给世界经济带来了革命，如行业协会的组织及活动、认证机构的资格审查等活动，成为经济法的重要内容之一。

（四）经济法起源与发展对当代中国的影响

中国经济法的起源是从改革开放开始的，中国与西方国家经济法的存在形式是不同的。西方的经济法诞生于市场经济活动中，其进程表现为：市场缺陷催生国家干预，再催生经济法，如在美国，有国家最初的放任主义到政府在国家经济法中的调节与干预，由单一的民商法秩序逐渐推动经济法的产生。尽管德国和日本的经济法成长轨迹与此相反，首先是政府为了推动和扶持资本集中，鼓励市场垄断，而其发展仍然是建立在市场的基础上，也就是说国家在经济法的形成中是以公共权力的利用来完成对市场的统制和集中的。

中国经济法的起源走的是另一条路，从最初国家对经济的全权把控，计划经济的深入几乎无处不在，市场的力量几乎空白，到对市场的逐步引入和政府在国家职能上的逐步转变，并最终形成了以市场为基础的，由政府经济指令相伴生，到最后完全适应市场经济的要求。显然这是两个相向而行的、相互接近的轨迹。

市场在西方国家是导致经济法产生和发展的动力，而在我国，则是国家通过放弃计划手段来顺应经济领域的发展，并通过法律手段来解决市场发展中的经济问题，从而使得经济法获得了自身的独立地位。特别是近些年来，随着我国政府经济权力的调整和对"第三部门"在经济法中的重视，我国"第三部门"在现代经济社会发展中发挥的作用也日益增大，特别是在我国在面临着经济转型期的特殊阶段，第一部门、第二部门的发展还不完善，如何积极探索第三部门的发展途径就显得尤为重要。一方面要从市场逻辑和政府逻辑的局限性上来克服政府失灵和市场失灵，另一方面，要从政府效能和市场效能来积极配合第一、第二部门来实现对经济社会的协调并重。因此，在经济领域如何准确地界定第三部门的位置，使其健康发展，充分发挥作用，将是包括经济法学界在内的我国学界所面临的一大挑战。

通过对西方国家经济与法之间的发展历程的分析，可以得出经济法的产生存在三个历史阶段，一是自由资本主义时期，以市场为基础的经济法产生的雏形；二是垄断资本主义时期，市场经济的成熟促进了经济法的兴盛；三是近代以来，以"第三部门"为代表的，以补充和部分取代政府职能的经济法的发展时期。从经济法的来源来看，国家干预和"第三部门"对经济领域的作用，推动了经济法的发展，并在政府干预和第三部门的良性互动弥补了经济运行的缺陷。[①]

第三节　经济法律关系的内涵及构成要素

一、经济法的调整对象

（一）经济法的调整对象的不同表述

经济法学界关于经济法的定义归纳起来看，比较有影响的主要有国家干预论、国家协调论、国家管理论和国家调节论等十余种学说。

1. 国家干预论

该理论存在几种不同的观点，其中李昌麒教授的观点影响较大。他认为，经济法是"调整需要国家干预的具有全局性的和社会公共性的经济关

[①] 林洁. 试析经济法的起源与发展[J]. 法治与经济，2014（2）：60-61.

系的法律规范总称"，其中，需要国家干预的经济关系包括"市场主体调控关系、市场秩序调控关系、宏观经济调控关系和社会分配调控关系"[①]。持此观点的还有刘国欢教授等人，如认为"经济法的调整对象应该是而且只能是国家干预经济所产生的经济关系。这是一种新的社会关系，既不同于传统民商法调整的民间经济关系，也不同于行政法调整的行政管理关系。从此意义上说，经济法应该包括宏观调控法、市场管理法两大类"[②]。此外，还有人将经济法的调整对象归结为是指那些需要国家干预和调节的市场经济关系，或者需要国家干预和调整的经济关系，具体包括确认市场主体的法律地位、调控市场、维护市场秩序、进行宏观调控中所产生的经济关系以及社会分配、社会保障和涉外经济关系。[③]

综上，"国家干预论"的特点如下：①将国家干预作为经济关系产生的原因，认为经济法调整的经济关系是在国家干预经济过程中形成的；②认为这种经济关系的主体具有广泛性，既包括国家权力和行政机关，也包括企业等经济组织及其内部机构、承包户和个体经营者；③认为经济法调整的是国家机关作为一方主体，而企业、承包户和个体经营户作为另一方主体的经济关系；④从权利和义务的分配方式看，该学说主张将国家机关主要是行政机关置于调控者的地位，授予干预和调控的权力和职责，而相对一方则是被干预和被调控者，享受经济权利和承担经济义务，即双方关系具有隶属性。

2. 国家协调论

该学说认为，经济法是调整"在国家协调本国经济运行过程中发生的经济关系的法律规范总称"，具体的调整对象包括企业组织管理关系、市场管理关系、宏观调控关系和社会保障关系。

这种理论的特点是：①认为经济法调整的经济关系与国家的协调活动有关，是因"国家协调"经济运行的行为形成的；②认为经济关系的主体也具有广泛性、隶属性，包括各级国家权力机关、行政机关、企业、事业单位、个体经营者、承包户和自然人等几乎所有形式的主体，分别在经济法中承担决策、经济管理、生产经营和消费主体以及监督主体；③从该理论设置的经济权利和义务关系方案看，主张国家机构是经济职权和义务的

[①] 李昌麒. 经济法——国家干预经济的基本法律形式[M]. 成都：四川人民出版社，1995：98-99.

[②] 许明月. 经济法学论点要览[M]. 北京：法律出版社，2000：106.

[③] 许明月. 经济法学论点要览[M]. 北京：法律出版社，2000：94，105.

承受者，企业是权利和义务的承受者。

3. 管理关系论

这种观点主要是从经济管理关系方面揭示经济法的内涵，至于什么是经济管理关系，具体包括哪些内容，学者们的认识有所不同，但持该观点的学者将它们统称为经济管理关系。如王保树教授认为："现在看来，经济法的调整对象应确定为'以社会公共性为根本特征的经济管理关系'。换言之，经济法调整的经济管理关系应强调其社会公共性，只有国家以社会公共管理者的身份进行管理时所发生的经济管理关系才由经济法调整。经济法所调整的社会公共性为根本特征的经济管理关系，是发生在统一市场管理和宏观经济管理中的经济管理关系"[①]，即经济法是调整发生在政府、政府经济管理机关和经济组织、公民个人之间的以社会公共性为根本特征的经济管理关系的法律规范的总和。此外，马洪教授也持同样观点，认为"经济法是调整以社会公共性为根本特征的经济管理关系的法律规范的总称。它调整的范围，一是因市场管理而发生的经济管理关系；二是因宏观调控而产生的经济管理关系"[②]。也有学者以不同的方式表达了经济法调整的经济管理关系性质，如"经济法调整不平等主体间的经济关系；从政府这一价值主体的法律角色看，经济法调整政府以管理主体身份与作为管理受体的经济主体之间发生的经济关系。此种类型的关系可以简单地概括为行政隶属性经济关系"[③]。

由此可见，"经济管理关系论"的特点主要是：①认为国家的经济管理活动是经济法调整的经济关系形成的原因；②认为政府属于经济法调整对象的一方主体，另一方则是从事经济活动的公民和经济组织；③认为政府居于管理者的地位，应当被分配以管理权，而相对方则是被管理的对象。

4. 经济管理——经营协调、经济协作或市场运行关系论

这是在经济管理关系基础上形成的几种经济法定义，其中包括"经济管理关系和一定范围内的经营协调关系""经济管理和经济协作关系"或"经济管理关系和与经济管理关系密切相关的经济协作关系""国民经济管理关系和市场运行关系"等观点。至于具体的调整对象包括哪些关系，潘静成和刘文华教授认为应当包括经济管理关系、经营协调关系、组织内部关系

① 王保树. 经济体制转变中的经济法与经济法学的转变[J]. 法律科学, 1997(6): 24-29.
② 马洪. 什么是社会主义市场经济[M]. 北京: 中国发展出版社, 1993: 257.
③ 苏惠祥, 邱本. 经济法原理[M]. 长春: 吉林大学出版社, 1997: 64.

和涉外经济关系等四种。这几种观点与上述经济管理关系理论的特点相似，都强调国家经济管理在经济关系产生过程中的作用以及政府经济管理机关在经济关系中的地位。

5. 经济调节关系论

这种观点认为，经济法的调整对象是在国家调节社会经济过程中发生的各种社会关系。这种社会关系可以简称为国家经济调节关系。由于国家调节也是国家对经济的一种管理，属于调节性管理，因此经济法调整对象也可以称为'国家经济管理关系'或'国家经济调节管理关系'。国家经济调节关系，是指在国家调节社会经济过程中发生的，以国家（它的代表者）为一方主体的社会关系。

这一观点的特点是：①认为"国家调节"经济的活动是经济法调整的经济关系发生的客观原因；②认为国家（其代表者）为一方主体，另一方主体主要是企业等民间社会经济活动主体或者双方主体都是国家机关；③认为经济关系双方主体之间不是平等关系。

6. 宏观管理或宏观调控经济法论

该学说主要从国家宏观管理的角度认识经济法的调整对象，认为经济法调整对象质的规定，即国家在运用经济政策对经济进行宏观管理过程中发生的社会关系；经济法的调整对象是国家宏观调控的经济关系；我国经济法是国家对国民经济进行宏观间接调控的部门法等。

这种观点的特点是：①经济法调整的经济关系是国家在进行宏观管理或调控中形成的；②国家宏观调控部门是该经济关系当然的主体，被调控的对象则是另一方主体。

7. 调控与市场规制关系论

该理论认为，经济法有其独特的调整对象，即国家在对市场经济进行宏观调控和市场规制过程中所发生的经济关系。其特点主要是从国家宏观调控和市场规制的角度来分析经济法的调整对象，并认为代表国家行使其经济职能和社会职能的各种国家机关构成一方主体，以企业居民户、消费者和一些非营利性的社团、组织构成另一方主体，其中前者属于规制主体，后者为受制主体。

8. 国家参与论

这种学说认为，经济法的调整对象主要是在国家参与社会经济生活过程中产生的经济关系，即由于国家对社会经济生活的大量直接参与而形成的社会关系是一种新的社会关系，这种社会经济关系无法用已有的各种法律来调整，或者说已有的法律无法对这种新的社会经济关系加以调整，于是便相应的出现了一些新的法律即经济法。至于国家参与的经济关系具体有哪些内容，该理论认为应当包括：①国家在调整市场主体行为（或关系）和维护公平竞争秩序中；②国家在实行宏观经济调控，促进经济协调发展中；③国家作为公共物品的供给者，在完成公共收入和支出中；④国家作为国有资产的所有者，在国有资产管理中；⑤国家作为社会公平的维护者，在实施二次分配和建立社会保障制度等过程中形成的社会经济关系。

这一理论的特点是：①认为经济法调整的经济关系发生的原因是国家直接参与社会经济生活；②认为国家是该经济关系的一方主体，而企业和公民是另外的一方主体。

9. 国家、市场经营主体以及消费者关系论

该理论认为，经济法的调整对象是一定范围内的经济社会关系，这一类社会关系在形式上可以表现为国家或政府、市场经营主体、消费者之间的各种行为的互动或联系。它是指在市场经济条件下，国家或政府、市场经营主体以及消费者为实现社会公共利益而形成的社会关系。这类社会关系由于强烈的国家干预、社会利益和协调发展意志而具有独立性，使其既不同于民商法的完全平权关系，也不同于行政法的完全隶属和命令与服从关系。其特点与"宏观调控和市场规制论相似"，也是认为国家作为经济关系一方调控主体，企业、公民和社会团体作为另一方受控主体。

10. 意志经济关系论

该理论认为，我国经济法调整的对象包括经济管理关系、维护公平竞争关系、组织管理性的流转和协作关系三类。这些关系之所以成为经济法对象，在于它们直接体现国家意志，"纵""横"统一于经济和国家意志相结合，可谓意志经济关系。该理论的主张者进一步认为，对经济法调整的意志经济关系应当有所限定，将其限定为直接物质再生产过程中的生产、分配、流通、服务、消费等直接体现国家意志的经济关系；从而把人自身生产、劳动力再生产、精神产品生产和文化活动中的经济关系一般的排除在经济法调整之外。从产生原因看，该理论认为经济法调整对象是在国家管理经济过程中，在国家维持市场经济的正常运行及其活力，采取相关措施维护、促进或限制竞争过程中以及国家在参与经济活动过程中发生的。

从经济关系的主体特点看，该理论也认为经济法的调整对象主体非常广泛，包括从国家到个人、从经济组织到非经济组织，从国内和外国的主体到国际组织，都可以参与具体的意志经济关系。

11. 国家管理和协调经济关系论

该理论认为，经济法是从社会公共利益出发，直接调整在国家管理和协调国民经济运行过程中发生的经济关系的法律规范的总称，具体讲，经济法的调整对象包括国民经济宏观管理关系、经营者相互之间、经营者与用户和消费者之间在市场交易过程中发生的经济关系以及企业在生产经营活动中和国家在管理、协调企业运行过程中所发生的各种经济关系。这一理论的特点是，认为政府和企业是经济法调整对象的两大基本主体。

（二）不同表述的经济法调整对象的共性

经济法学者们关于什么是经济法的各种学说虽然都是通过经济关系来揭示经济法的内涵，并以此作为认识经济法和建立相应理论体系的起点；不过，虽然对具体的经济关系认识不一而发生分歧，但在经济法的产生是根源于国家干预市场失灵这点上达成了共识。基于这一认识，通过对学者们关于什么是经济法的各种学说的分析，可以认为，经济法调整对象的各种理论尽管具体表述不同，但在实质上并无差别，属于同一性质的理论，都在实质上将经济法的调整对象认为是国家或政府对经济关系的某种参与，尽管在用词上或用"干预"，或用"协调"，或用"管理"等等。这些理论的实质相同，具体表现在：

首先，都认为经济法调整的经济关系主体既包括国家权力机关和行政机关，也包括公民和企业等经济组织，有的甚至也包括事业单位和社会团体的社会组织，即主体的广泛性。

其次，都无一例外地从"国家—市场主体"关系的模式出发来揭示经济法的内涵，即认为经济法应当调整国家与公民、企业等经济组织之间的关系，国家或政府是一方主体，而公民、企业等社会组织为另一方主体。

再次，都将经济法调整的经济关系产生的原因归结为国家权力运作活动，即国家在干预、协调、管理、调节、调控或规制过程中形成的经济关系。

最后，都认为国家或政府机关在这一关系中应当处于干预者、协调者、管理者或调控者和规制者等权力者的地位，而相对一方则处于被干预、被协调、被管理或被规制的地位，并因此将它们视为隶属的或不平等的关系。

因此，本书认为，经济法律关系是在社会经济运行中，因整体经济发展的需要，而由国家参与产生的社会经济关系经由经济法调整而产生的经济有机体整体（通常以国家的各种机关为代表）与功能个体（通常指在市场经济中生产经营活动的个人或组织），及功能个体相互间的权利（职权）义务（职责）关系。

（三）经济法调整对象的确定及展望

1. 市场管理关系

什么是市场管理关系呢？是指在市场运转的过程中需要国家进行管理和调控来保持市场的稳定性，那么就在国家管理和调控的过程中，在市场和国家之间就形成了一种社会关系，就是我们所说的市场管理关系。那么经济法为什么要调整市场管理关系呢？是因为在现有的条件下，市场对于资源配置有着至关重要的作用，而市场怎样才能把它这种作用发挥得更好更有利于资源配置呢？这就需要经济法来进行调整了。因为市场本身的不足，可能存在结构和规范的不合理，而调整这种不合理通过公力和私力都无法实现的。自由竞争普遍存在于市场经济中，是市场经济发展下去的基础，但如前所述，市场的本质是自由竞争，在竞争的过程中各个市场主体的优点和缺点会不断显现，优胜劣汰，最后就会形成垄断的局面。甚至在竞争的过程中，市场主体为了保护自己的利益联合起来限制竞争。市场主体都是趋利避害的，这是一个不可避免的事实，因此为了防止自己的利益遭受到损害市场主体甚至会选择进行不正当的竞争。对于存在的这些弊病都是无法靠市场主体或者市场本身解决的，因此只能依靠国家来进行管理。国家进行管理的目的是保证市场的自由竞争能够平稳、有效、有序得进行。这样才能保证国家的经济平稳健康得发展，所以市场的自由竞争必须在依靠国家的管理下有序开展。

2. 宏观调控关系

经济法所调整的另一社会关系即是宏观调控关系。在市场运转过程中国家通过对宏观经济进行管理，在这一过程中产生的一种社会关系就是指宏观调控关系。首先，虽然市场的本质是自由竞争，但是由于市场的自我调节能力有限并且市场经济具有盲目性，如果国家不进行调控的话那么就很容易产生经济危机。其次，市场经济是没有办法实现自给自足的，虽然资源配置是需要依靠市场来完成的，但是市场机制是无法不依靠其他而独立存在的，它无法满足自己的需求，它需要依靠宏观调控来实现运行。因为市场上的各个主体之间差异很大，在自由竞争过程中优胜劣汰必然会导致两极分化而引发社会矛盾。因此，在经济发展过程中必须由国家进行宏观调控来保证经济平稳健康的发展。

3. 经济法调整对象的展望

经济法调整对象作为经济法学界以及经济法体系中非常重要的问题，通过对上述学说的分析，如果想要达到经济法调整对象理论学说的统一，对于学说的优点我们应该保留，对于仍然有争议的我们要合理地完善并解决，使其科学化、合理化，为经济法基础理论的建设提供帮助。虽然调整对象在经济法体系中有着至关重要的地位，但是我们也不能过度依赖经济法调整对象的确立，掉入这一陷阱之中，而使经济法的研究止步不前。法律的制定和出台也是经济法体系建设过程中重要的一部分。①

二、经济法律关系的特点

需要国家参与的社会经济关系经经济法的调整形成经济法律关系，有如下特点：

（1）社会经济关系极为复杂，何种经济关系需要国家干预，要通过一国的社会经济发展状况及所处的世界经济环境而定，不是一成不变的。经济法不能对全部需要国家参与的经济关系进行调整，到底应对哪些关系进行调整，没有恒定标准，而是据当时经济状况所决定的经济理念及公平观念而定。而一经经济法调整，即成为经济法律关系。

（2）经济法律关系以需要国家参与产生的经济关系为基础，因之，它的性质也以国家参与经济关系的种类和性质为转移，具有强烈的国家思想性。

作为法律关系的一种，它是一种思想的社会关系，属于上层建筑范畴，这是毫无疑问的。但是，相对于也是调整经济关系的民法的民事法律关系来说，经济法律关系的思想性更强。经济法是国家运用其能力而主动对社会经济活动进行参与的手段，其处处体现着国家的某种意图。如反垄断法，它与国家产业政策的制定和执行关系密切，其要旨是从宏观上防止市场竞争不足，以保持经济具有相当的活力，提升本国企业和整个经济的竞争力。所以，它具有鲜明的政策性、灵活性和行政主导性特征。其他经济法律、法规（如反不正当竞争法）、财政金融法、外贸法等，它们均体现着国家的

---

① 杨金月. 浅析经济法的调整对象[J]. 经济师，2021（3）：66，68.

某种意图。所以，经济法确认和调整而形成的经济法律关系具有强烈的思想性，这种思想性是民事法律关系所达不到的。

经济法律关系强烈的思想性不仅反映了政府"有形之手"与市场"无形之手"的互补性，更反映了政府对社会经济生活的积极参与、促进、监管，以及对在错综复杂的社会中被扭曲的民事生活的纠正。

（3）经济法律关系主体的有机整体与个体的性质差异性及各自的特性，使它们之间的权利义务及职权职责，具有自身的特定性。

（4）经济法律关系独具社会公共的经济管理性。

经济法律关系区别于民事法律关系、行政法律关系就在于它是具有社会公共性的经济管理关系。其中，经济管理性是经济法律关系同民事法律关系区别之所在，而社会公共性是其同行政法律关系区别之所在。

首先，经济法律关系是具有经济管理性的社会关系。经济法律关系是由经济法加以确认和调整而形成的权利义务关系，而经济法是政府参与经济之法，由此决定了经济法律关系必然是具有经济管理性的社会关系。这种管理性首先弥补了民法等传统法律部门的不足，并为恢复和维护其正常、有效的作用而营造良好的宏观环境和秩序空间。无论是宏观调控法所产生的经济法律关系，还是市场管理法产生的经济法律关系，它们都是具有经济管理性的社会关系。

其次，经济法律关系同时具有社会公共性。经济法律关系的经济管理是社会公共性的，换言之，并非所有的具有经济性的社会关系都可成为经济法律关系，它们必须同时具有社会公共性。所谓经济法律关系的社会公共性是指经济法律关系的运作和实现都是为了社会公共利益，表现为政府及其经济管理机关以社会管理者的名义实施经济管理，这种管理是一种普遍性的措施，着眼于社会整体，而不是着眼于某个个体。因此，在某个具体的经济法律关系中，如工商管理机关依法查处假冒伪劣产品，虽然其表面上是针对某个个体，但其实质是为了整个社会经济秩序和广大消费者利益的保护。

三、经济法律关系的构成要素

（一）法律关系的构成要素

分析法律关系的构成要素，其意义在于使我们更明晰某性质的法律关系的特性以及该法律关系运行的基本要求。对于经济法律关系而言，分析其构成要素，有助于我们认识了解经济法律关系的独具社会公共的经济管理性，了解作为主体的政府及其经济管理机关的核心地位，其权力、其权力指向以及其行使权力的基本规则。

法律关系要素，包括法律关系的主体、客体和内容。

1. 法律调整下的主体：法律关系主体

（1）法律关系主体的含义及意义。主体原本是一个哲学上的概念。在法律关系理论中引入主体概念，主要不是探究主体之本性，也不是为了探究主体与客体之间的关系，而是为了探讨在法律关系中，权利义务、财产与行为等究竟因为谁（主体）而被分配、处理。

凡是在法律调整下的享有权利、承担义务的人（包括自然人、法人和其他组织）都是法律关系主体。可见，法律关系主体之形成，有两个前提，一是有客观存在的主体；二是客观存在的主体受到法律的调整。其结果是使主体置于法律调整下所形成的法律关系之中。

主体既是法律关系产生的出发点，又是该法律关系的最终归宿。

（2）法律关系主体的范围。一般说来，法律关系主体包括两大方面，一是自然人，二是各种拟制人（或社会组织）。

所谓自然人，是指基于人的自然生理功能出生的一切人。在人类交流日趋紧密化的今天，生活在任何一个国度的自然人，大致上包括如下三类：一是有本国公民资格的人，即本国人；二是无国籍人；三是外国公民，即外国人。

法人及其他社会组织，是指依法成立的用以执行或从事法律授权事务的社会组织体。它包括国家机构——如立法机构、行政机构、司法机构等；营利法人——如各种公司、企业等；非营利法人——如各类学校、社会团体等；非法人组织，即在法律上不具有法人资格的社会组织。前三类社会组织统称为法人，以与非法人组织相对应。在法律调整中，上述主体既可以受公法调整，亦可以受私法调整，即既可以成为公法法律关系主体，又可以成为私法法律关系主体。

（3）权利能力、行为能力及责任能力。上述三个概念，是在论述法律关系主体时人们经常提及的问题，它们是法律关系主体之所以具有主体资格的外在标志和法理要求。倘若没有这些标志，那么，法律关系主体必因丧失独立性而变为客体。

权利能力是法律主体依法享受权利和承担义务的资格，是权利和义务作用于主体的法理前提，即法律具体调整于主体的法理的和法定的前提。行为能力是法律主体以自己的行为取得、享有权利和承担、履行义务的能力。责任能力是行为能力的特殊表现形式，尤其在矫正型法律关系中，被矫正法律关系中主体的责任能力问题是其承担法律责任的基础之一。

2. 法律调整下的客体：法律关系客体

客体也是一个哲学概念，是与主体相对应的概念。其内涵指不依主体的意志为转移的客观现象。把客体概念引入法理学中，是因为客体与主体一样，是法律关系的构成要素。

（1）法律关系客体之含义和特征。法律关系客体是指法律关系主体之权利和义务所指向的对象，其特征如下：

① 客观性。法律关系客体首先是一种客观存在的现象与事实，任何人的意志都不能改变法律关系客体的客观存在属性。

② 满足主体需求。能作为法律关系客体的物质存在、行为存在和精神存在，必须以满足主体需求为前提。

③ 能够被主体控制或利用。作为法律关系客体的物质存在，必须是能被人们所控制或可利用的。

④ 法律调整。凡受法律调整的客观存在——物、行为、非物质财富均为法律关系客体或可以成为法律关系的客体；反之，凡不受法律调整的客观存在均不能成为法律关系的客体。

由于法律以满足人们需求为目的，从而使得受法律调整的客体——法律关系客体也具有一定程度的主体需求性、主体意志性等主观属性。这种属性针对普通客体而言只是外在的、非本质的；但倘若针对法律关系客体，便具有内在性和本质性。因此，主观性与客体的本性一起构成法律关系客体的本质。可见，法律调整性是法律关系客体的本质属性之一。

（2）法律关系客体之分类。一般认为，法律关系客体分为三类，即物质、非物质财富和行为。

有学者将法律关系客体分为四类，即除上述三种外，国家、社会和个人的基本经济、政治和精神文化财富，它们是一般法律关系的客体，也可以是保护性法律关系的客体。

还有学者认为，法律关系的客体是无限多样的，把它们抽象化的结果是法律关系客体可以分为七大类，即：第一，国家权力；第二，人身、人格；第三，行为（包括作为和不作为）；第四，法人；第五，物；第六，精神产品（包括知识产权产品和道德产品）；第七，信息。

有些学者则分为六类：①行为。包括作为和不作为。②物。包括自然物，人造物和财富的一般表现形式——货币及其他有价证券，如支票、汇票、存折、股票、债券等。物可以是有形物，也可以是无形物，前者如森林、矿产、草原、河流、房屋等，后者如电力、煤气、天然气等。③精神产品。包括各种智力成果，如科学发明、技术成果、商标设计、学术著作、文艺作品等，以及与人身相联系的各种非物质财富，如姓名、名称、肖像、名誉、尊严等。④信息。包括一切具有价值的情报或咨讯，如商务信息、法律咨询、技术咨询等。信息成为越来越多的法律关系的客体，是人类迈向信息社会、知识经济时代的必然结果。⑤自然人的人身、人格。法律关系的客体既是权利的客体，也是义务的客体。自然人的人身和人格可以成为义务的客体，也可以在绝大多数法律关系中成为权利的客体，包括成为自己权利的客体，以及成为他人权利的客体。⑥法人。各种公、私法人作为一个整体，都可能成为一定的法律关系的客体。例如，国家可以在国际法律关系中成为客体，也可以在许多国内的公、私法律关系中成为客体；企业法人作为一个整体，也可能在许多公、私法律关系中成为客体。

3. 权利义务的法律调整：法律关系的内容

权利和义务问题是整个法律和法学的核心问题。一切法律和法学问题，从法律自身之层面上讲，既肇始于权利义务的规范分配，又落实于权利义务的社会实现。这里仅从法律关系的角度解析权利和义务。

（1）法律上的权利和义务的含义。对于法律权利的含义，学理上有众多的阐说。"资格说"认为，法律权利是法律所赋予的作为和不作为的资格；"主张说"认为，法律权利是正当而具有法律效力的主张；"自由说"认为，法律权利是法律所允许的免于干扰的自由；"利益说"认为，法律权利是法律所确认和保护的利益；"法力说"认为，法律权利是法律赋予权利主体实现其利益的一种手段；"可能说"认为，法律权利是权利人做出或不做出一定行为，或者要求他人做出或不做出一定行为的可能性，以及请求国家强制力予以保障的可能性；"规范说"认为，法律权利是法律所保障或允许的能够做出或不做出一定行为的尺度；"选择说"认为，法律权利意味着一个人的选择或意志在法律上优先于他人的选择或意志。就解说法律权利这一现象而言，上列诸说各有其独到之处，且相得益彰。

义务，又称法律义务，是指法律所规定的法律关系主体所承担的某种必须履行的责任。法律义务的表现形式有以下三种：①义务承担者按照权利享有者的要求以作为的形式做出某种行为。②义务承担者按照法律的规定以不作为的形式做出某种行为。③义务承担者不履行义务时，权利享有者有权请求国家机关依法采取必要的强制措施，强迫义务承担者履行义务，而义务人必须忍受国家的强制。

（2）法律上的权利和义务的关系。权利和义务是法律关系内容的两个构成部分，任何法律关系都是权利和义务的有机统一体。尽管权利和义务的含义不同，但它们之间密切关联、相辅相成，具有高度的统一性。从总体上说，没有无义务的权利，也没有无权利的义务。

具体地说，法律上的权利和义务的统一性表现如下：

① 法律关系中的权利和义务以共同客体为指向，客体的统一性是权利义务统一性的重要表现。

② 权利和义务是一种相互对应的关系，权利的实现以义务的履行为前提，义务的履行则是权利实现的保证。

③ 从权利和义务本身看，权利以不滥用权利为界限，不超出法律允许的范围是权利人的义务；义务的履行也以法律限定的范围为界限，法不限制即自由。

④ 在现代民主社会中，从总体上说，不存在绝对的权利主体和义务主体，任何法律主体都是权利和义务的统一体。

（二）经济法律关系的构成要素

1. 经济法律关系主体

（1）经济法律关系主体的概念。经济法学界关于经济法主体的概念，基本上与法理学上对于法律关系主体是指参加特定法律关系并享有权利、承担义务的当事人的一般见解相同，基本上套用"经济法（法律关系）主体"是"参加"某种"经济法律关系"的"主体或当事人"的表述方式。例如以下表述：经济法律关系的主体，亦称经济法主体，是指经济法律关系的参与者；经济法律关系的主体是指经济法律关系的参加者或当事人；经济法律关系的主体是指参加经济法律关系拥有经济权限的当事人；经济法主体即国家经济管理法律关系主体，它是经济法调整的国家经济管理关系的参加者即当事人，是国家经济调节和管理活动中权利义务的承受者；经济法律关系的主体，是指经济法律关系的参加者，也即在经济管理、维护公平竞争、组织管理性流转和协作法律关系中依法享有一定的权利（力）、承担一定的义务的当事人。

（2）经济法律关系主体的特征。学者们对经济法律关系主体的特征的总结，有共性也有差异。在 20 世纪 90 年代前，有观点认为经济法律关系主体的特征是：①多层次、多种类。②主体的意志在一定范围内具有相互之间的不平等性。③主体的活动特征是依法只能进行经济活动。还有人认为经济法律关系主体的特征是：①具有经济上的权利、行为能力。②拥有一定的财产。③拥有名称（姓名）、经济户口和住所或场所。

20世纪90年代以来，对经济法主体有了新的认识。有人认为经济法律关系主体的特征是：①主体资格具有复杂性。②主体形式具有广泛性。③主体之间具有隶属性。有人认为经济法律关系主体的特征是：①主体种类的广泛性和多样性。②主体地位的不平等性和相对固定性。③主体资格的对应性和双重性。

也有人认为经济法律关系主体具有以下特征[①]：①政府及其经济管理机关具有主导性。经济法是体现国家干预经济之法，因此代表国家进行干预的政府及其经济管理机关在经济法律关系主体中具有主导性。所谓主导性是指任何一种经济法律关系中，都必然有一方为政府或政府经济管理机关，另一方可能是某个经济组织，也可能为某个公民，而且，政府及其经济管理机关对经济组织或公民具有优先权，即政府及其经济管理机关在行使经济管理权时依法享有的职务上的优惠条件，如先行处置权、获得社会协助权、推定有效权等。②经济组织和公民具有独立性。经济法尽管是体现国家干预经济之法，但国家之干预是在维护社会公共利益和充分尊重市场主体合法的前提下进行的，政府及其经济管理机关行使经济管理权时应首先认识到相对方的独立性，企事业单位和个人不是它们的附属，而是具有相对独立利益的个体。所以，经济组织和个人在经济法律关系中不是被动者，有时甚至是主动者，他们有权依法对抗任何人、任何机关对他们合法权益的侵犯。③主体的法定性。经济法是体现国家干预经济生活的法律，因此，谁有权参与经济法律关系，什么时候参与经济法律关系，如何参与经济法律关系等均应由相关法律明确。这是保证合理干预的需要，反映了经济法是规范、确认国家干预之法的本质。这一点，对于政府及其经济管理机关尤为重要，它们必须严格依法干预。

这些不同特点的总结和归纳，其共性在于，都认为：①主体的产生必须具有合法性。经济法主体的产生必须具有合法性，即国家经济管理机关、社会组织、公民，要由国家认可或上级国家机关批准而取得主体资格，企业等市场主体要依法定程序，由国家有关部门审查批准而取得主体资格。②主体具有广泛性。经济法主体的范围十分广泛。从法律层面上讲，凡依法有权参加经济运行过程中所发生的经济关系的社会组织和公民个人均能

---

①徐强胜. 经济法律关系略论[J]. 经济经纬，2001（3）：87-89.

成为经济法法律关系的主体。它既包括各级国家机关，也包括作为市场主体的企业法人，各种不具备企业法人条件的经济联合体以及公民等。③主体享有特定的经济职能。主体享有明确的经济职能，是经济法主体的重要标志。经济职能表示了经济法主体的主体资格，因为经济权利和经济义务是形成经济法律关系的内容。只有享有经济职能，才能取得经济法主体资格，有权参与经济法律关系。同时，这也意味着这种经济职能应该是明确的而不是笼统的，否则，职权就易于被滥用，不能从正面促进经济发展反而会从反面阻碍经济发展。④主体行为具有特定性。这是指经济法主体为了实现自己对国民经济管理的目的和生产经营目的所实施的一种以权利和义务为中心内容的行为。只有进入经济法调整的特定领域，才能成为经济法主体。因此，主体参加经济活动的特定性是经济法主体最显著特征。其不同点在于对经济法主体特点归纳的视角不同而已，共性是主要的。

（3）经济法主体的分类。经济法学界对经济法或经济法律关系主体的研究，与中国经济法学的总体发展相对应，经历过三个时期。

最早的是三分法或两分法。如有人认为，经济法主体包括国家机关、社会组织（核算组织和预算组织）、个体经济户和农村社员、企业内部职工。有人认为经济法主体有经济行政机关、经济组织、公民和其他主体。

然后是初步发展时期的各种观点。如有人指出，经济法的主体可分为宏观调控法的主体和市场规制法的主体。前者分为代表国家进行宏观调控的主体和承受国家的宏观调控的主体即调控主体和承控（受控）主体。后者分为代表国家对市场经济进行管理或规制的主体和在市场经济中接受国家的市场规制的主体即规制（管理）主体和受制主体（市场主体）。谢次昌教授把经济法主体分为管理主体和实施主体，并且认为这两种主体的划分是相对的。[1]李昌麒教授则认为经济法主体应分为经济决策主体、经济管理主体和经济实施主体。[2]漆多俊教授的几种分类方法里，有一种就把经济法主体分为国家经济管理主体和被管理主体。[3]史际春等认为经济法主体大致可以分为经济管理主体和经济活动主体。[4]

近年来，随着我国市场经济建设和经济法制的发展，有不少学者对经

---

[1] 谢次昌. 中国经济法概论[M]. 北京：中国法制出版社，1992：70-71.
[2] 李昌麒. 经济法——国家干预经济的基本法律形式. 成都：四川人民出版社，1995：441-442.
[3] 漆多俊. 经济法基础理论[M]. 武汉：武汉大学出版社，1996：203.
[4] 史际春，邓峰. 经济法总论[M]. 北京：法律出版社，1998：186.

济法主体做出了新的探讨。例如，王全兴教授提出了"政府—社会中间层—市场"的三层主体框架理论，其中市场主体又具体包括投资者、经营者、消费者、劳动者四种。[①]

又如，单飞跃教授以经济权利、社会自治权力和经济权力为标准归纳出三大法主体群，即市场、社会、国家，其中，市场主体按经济性标准分为企业与消费者两类。[②]

2. 经济法律关系客体

关于经济法律关系客体，有不少学者认为包括物、行为、知识产权等。有人认为这种看法是极其错误的，它没有看到经济法的本质是确认和规范国家干预经济法这一点。经济法律关系客体只能是行为，而不能是物、知识产权等。这个观点是有道理的，并且经济法律关系客体的实质是行为，物、知识产权等一般法律关系的客体在经济法律关系中只是行为客体的表面的表现形式，本质上，经济法律关系主体的权利义务最终体现为行为。

因此，经济法律关系客体具有如下特征：①该行为是同国家干预经济有关的行为，无论是市场管理行为还是宏观调控行为，都是同国家干预有关的行为。②该行为必须是经济法律、法规规定的行为，这意味着国家的干预行为只能依法进行。③该行为是经济法律关系主体依照经济法律、法规所为的行为，这意味着不是任何组织或公民的行为都能成为经济法律关系的客体，它只能是经济法所规定的组织和公民所实施的该法上规定的行为。

3. 经济法律关系内容

对于经济法律关系而言，其内容是经济法律关系主体的经济权利和经济义务，其中，经济权利包含经济权力，即政府和经济管理机关以及社会经济团体在管理中的权力。

经济权力是基于经济管理机关或社会经济团体的地位和职能由经济法赋予并保证其行使经济管理职权的资格，其实质是经济管理职权。它具有如下特征[③]：①主体的特定性，即行使经济权力的只能是依法成立的经济管理机关或社会经济团体，其他任何机关或团体无权为之。②权力的法定性或章程规定性。对于经济管理机关而言，其经济权力只能是明确法定的；对于社会经济团体而言，其权力则来自于成员的约定而表现为他们制定的

[①] 王全兴. 经济法基础理论专题研究[M]. 北京：中国检察出版社，2002：409.
[②] 单飞跃. 经济法理念与范畴的解析[M]. 北京：中国检察出版社，2002：236-241.
[③] 徐强胜. 经济法律关系略论[J]. 经济经纬（河南财经学院学报）2001（3）：87-89.

章程。权力的法定性或章程规定性强调的是经济权力的行使必须严格依法或依章程规定，不能超越，否则构成权力滥用而要产生相应法律后果。③权力行使的积极性。任何权力的行使都具有天生的行使冲动性，因而权力的行使具有积极性。对于经济权力而言，它就是体现国家对经济生活的积极干预。

四、经济法律关系的产生、变更与终止

经济法律关系的产生、变更与终止依赖于法律事实。法律事实分为经济法律事件与经济法律行为。

经济法律事件是自然事实，是指能够引起经济法律关系发生、变更和终止的不以当事人意志为转移的客观事实。因自然事实产生、变更和消灭经济法律关系，须与国家法律、法规的规定相结合。

经济法律行为是能够引起经济法律关系产生、变更和消灭的事实的一种。它是能够引起经济法律关系产生、变更和消灭的客观情况。

经济法律行为不同于经济行为。首先，经济行为并不能一定引起经济法律关系的产生、变更与终止。而经济法律行为一旦发生，必将引起经济法律关系的产生、变更与终止。其次，经济行为并不都是经济法所规定的行为，但经济法律行为必然都是经济法所规定的行为。最后，经济法律行为借助的手段多于经济行为。经济行为大多借助于单纯的经济手段，而经济法律行为借助经济、法律等多方面的手段。

经济法律行为可依据不同的标准进行分类。根据行为主体不同，可分为政府行为与市场主体行为；根据调控的侧重点不同，可分为宏观调控行为与市场规制行为。宏观调控行为与市场规制行为的主体、作用等方面各不相同。但此两种行为在经济法的规范下，都保证了国民经济的平稳运行。

第四节　经济法律关系的社会关系基础

法律关系是法律确认和调整社会生活关系的结果，在社会现实生活中，任何法律关系都有与之相对的社会生活关系原型。原生形态的社会生活关系通过法律的确认和调整而形成法律关系的过程，使原生的社会生活关系变得条理化、规范化和细密化，因而，经济法律关系的产生在于经济法律对某种社会关系调整的结果。基于对经济法学者们关于经济法的调整对象

的不同表述的共性归纳，可以认为，经济法律关系的社会关系基础是政府参与市场行为而产生的经济关系。政府与市场关系的经济学认识主要有反对政府干预的理论、需要政府干预的理论、市场失灵理论等。

一、反对政府干预的理论

(一) 亚当·斯密的自由市场理念

亚当·斯密的经济学主张集中阐述了他的"守夜政府"观点，所谓守夜政府，是一种形象比喻，是指政府不参与和不干预市场经济活动过程。它有三层含义：一是政府是履行国家社会事务管理职能的组织，政府除了赋税（维护国家机器正常运转的开支需要）外不存在其他经济职能，因此政府没有必要干预市场，不应当介入经济活动过程。因为经济过程是一个自然的过程，它会自发地形成"自然秩序"，政府只要像一个"看门人""守夜者"一样，不让"外人"进来破坏这种"自然秩序"就可以了；二是政府在经济活动中只能充当"监护人"或"裁判"，其目的在于保证它的监护对象（或调解对象）的权益不受侵犯，不被他人无偿（或暴力）剥夺掉；三是政府如果人为地干预或参与经济活动，就会破坏"自然秩序"，剥夺公民的自由，导致经济的衰退。在经济学中，从亚当·斯密到新古典主义，从货币主义到公共选择学派都反映出上述观点和思想倾向。

"守夜政府"观点的提出源自他的"经济人"假说和经济自由主义理念。他说："他通常说不打算促进公共的利益，也不知道他自己是在什么程度上促进那种利益。……在这场合，像在其他许多场合一样，他受着一只看不见的手的指导，去尽力达到一个并非他本意想要达到的目的……他追求自己的利益，往往使他能在真正出于本意的情况下更有效地促进社会的利益。"[①]这句话深刻揭示了亚当·斯密的经济哲学；人人都是有利己心的"经济人"，生产者为人们提供充足和丰富的物品，不是出于他们对人类的同情和恩惠，而是出于他们"自利的打算"，出于他们追求最大价值的动机；人人在追求个人利益的同时，不自觉地增进了整个社会的利益，促进了国民财富的增长，因此要实现国民财富的增加，就必须给人们追求个人利益的自由，通过自由竞争的市场机制自发调节人们的行为，无须政府插足和干预，"如果政治家企图指导私人应如何运用他们的资本，那不仅是自寻烦

[①] [英]亚当·斯密. 国民财富的性质和原因的研究（下卷）[M]. 郭大力，译. 北京：商务印书馆，1974：27.

恼地去注意最不需注意的问题，而且是僭取一种不能放心地委托给任何个人，也不能放心地委之于任何委员会或参议院的权力。"[①]亚当·斯密认为，由于市场本身具有调节利益关系的功能，所以，把调节市场的权力交给任何一个自以为有资格行使的人去行使，都是一种危险的行为。只有将它交给"看不见的手"去指引，才是最恰当、最有效的行为。在市场运作过程中，政府只能无为而治，充当自由经济的"警察"，不能也不应当去直接地干预市场。

（二）弗里德曼的有限政府观

弗里德曼是经济学中货币学派的领袖人物，长期从事货币理论研究，他强调货币作用的重要性，主张以市场来引导金融政策以消除通货膨胀，保证经济的正常发展，以此与凯恩斯学派相抗衡，并自称为凯恩斯革命的反革命。他反对政府对经济的过多干预，认为政府的作用是非常有限的，市场的自发力量能够使资本主义经济自然而然地趋向均衡。与凯恩斯的政府干预主张相反，他提出战后资本主义社会经济的大波动大都是由于政府采取了干预市场经济的错误的财政和金融政策造成的。

（三）哈耶克经济自由主义中的政府作用

哈耶克是新自由主义在经济学领域的重要代表人物，他坚持经济自由主义，反对政府对经济的干预。哈耶克的经济哲学是个人主义，而且，他把自己所提倡的个人主义称之为"真正的个人主义"，他认为，"真正的个人主义只是一种旨在使自发的社会产物之形成易于理解的理论。……它相信如果保持每个人都是自由的，那么他们取得的成就往往会超出个人理性所能设计或预见到的结果。"[②]他把经济自由主义和个人主义联系起来，认为经济自由主义是个人主义在经济上的必然结论。因为各个社会成员的利益不可能用一个统一的具有先后次序的目标序列来表达，而且任何人都没有能力去了解所有人的各种需要并给它排出先后次序，因此在经济上的任何集体主义行为（计划机制行为）都是无效或低效的，只有让个人分散决策才能保证经济活动效率，而市场就是一种整理分散信息的机制，它比人们精心设计的任何机制都更为有效。他认为价格体系最重要的是，其运转

[①] [英]亚当·斯密. 国民财富的性质和原因的研究（下卷）[M]. 郭大力，译. 北京：商务印书馆，1974：27-28.

[②] [奥]冯·哈耶克. 个人主义与经济秩序[M]. 贾湛，译. 北京：北京经济学院出版社，1991：11.

所需的知识很经济，就是说，参与这个体系的个人只需要掌握很少信息便能采取正确的行动。市场秩序之所以优越，这个秩序之所以照例要取代其他类型的秩序（只要不受到政府权力的压制），确实就在于它在资源配置方面，运用着许多特定事实的知识，这些知识分散地存在于无数的人们中间，而任何一个人是掌握不了的。

哈耶克主张，只有坚持经济自由，让"看不见的手"自发调节经济，才能真正实现经济的繁荣和人类的进步。个人的自由选择、自由竞争和自由企业制度是人类社会唯一有效的制度，任何人为地试图用其他机制（如计划机制）去替代市场机制的做法都是错误的。政府在经济活动中的角色既不是经济活动的积极干预者，更不是滥用权力于经济过程的调控者，他认为，政府滥用货币发行权的结果，造成了持久的、广泛的通货膨胀，克服这一弊病的根本途径是取消政府货币发行的垄断权，实行自由货币制度，即由私人发行竞争性货币，通过竞争机制的作用来实现货币的稳定。因此，政府的职责应该是：完善法律，创立和维护一种有效的竞争制度，创造各种条件使竞争顺利进行并产生效率，在不能使竞争机制有效发挥作用的场合，政府予以补充，为社会提供公共产品的良好服务。

（四）公共选择理论中的政府缺陷

J·布坎南在讨论政府与市场关系时，把政府纳入经济学分析的框架，运用西方经济学的逻辑和方法（即经济人假定、效用最大化、交换、供求分析等），论述了政府行为的特点，指出了政府行为的缺陷。布坎南认为，由政府活动所构成的政治制度就像市场制度，政治家就像企业家，公民（选民）就像消费者，选举制度就像交易制度，选票就像货币。由于政治制度与市场制度有很多相似性，经济学的许多原理可以用来分析政治决策行为。在政治市场里，人们建立起契约交换关系，一切活动都以个人的成本——收益计算为基础。布坎南认为，政府的政策制定者（政治家、政府官员等）同经济人一样是有理性的、自私的人，他们就像在经济市场上一样在政治市场中追求着他们自己的最大利益——政治利益，而不管这些利益是否符合社会公共利益。尽管他们可能有反映"公共利益"的愿望，但这种愿望也不过是许多愿望当中的一个。同样，公民作为选民也是有理性的、自私的人，其选举行为也是以个人的成本——收益计算为基础。由于普通选民无力支付了解政治的成本，他们作为有理性的人往往不参加投票，因此，普通选民对特殊利益集团的制约作用是有限的。政府往往为代表特殊利益集团和政策制定者（政治家、官僚等）所操纵，由此滋长了种种经济和政治弊端。布坎南认为，现代西方社会面临的重重困难，与其说是市场制度的破产，不如说是政治制度的失败，现代面临的挑战不是市场制度方面的挑战，而是政治制度方面的挑战。

　　布坎南针对人们把政府干预经济的必要性普遍归结为市场存在缺陷，即认为市场存在缺陷必然导致经济衰退和严重失业，而政府干预是弥补市场缺陷唯一良策的观点，强调指出：人们必须破除凡是政府都会全心全意为公众利益服务的观点，不应该视政府为按公众要求提供公共物品的机器，而要看到政府是由个人选出也是由个人组成的群体。政府也存在缺陷，这种缺陷不仅表现为政府在干预经济的过程中由于政策操作而导致的缺陷（即运行型政府缺陷），而且更为严重地表现为政府官员制度本身存在严重缺陷（即制度型政府缺陷）。这种制度型缺陷表现为：①个人的多元目标与选举投票规则的缺陷，个人目标多元性很难形成一致性的集体决策，多数投票规则不一定能产生"好政府"；②政府官员制度的低效率，因为这一制度垄断了劳务供给，缺乏竞争导致低效率；还由于政府活动的成本计量困难，且有许多政府行为不强调或不能强调成本因素，从而使政府机构缺乏成本激励和有效约束机制而导致低效；③政府的自我权力扩张行为，导致机构庞大化；④政府官员的寻租行为（因政府管制而带来各种租金，往往使政府官员以追求租金最大化为行动的基本目标），导致政府管制失效。由于这些缺陷的存在，人们希望用"看得见的手"来办"看不见的手"干不好的事（克服市场缺陷），却可能出现"看得见的手"把事情办得更糟的结果，政府自身的缺陷使得它在干预市场时，不仅不能提高效率，反而会损害效率。为此，必须慎重选择政府行为或基本放弃政府干预行为。

二、赞同政府干预的理论

　　与守夜政府论不同，能动政府论强调政府之于市场的作用，政府不仅要在经济活动中维持市场的秩序，充当市场的"监护人"，而且要积极地采取行动，克服市场的内在缺陷，解决市场失灵的问题，影响和改善市场的环境和条件，通过政府主动的干预行为保持市场的长期稳定和繁荣。凯恩斯主义、新古典综合派和新剑桥学派是这一观点的主要代表。

（一）凯恩斯的政府积极行动主义

　　"凯恩斯革命"开创了西方经济学研究的新时期，这种"革命"不仅表现在反对萨伊定律（供给自动创造需求，储蓄等于投资），反对古典和新古典理论以供给为中心、把需求作为供给的函数的传统，表现在它批评新古典理论只注重微观分析而忽视或轻视总体分析等方面，而且表现在它动摇了自亚当·斯密以来忽视政府作用的经济学体系，在经济运行机制和经济学体系中导入了政府干预的因素，提出了政府积极干预经济过程的政策主张。

凯恩斯的理论体系由有效需求不足、三大心理法则和反周期政策主张三部分构成。凯恩斯在《就业、利息和货币通论》一书中运用"总量分析"方法阐述了有效需求原理。他认为社会的就业量取决于有效需求（包括消费需求和投资需求），而有效需求的大小又主要决定于三大基本心理因素，即"消费倾向""对资产未来收益的预期"和对货币的"流动偏好"以及货币数量。资本主义社会之所以存在失业和萧条，主要就是由于这些心理规律的作用所造成的有效需求不足，而危机的爆发则主要是由于对投资未来收益缺乏信心所引起的"资本边际效率"的"突然崩溃"。在此理论基础上，他提出了扩大政府干预经济力度的反周期对策。

第一，要重视财政行政管理的作用，即通过国家的直接投资（兴办公共工程等）和消费来弥补私人消费和投资的不足，从而提高国民收入，实现充分就业。

第二，要注重货币政策的有效性，因为货币政策的目的在于通过对货币数量的控制来改变利息率，并通过利息率的改变来刺激投资，以便使国民收入达到充分就业水平。

第三，重视政府举债方式的作用，因为用举债方式兴办资本项目，能增加投资，如果用于弥补其他财政项目的赤字，则为负储蓄，能增加消费倾向，因此，举债支出能提高有效需求，增加总就业量，达到充分就业的均衡。

总之，政府应担负起调节社会总需求的责任，采取积极行动强化需求管理，即运用财政和货币政策刺激消费增加投资，以保证社会有足够的有效需求，实现充分就业的目标。

（二）新古典综合派的政府观

以萨缪尔森为代表的新古典综合派，实际上是从凯恩斯学派演变过来的，它把凯恩斯的宏观理论与新古典学派的微观理论"综合"起来，强调了采取宏观政策管理的必要性和微观市场协调的适用性。凯恩斯在《就业、利息和货币通论》中的一段话，是这一学派进行"综合"的重要理论依据。凯恩斯说："我们对于经典学派理论的批评，倒不在发现其分析有什么逻辑错误，而在指出该理论所根据的几个暗中假定很少或从未能满足，故不能用理论来解决实际问题。但是实行管理以后，总产量与充分就业下之产量相差不远，则从这点开始，经典学派理论还是对的。"①

沿着凯恩斯的思路，萨缪尔森将宏观经济分析与微观经济分析结合起来，形成一个综合体系，不断兼容各现代西方经济学流派的观点，发展成一个庞大的经济学体系。萨缪尔森综合体系的重要特点是把资本主义经济称为"混合经济"。所谓混合经济，是指既有市场机制作用，又有政府机制作用的经济，是私人组织和政府机构都对经济过程施加影响的经济。私人组织通过市场机制的无形指令实施个人行为（工商利润最大化、个人效用最大化）；政府机构通过调节性指令和财政刺激实现宏观经济目标（货币的稳定、经济的增长、充分就业和国际收支平衡）。或者说，混合经济就是国家机构和私人机构共同对经济实施控制，也就是政府与私人企业并存，垄断与竞争并存的经济制度；政府控制的成分与市场调节的成分交织在一起，共同组织社会的生产和消费，政府和市场这两个部分都是不可缺少的。"没有政府和没有市场的经济都是一个巴掌拍不响的经济。"②萨缪尔森将政府在经济中的作用概括为四个方面，即：确立法律体制；决定宏观经济稳定政策；影响资源配置以提高经济效益；建立影响收入分配的合理机制。③

（三）新剑桥学派的政府社会调节者形象

新剑桥学派是当代凯恩斯主义的重要学派，以英国剑桥大学经济学教授琼·罗宾逊等人为代表。他们认为凯恩斯革命的重大突破之一就在于从均衡观走向历史观，强调了不确定性。因此新剑桥派认为，要坚持凯恩斯主义，必须坚决抛弃均衡概念，树立历史分析的观念，要强调社会制度和阶级分析的方法。他们把经济增长与收入分配结合起来考察，形成了新的经济增长理论，分析了"滞胀"的原因，提出了不同的经济政策主张，塑造了政府是社会调节者的形象。

在经济政策主张方面，新剑桥学派既反对新古典综合派给资本主义经

---

① [英]凯恩斯. 就业、利息和货币通论[M]. 徐毓枬，译. 北京：商务印书馆，1963：322.

② [美]萨缪尔森. 经济学（第12版）[M]. 高鸿业，译. 北京：中国发展出版社，1992：87.

③ [美]萨缪尔森. 经济学（第12版）[M]. 高鸿业，译. 北京：中国发展出版社，1992：1169-1170.

济开出的药方，又反对货币主义者减少政府干预的主张。他们认为，新古典综合派提出的调节社会总需求和实行工资物价管制的经济政策主张已经为实际经济生活证明是无效的；它们不但没有解决通货膨胀和失业问题，反而造成了社会资源的巨大浪费、环境的污染和收入分配的进一步失调。对于货币主义者提出的减少政府的干预、听任市场机制发挥作用调节经济的主张，新剑桥学派认为，20世纪30年代的资本主义经济大危机已经证明，市场机制是一个效率极差的调节工具，因此货币主义者的观点实质上是一种倒退。

新剑桥学派通过对收入分配、经济增长和停滞膨胀等问题的研究，对资本主义社会的"病症"得出了他们自己的看法。新剑桥学派认为，资本主义社会的症结在于分配制度的不合理和收入分配的失调。在资本主义社会中，分配是在一部分人占有生产资料、另一部分人未占有生产资料这一历史形成的不合理的分配制度中进行，现存社会的分配制度是造成收入分配不公平的原因，因此不能指望在现行制度下通过市场机制的调节作用来改变不合理的分配格局。并且，在现行制度下，经济增长本身是在收入分配失调的基础上进行的，因而经济增长丝毫不能改变这一分配格局，只会加剧收入分配不合理的程度。要医治资本主义社会的弊病，必须改革社会的收入分配制度。所以，新剑桥学派的经济政策主张的重点就是收入分配政策。

新剑桥学派认为，由于市场机制不能改变不合理的收入分配格局，因而，必须通过政府实施一系列社会经济政策，才能改变现行的分配制度和收入分配不合理的状况。他们的主要政策主张有以下几项：①实行累进的税收制度来改变社会各阶层收入分配不均等的状况。累进的税收制度可以对高收入者课以重税，以在一定程度上消除一些收入不均等（尤其是收入水平太悬殊）的现状。②实行高额的遗产税和赠与税，以便消除私人财产的大量集中，抑制社会食利者阶层收入的增加；同时，政府还可以通过这一税收方式将所得到的财产用于社会公共目标和改善低收入贫困阶层的生活水平。③通过政府的财政拨款对失业者进行培训，提高他们的文化程度和技术水平，以便使他们能有更多就业机会，并能从事收入较高的技术性工作，从而缩小一些收入上的不均等现象。此外，国家可以通过预算给低收入水平的家庭以一定的生活补贴，增加他们的收入。④制定适应经济稳定增长的财政政策，减少财政赤字，逐步平衡财政预算；根据经济增长率来制定实际工资增长率，以改变劳动者在经济增长过程中收入分配的相对份额向不利方向变化的趋势，从而在经济增长过程中逐渐扭转分配的不合理。⑤实行进出口管制政策，利用国内资源的优势，发展出口产品的生产，以便为国内提供较多的工作岗位，增加国内的就业机会，降低失业率，提高劳动者的收入。⑥政府运用财政预算中的盈余来购买私人公司的股票，把一部分公司股份的所有权从私人手中转移到国家手中，从而抑制食利者阶层的收入，增加低收入家庭的收入。

三、市场失灵理论

市场作为配置社会经济资源的方式，已经在实践中取得了相当大的成效，在尚未找到更好的经济机制来取代市场机制时，市场之于经济的基础性地位不可动摇。市场是基础性的，政府与市场的关系问题是在市场发展中出现的，政府之于市场的功能是服务于市场发展这个大方向的。因此政府与市场的关系问题必须建立在市场这一基础性经济机制之上才能进行。

要辩证地、全面地看待政府与市场的关系，既不能用市场来取消政府，也不能用政府来代替市场。由于政府行为与市场行为都不可能完美无缺，因而，它们之间的相互补充就显得十分必要。过度的政府干预可能阻碍社会经济的发展，但市场本身也存在许多问题，经过近两个世纪市场经济的实践和思考，人们逐渐认识到市场也并不总是最有效率，"市场失灵"是客观存在的，因此需要国家对经济生活的介入，通过政府行为来纠正市场经济的缺陷，控制市场中的不正当行为，消除市场经济造成的消极后果。

（一）垄断（monopoly）和不完全竞争（imperfect competition）

人类社会生产的经济活动，经历着由小到大，由分散到集中的过程，社会化大生产是人类进步的必然结果，是社会进步的一种表现，但当社会化大生产发展到一定阶段就可能出现不完全竞争或垄断。垄断有自然垄断（natural monopoly）与经济垄断之分。自然垄断简单地说是指在具规模经济行业中单个企业能比两家或两家以上企业更有效率地向市场提供同样数量的产品。自然垄断者相对竞争对手而言，享有较大成本优势，并且面对无价格弹性的需求，通过垄断定价，获得巨大垄断利润。较合理办法就是由社会利益的代表——国家直接投资经营，以政府定价的形式，向社会提供产品和服务。经济垄断则是自由竞争的市场，是竞争的自我否定，表现为某一企业或若干大企业达成联合对某一种或若干物品的生产销售实行独占或操纵。其结果由于价格背离价值，价值规律严重扭曲，导致消费者福利减损，乃至社会福利总量减损的静态效益损失和市场主体丧失提高技术水平，加强科学管理的动机的动态效益损失，对此通常由国家制定反垄断法和不正当竞争法予以克服。

（二）外部性（externalities）

又称溢出效应，即企业或个人向市场之外的其他人强加成本或利益，外部性有些是正的（外部经济），有些是负的（外部不经济）。环境污染是典型的外部负效应，其产生的社会成本不能通过市场价格反映，因而市场机制无法调解，而国家可以通过制定环境保护法、自然资源法、野生动植物保护法、矿产资源法等强制法律手段对空气、水、噪声等污染，矿藏资源的过度开采，濒危动物猎捕等外部负效应行为予以管理控制。

（三）公共产品（public goods）

公共产品是正外部性的极端，指的是这样一类产品，当增加一个人对它的分享，并不导致成本增长，即边际成本为零（非竞争性）；而排除任何人对它的分享则花费巨大（非排他性）。市场机制运转基本要求是收益能够抵偿成本或者成本能够追踪单个消费者，但是公共产品的非竞争性和非排他性，使需求与供求无法通过市场来定。但一般来说，可由国家代表整体社会利益，来承担供给者的责任，再以税收的形式取回收益。

（四）信息偏在（asymmetric information）

或称信息不对称。在古典经济学假设中市场主体是具有全面知识和理性的，并且在供需制衡下形成的价格能够反映全部市场信息，其实不然，市场主体是有限理性的，市场价格的滞后和偏差也使信息具有稀缺性，尤其是交易双方的不对称的信息分布，引发主体的投机主义、逆向选择和道德风险以及商品市场的"劣币驱逐良币"。因此需要国家的公权力延伸入市场强制打破一方的信息优势，使市场交易在平等、自愿、公平的基础上完成。

（五）市场最严重缺陷是收入和消费的不平等配置问题

一个完全自由放任的市场经济可能产生社会不可接受的收入与消费上的差距。亚当·斯密声称，在一支"看不见的手"的导引下，各个人在私利追逐无形中促进社会整体利益的扩大，但如果社会利益中还包括财富公平分配的内容，那么仅仅有无形的手是不够的。首先，收入分配反映的个体的生产要素持有量，即可继承的财富和才智等初始禀赋，还有一系列其他因素，如种族、性别、努力程度、健康以及运气等；其次，市场经济条件下物品追逐的是货币选票即有效需求——有支付能力的需求，而不是效用最大的需求。收入和消费的差别来自于市场的内在因而不能由市场自我调控而消除，可依靠的是国家强制力对社会收入的再分配。

由此可见，即使没有垄断的出现，在完全自由竞争的市场中，市场仍然不是万能的。国家为了促进社会经济的发展，就必须弥补和矫正市场的这些缺陷，即出现了国家干预经济的行为。19世纪末20世纪初，国家对经济的干预尚处于一种自发状态，但到20世纪30年代的资本主义世界大危机，以美国为代表的资本主义国家，开始全面自觉干预社会经济，完成了国家从自发、零散干预经济到自觉、系统干预的转变，并使现代经济法日趋成熟起来。只是到了20世纪60年代以后，国家全面干预经济又严重阻碍了社会经济的发展。为改变这种局面，经济立法及其内容又逐渐出现了同时体现国家干预和市场调节的成分，并将国家干预成分定位于有限、适当干预，以期与市场机制保持一致。所以，市场失灵决定了国家干预的作用机制，即国家干预的价值取向、作用范围、作用方式等均以市场机制为中心，主要在弥补和矫正市场机制的缺陷与不足，消除市场失灵，从而促进社会经济的发展。

第四章 经济法中权力主体之法律责任基本范畴解析

正如有学者指出的那样，经济法律责任伴随着经济法律关系运行的全过程，是经济法律规范得以实施，经济法目的得以实现的最终保障，对经济法理论与制度的完善至为重要。[①]经济法律责任无疑是经济法学中的一个重要概念。但是，正如张守文先生所言，责任理论是经济法理论中公认的"难垦之域"。[②]当前，中国经济法学界对经济法律责任的研究存在较多分歧，学者们对经济法责任的研究大多还停留在经济法律责任独立性、责任形式等问题争论上，由于研究难度较大，而且研究成果的认同度较低，一些教材在经济法基本理论的章节中甚至没有对经济法责任问题进行专门讨论。经济法责任理论研究相对滞后，不仅不利于经济法学的发展，对经济法的实施问题也产生了不良的影响。本部分将在厘定经济法律责任的概念以及探讨经济法律责任独立地位的基础之上，分析经济法中权力主体法律责任的制度价值与构成要件，分析中国关于经济法律责任的现实规定及不足，探讨我国经济法对经济法律责任规定的完善。

第一节 论经济法责任之独立性

20世纪70年代之后，我国的经济法开始进入蓬勃发展的时期，而在经济法的基础理论中，经济法责任理论是一个非常关键的部分。传统的法律责任分类已经满足不了时代发展的要求，经济法责任对传统的法律责任分类而言是一个非常严峻的挑战，关于经济法责任的独立性又引发了各学者专家之间非常热烈的讨论，关于其是否具有独立性的结论会对经济法整个体系的健全和完整性产生很大的影响。

[①] 李昌麒. 经济法学（第2版）[M]. 北京：法律出版社，2008：668.
[②] 张守文. 经济法责任理论之拓补[J]. 中国法学，2003（4）：13-24.

一、经济法责任的概述

根据法律责任的部门法性质进行分类是目前最为常见的分类手段。这是根据法律责任归属的部门法确定的法律责任的分类。由于法律责任不可能单独存在，它必须要依附在某一部门法的基础上，因此法律责任与部门法之间的联系十分密切，不可分割。

对于经济法律责任这一概念，与其他许多经济法学的概念一样，经济法学界的认识也存在着多样性。在经济法律责任概念的称谓上，经济法学界有不同的词汇表示。其中以"经济法律责任"与"经济法责任"表达的居多。在一些学者看来，使用"经济法责任"这一称谓，可以避免将经济法律责任理解为违背法律产生的责任，并避免排除违背经济法规产生的责任。[①]有人认为，在法律责任这一概念中，法律本是一个广义的词汇，并非是与法规等并列的概念，而是一个包含各种层级的法律的概念，因此上述担心纯属多余。并且，"法律部门+法律责任"已经成为中国法学界称呼部门法律责任的惯用语。为了与民事法律责任、刑事法律责任等习惯性称谓保持一致，本书采用经济法律责任的称谓。

综观经济法学界对经济法律责任或者经济法责任的定义，我们发现法学界对经济法律责任的界定存在一定的分歧。总体来看，主要有以下几种学说：

第一，"义务说"。该学说认为，经济法中的法律责任是指经济法主体因实施了违反经济法律法规的行为而应承担的由法律规定的具有强制性的法律义务；或者，经济法主体因违反经济法律法规而应承担的特殊义务。

第二，"后果说"。该学说认为，经济法中的法律责任是经济法主体对其违反经济法义务或不当行使经济法权利的行为所应承担的法律后果。或经济法主体在违反经济法规范时，应当对国家或者受害人承担相应的法律后果。

第三，"代价说"。该学说认为，经济法中的法律责任是指人们违反经济法规定的义务所应付出的代价。

第四，"惩罚说"。该学说认为，经济法中的法律责任是在经济法主体进行了经济违法行为和未能完成经济义务时，所应承受的处罚的责任。

纵观上述四种学说，尽管"惩罚说"和"代价说"最能从字面上反映法律责任的本质，但是"代价"一词乃是经济学上的用语，本身并非法言法语，因此将法律责任定义为代价虽然形象，但是并不严谨。"惩罚说"将

---

① 李昌麒. 经济法学（第 2 版）[M]. 北京：法律出版社，2008：668.

承担经济法律责任的原因归纳为经济违法行为和未完成经济义务，但是经济违法行为本身就是没有履行法律规定的义务，因此"惩罚说"本身也有逻辑问题。"后果说"因为没有指出明确责任主体承担的是好的后果或者不利的后果，因此也并不明确。相比而言，"义务说"似乎更为完整，也比较符合法律用语的表达。但是，将经济法律责任定义为特殊性义务，特殊性这一词语具有多种含义，并不能准确凸显作为法律责任的义务与其他义务之间的本质差别。有鉴于此，有人主张以"义务说"为基础并综合"后果说"等学说对经济法律责任进行定义，但是为了有效突出经济法律责任与其他义务的不同，我们可以采纳张文显先生对法律责任的界定，将经济法律责任定义为经济法律关系主体违反经济法第一性义务而应该承担的第二性义务，是经济法对经济法律关系主体的否定性评价，也是主体因其违法行为必须承担的不利后果。

二、经济法律责任的独立地位及其必要性

从学科独立性的视角来看，经济法本身应当体现为完整的法律学科逻辑。目前来看，虽然针对我国经济法责任独立性的研究已经持续了十多年之久，但仍存在很多不到位之处。

（一）经济法律责任的独立地位

德国法学家耶林曾经断言："没有强制力的法就像一团烧不燃的火，一盏点不亮的灯。"耶林之所以得出这一结论，一个根本的原因是法律作为一种行为规范并不会被所有人完全自觉地遵守。人类追逐私利的本性以及强烈的占有欲望，使法律时刻面临着被侵害的风险，法律要保障的权利可能会受到无耻侵害，法律授予的权力可能被滥用，法律要求履行的义务可能被拒绝，法律要维护的秩序可能被无情打破，法律要捍卫的正义无法得到实现，法律的目的可能落空。为了维护被打破的秩序，保障主体的权利，恢复被打破的正义，法律必须拿起强制的武器，这种强制本身就是法律责任的追究。可见，国家追究法律责任的过程从根本上而言就是一个对违法者运用国家强制力的过程，法律责任"始终要涉及国家强制措施"。[①]没有责任的范畴体系是不完整的，没有责任强制力支持的法律规范是软弱的。

正是由于违法现象的不可避免，有法律就必须有法律责任。作为法律

[①] [俄]M. H. 马尔琴科. 国家与法的理论[M]. 徐晓晴，译. 北京：中国政法大学出版社，2010：459.

体系中的一个重要部门，经济法也必须有对应的法律责任。但是，令人遗憾的是，一些法理学学者对法律责任的分类并没有为经济法律责任预留空间。根据这些学者的论断，法律责任可以划归为四大类型，即民事法律责任、刑事法律责任、行政法律责任以及违宪责任。[①]从这一分类我们可以得出以下两种结论，要么是经济法根本不需要法律责任；要么是经济法需要法律责任，但是不需要也不可能有独立的法律责任，经济法追究法律责任只能借助前面分类中的四种法律责任。显然，以上两种结论都排除了经济法律责任的独立地位。总体来看，第一种结论似乎不太可能，没有哪位法学理论家会挑战有法律必有法律责任的公理。因此，坚持四大法律责任的划分的学者其实主张的是，这四大法律责任可以被其他任何部门法采用。

法理学对四大法律责任的划分事实上也影响了一些经济法学者对经济法律责任的论述。有学者指出，经济法是在民法、刑法和行政法等基础上发展起来的法律部门，经济法律责任也因此与传统法律责任具有渊源性联系，没有传统的法律责任就没有经济法律责任，经济法律责任的形式也就包括了刑事责任、民事责任和行政责任。[②]另外有学者认为："根据法律规定，违反经济法律、法规应负的法律责任有经济责任、行政责任和刑事责任三种。"[③]尽管这一观点已经得到了中国一些权威性教材的认可，但是仍有学者对其提出质疑和批判。

批评者认为，上述观点可以被称为"综合责任论"。[④]该学者指出，法律的发展经过了从责任中心主义到义务本位再到权利本位的过程。责任中心主义围绕法律责任的形式、依据和内容等展开，而不以权利义务方式事先为人们预设行为模式；义务本位坚持的是义务—责任模式，该模式以义务为设置和归结责任的根据，相比责任中心主义，这一模式使人们被追究责任前有选择自己行为方式的权利；而权利本位坚持的是权利—义务—责任的理论逻辑，在这一模式中，法律义务的设置乃是为了保障法律权利，法律责任的设置也是为了督促义务主体履行义务并最终保障权利。在这一模式中，"权利、义务和责任构成了三位一体的关系。权利和义务成为责任存在的依据和正当前提，责任则是权利义务安排的必需结果"。[⑤]正是沿着

---

① 张文显. 法理学（第3版）[M]. 北京：高等教育出版社，2007：172.
② 吕忠梅. 经济法律责任论[J]. 法商研究，1998（4）：20-24.
③ 杨紫烜，徐杰. 经济法学[M]. 北京：北京大学出版社，2001：34.
④ 薛克鹏. 经济法综合责任论质疑[J]. 政法论坛，2005（4）：177-182.
⑤ 薛克鹏. 经济法综合责任论质疑[J]. 政法论坛，2005（4）：177-182.

这一理论逻辑，该学者认为，综合责任论没有也不可能从经济法中的权利义务推出经济法律责任乃是综合责任，综合责任论可能完全脱离了自身对经济法调整对象的界定，是对经济法本身的自我否定。[①]

上述学者的分析有一定问题。首先，其主张责任中心主义到义务责任模式再到权利本位模式三个阶段的划分是有问题的。因为法律文明的发展虽然是一个不断进化的过程，但是这一进化过程只是一个从义务本位到权利本位的发展过程，法律责任的发展也不可能经历一个没有义务的责任中心主义阶段。法律责任乃是法律实现的基本保障，即使是最野蛮的法律，也总会通过确立行为规则来维持统治者理想的社会秩序。义务和权利恰恰是这种行为规则的表达方式，只不过义务本位的法律倾向于以义务为中心，在权利本位的法律中，义务的设置最终也是为权利服务。但是不管怎样，义务始终是追究法律责任的前提，法律责任终归是违背了第一性义务而引发的第二性义务。因为，侵犯他人权利的行为本身就是没有履行法定的尊重他人权利的义务的行为。可见，法律义务始终是法律责任的逻辑起点，没有法律义务，也不可能有法律责任。因此关于法律责任三阶段的划分，归根到底只能划分为责任的义务本位阶段和权利本位阶段。

其次，该学者将法律责任建立在权利义务上，事实上采取的是一种广义的权利观，也就是说将权力包含在权利概念之中，这样的表达方式在理论上无疑犯了童之伟教授所言的"指鹿为马"的错误，混淆了权利与权力这两个完全不同的概念，忽略了经济调制活动中调制主体的经济权力与受调制主体的经济权利义务之间存在的本质差异。在实践中，这样的做法可能造成一种重视追究受制主体的法律责任而忽略调制主体的法律责任的极端危险的倾向。

然而，尽管该学者关于法律责任发展的三阶段划分及其采用的广义的权利观存在一定瑕疵，但是其对综合责任论的批判仍然有一定道理。因为，虽然经济法律责任既可能根源于受制主体的经济权利义务，也可能以经济权力主体的经济权利义务作为正当前提，但是一个明显的事实是，经济法并不以民事权利和民事义务、行政法的权利义务为内容，否则经济法就不可能成为与民法、刑法以及行政法并列的独立法律部门。也正由于经济法并不以民事权利义务等为内容，当然也不可能从逻辑上推出经济法律责任包括民事法律责任、行政法律责任和刑事法律责任的结论。正因如此，经济法应该有独立于民事法律责任、刑事法律责任以及行政法律责任之外的

---

① 薛克鹏. 经济法综合责任论质疑[J]. 政法论坛，2005（4）：177-182.

经济法律责任。

总之，根据法律责任对应同一法律部门的理论模式以及有法律必有责任的法理，经济法必然有与其对应的经济法律责任。正因如此，经济法律责任必须作为一种与民事责任等法律责任类型并列的责任形态。至于经济法律责任的具体形式，尽管其与民事责任或者其他责任中的一些责任方式相同或相似，但是我们不宜认为经济法律责任的形式包括民事责任等。因为，民事法律责任和刑事法律责任这样的概念是部门法意义上的类型，而不是具体的责任形式。如果坚持要探寻经济法律责任的形式，显然将其划分为财产性责任和非财产性责任较为合适，并且非财产责任又可以进一步划分为声誉责任、行为责任、能力责任、自由责任和生命责任等。

（二）经济法律责任独立性的必要性

1. 完善经济法理论体系的现实要求

一套独立的完整的法律体系应当包括目的、价值、原则、主体、客体、调整对象和关系、权利义务内容以及责任救济制度等。因此，构建经济法独特的责任制度存在客观的必然性。①经济法律责任承担方式相较于现有的法律责任类型具有创新性，比如政府经济赔偿、企业惩罚性赔偿等，既不属于民法上填平的责任方式，也不属于行政法上处罚的命令责任方式。②经济法调整社会关系的一大原则或特征就是注重社会整体利益的社会本位性。而民事责任追求私人利益神圣不可侵犯；行政责任以党政价值为导向，以维护国家利益为目的。

2. 发挥经济法调节作用的重要条件

我们认为，经济法调整的是公私主体与社会之间的关系。在计划经济发展模式下，公权力代替司法制度对经济发展进行监督，导致出现问题时往往不是适用行政责任就是民事责任。但是在新时代背景下，社会经济高速发展，同时伴随许多复杂的经济法律问题出现，传统的责任落实方式已经无法解决这些问题，迫切需要创新一种经济法独特的责任制度。只有形成独立的经济法律责任，才能充分发挥经济法对社会经济的调节作用，最终确保社会经济平稳有效的运行。

3. 发展法律责任理论的必然趋势

法律制度的发展相较于客观社会的发展总是具有一定的滞后性。我国自改革开放以来，社会经济发展速度呈现爆发式增长，而相配套的法律制度具有稳定性和滞后性，因此，不可避免地存在漏洞和空白；从另一方面，尽管为适应时代的变化，传统三大法律责任理论不断创新，但是在解决经济法领域中的法律问题时仍然具有局限性。因此，在前述背景下，就要求发展仍不成熟的经济法部门尽快拥有自己独立的法律责任制度。我们应当认可经济法律责任是对传统三大法律责任的补充和扩展，确信独立的经济法律责任能够更加适应社会经济发展的需求，保障社会整体的稳定秩序，推动经济平稳高效增长。

第二节　经济法中权力主体的经济法责任

如前所述经济法律责任作为一种独立的法律责任的必要性。由于经济法律责任是经济法主体违法行为所引起，经济法律关系主体既包括掌握调制权的经济权力主体，也包括受调制的经济权利主体，因此，经济法律责任不仅包括经济权力主体的法律责任，也包括经济权利主体的法律责任。从控权经济法的角度来看，经济权力主体的法律责任对经济法而言似乎更为重要。

一、经济权力主体的经济法责任制度价值

经济权力主体的经济法律责任的设立和追究，很明显具有以下三方面的制度价值：

首先，经济权力主体的法律责任的设立和追究，有利于防范经济权力的滥用，督促经济权力主体积极有效地行使自己的权力。作为国家调控以及规制经济活动的权力，经济权力无疑是国家权力的重要组成部分，它对国家经济活动的健康运行无疑具有十分重要的作用。但是，与任何权力一样，经济权力本身也是一种控制他人的力量，并且该项权力含有的经济利益使其比其他方面的权力更有诱惑力。但是，所有权力都需要人来行使，追逐私利的普遍人性使权力附上了寻租和腐败的魔咒。无怪乎孟德斯鸠宣称："一切有权力的人都容易被滥用权力，这是一条万古不变的经验。"[①]阿克顿爵士也认为："权力导致腐败，绝对的权力导致绝对腐败。"事实上，正是权力头上的"腐败魔咒"，才使人类一直在探寻制约权力的法宝，而法

---

① [法]孟德斯鸠. 论法的精神（上册）[M]. 张雁深，译. 北京：商务印书馆，2004：184.

律责任就是制约权力、防止权力寻租和权力滥用的有益工具。在经济法领域，经济法律责任的设置、归结和追究，不仅可以警示经济权力的主体，防止其滥用经济权力，也可以对违法行使经济权力者实行制裁，并且教育和警示其他执掌经济权力者，引导其在法律设定的权力边界范围内行使自己的权力。

其次，经济权力主体的法律责任的设置可以督促经济权力主体积极行使经济权力，履行经济职责和义务。在当代法治国家，权力并非无边无际，权力主体也并非能够为所欲为，权力本身意味着并且也应该对应着依法行使权力的职责和义务。但是，从实践中来看，权力主体的违法不仅包括积极的权力寻租和权力腐败，也包括消极怠工、不履行法律赋予自己的职责和义务。这样的现象在实践当中并不少见，肩负市场规制任务的经济权力主体对市场的失范可能视而不见，负有宏观调控任务的国家机关在国家经济面临巨大风险时无动于衷，这样的行为小则可能使市场中出现不正当竞争等行为，大则可能使国家陷入严重的经济危机甚至引发经济的崩溃。可见，尽管经济权力主体的懈怠和不作为从表面上看来没有积极的权力腐败主观恶性大，但是其在实践中有可能带来更大的社会风险。正因如此，经济法不仅要防范经济权力主体滥用经济权力，也要督促经济权力主体积极履行自身的职责和义务。经济法律责任恰恰是这样一个有效的防范工具，当经济权力主体怠于履行法定职责和法定义务时，国家理应追究其法律责任，使其承担不利后果。

再次，经济权力主体的经济法律责任有助于保障经济权利主体的经济权利。根据古典自然法学派学者洛克等人提出的社会契约理论，国家乃是契约的结果，国家权力终归来源于公民权利的让渡。正因如此，国家权力存在的正当理由与合法根据都在于公民权利的保障。当国家权力怠于保障公民权利甚至于积极侵害公民权利时，公民可以撤回对其的信托。尽管社会契约论已经给出了公民权利与国家权力之间的应然关系，但是在实践当中，在利益的驱使下，肩负权利保障使命的权力主体有可能蜕变为权利的最大侵害者。在经济法领域，市场规制的主体可能与某些市场主体合谋共同侵害另外一些市场主体的正当权利，这样的例子在现实当中比比皆是。在巨额利润的诱使之下，产品质量监督部门的工作人员可能驳回产品召回的正当请求，房屋质量监督部门也可能给工程质量低劣的房屋贴上合格的标签，所有的这一切其实都是建立在侵害经济权利主体的经济权利的基础之上。经济权力主体对侵犯经济权利的行为的袖手旁观或者亲力亲为使其变成了经济权利的侵害者，对于市场秩序以及法治秩序无疑有着巨大的危害性，其对侵权行为的视而不见就好比医生的见死不救，其积极侵犯经济权利的行为则犹如医生积极杀人。显然，这些行为既不符合政治道德和职业道德，也不符合经济法立法的目的。对于此类危害行为，任何明智的立法者都应该早有应对手段，经济法律责任便是克制这些行为的有力武器。一旦发生经济权力主体侵犯经济权利的行为，国家理应启动责任追究程序，使违法的主体受到法律制裁。

最后，经济权力主体的经济法律责任有助于保障社会整体利益。经济法乃是社会法，是经世济民、维护社会整体利益之法，但是经济法并非不关心个人利益，其对利益的调控方式是通过调整社会利益与个人利益之间的冲突来维护社会整体利益，并通过社会整体利益的维护最终实现社会中个人利益。因此，经济法要达到的社会目标就是"总量增进，公平分配"。当然，经济法这一社会目标之实现不可能离开经济权力主体，没有经济权力主体的宏观调控与市场规制行为，经济法无疑会变成一纸空文。从这一点来看，经济权力主体正确行使手中权力，依法履行法定职责和义务，无疑是经济法社会目标实现之根本保证。令人遗憾的是，并非所有的经济权力主体每时每刻都乐于履行经世济民之义务。一些经济权力主体可能会欣喜于其违法或者失职行为只侵害了社会整体利益，而没有直接侵害到个人权利。因为在经济公益诉讼不完善的国家中，不太可能出现因单纯侵害公益的违法行为而成为被告，并被追究经济法律责任的现象。正因如此，完善并充分利用经济法律责任制度来惩罚经济权力主体的违法行为，对社会整体利益的保障无疑有重大的推动作用。

二、经济权力主体的经济法律责任概述

如前所述，中国经济法学界对经济法责任的研究大部分还是集中在经济法责任的独立性以及经济法责任形式的研究，关于经济法责任构成要件以及归责原则的研究相对较少。有学者虽然认为传统责任理论中的归责基础理论、责任形态理论、责任构成理论以及归责原则理论等理论对经济法责任理论的研究同样有借鉴意义，但对于它们是否都构成责任理论的不可或缺的组成部分仍然表示怀疑。[①]上述学者所指出的传统法律责任理论的组成部分，对经济法学的研究具有非常重要的意义，经济法学要成为一门自

---

① 张守文. 经济法责任理论之拓补[J]. 中国法学，2003（4）：13-24.

足的、独立的应用法学学科，就必须深入探讨经济法责任的适用问题，否则经济法学可能被视为是一门可以被行政法等学科代替的学科，或者可能被视为是这些学科的亚部门。

考虑到责任构成以及归责原则等问题对经济法研究以及经济法制建设的重要意义，也考虑到经济权力主体的经济法责任的重要制度价值，依法追究经济权力主体的经济法责任便是一个经济法治国家必须认真对待的问题。也正因如此，对经济权力主体的经济法律责任问题的探讨也必须从责任构成要件与归责原则开始。

（一）经济权力主体的经济法律责任的构成要件

根据传统的法律责任理论，法律责任的追究必须从责任构成要件开始。根据法理学的法律责任理论，法律责任的追究一般要符合以下条件：即违法行为、损害后果、主观过错以及因果联系。

至于经济权力主体的经济法律责任的构成是否必须要符合上述四个条件，学者们看法不尽一致。王兴运先生认为，经济法律责任的构成一般情况下包括四个要件，即必须有违反法律规定的行为、行为人主观上有过错、有损害事实、行为主体具有责任能力。但是，在特殊情况下，只要有损害结果，行为人就应承担经济法律责任。[1]韩志红对经济法律构成要件的看法是经济法律责任既不以存在损害事实为必要，也一般不要求行为人有主观过错。[2]

与王兴运先生和韩志红先生不同的是，另外一些学者根据经济法的主体和责任形态对经济法责任构成进行了区分。比如李建华先生认为，政府管理机关的经济侵权责任的构成要件包括经济违法行为、给市场主体造成了损害、主观过错和因果关系；其补偿责任的构成要件包括政府经济管理机关不当行使经济法权利的行为、须为维护公益或因公共设施的需要、市场主体合法权益受损；有经济法明确具体的规定。[3]焦富民认为，调制主体的国家赔偿责任的构成要件包括：调制主体的主要相关立法、立法性决策不当、损害以及因果关系；其补偿责任的构成要件包括：不当行使经济法权利、出于维护社会公共利益或公共设施之需要、须有经济法明确而又具

---

[1] 王兴运.试论经济法律责任的独立性和局限性[J].河南省政法管理干部学院学报,2004（4）：74-78.
[2] 韩志红. 关于经济法中以"新型责任"弥补"行政责任"缺陷的思考[J]. 法商研究,2003（2）：13-20.
[3] 李建华.论经济法责任的构成要件及承担方式[J].法制与社会发展,1995（6）：52-57.

体直接的规定。[①]

结合上述学者对经济权力主体的经济法责任构成的分析，我们可以认为，违法行为应该是首要条件，不过此处违法行为并非单纯指违反法律规范，在经济权力主体没有明确，违反不仅指违反法律的禁止性规范，违背法律原则以及倡导性规范也属违法行为。李建华先生和焦富民先生强调的"不当"行使经济权利，就隐含了实体与程序、合法与合理性多个层面。尽管对合理性的要求可能并非以禁止性规范体现，但是合理性原则当然是经济法之基本原则。

至于损害事实，韩志红已经指出损害事实并不一定是构成要件，李建华先生列举的两类责任都将损害事实作为构成要件，焦富民只将其列入经济赔偿责任的构成要件，而没有将其作为补偿责任的构成要件。通常来看，经济权力主体责任的构成要件不一定以损害事实为前提，通常只要有违法行为，国家就可令其承担相应的责任，只有在要求国家赔偿或补偿的情况下，才需要以损害事实为要件。

就主观过错来说，韩志红已经否认了其作为构成要件的必要性。确实，对于经济权利主体的责任构成要件来说，一般应以有主观过错为条件，但是，对经济权力主体的责任构成要件来说，并不需要以主观过错为条件。不论是否有主观过错，只要有违法行为，就应承担相应的责任，只要有损害，就应承担赔偿或补偿责任。

至于因果联系，由于损害事实并非是必需的责任要件，因此也就不论违法行为与损害事实之间的因果联系了。但是，一旦以损害事实作为构成要件，就必须考虑违法行为与损害事实之间的因果联系。

（二）经济权力主体经济法律责任的归责原则

1. 法定性归属原则

这一原则是国家经济立法行为规范形式的重要基础，在进行确定责任范围、责任程度的具体阶段，需要权力主体遵循市场经济自然利益原则，并与法定责任归属范畴相互结合，适当的约束好经济立法权。

2. 公正性归属原则

这一原则是经济法中权力主体受理中的主要准则之一，同时更是促进社会主义市场经济稳定运行的重要支撑。公正性归属原则是以自然公正理

[①] 焦富民. 论经济法责任制度的建构[J]. 当代法学，2004（6）：43-50.

论原则为基础，这一原则涵盖了行政机关、团体或个人公正性管理理念。也就是说，社会市场经济中的每一个团队或者个人，在进行责任权利的行使过程中如果出现影响另外的团体或个人情况时，应该秉持公正性归属原则；对于行政机关的经济法律责任，在进行辩护的时候应该尽量与自身相关的经济纠纷案件进行回避，确保每一方的权利能够得到顺利的行使。

3. 责罚相当归属原则

这一原则主要是指确定经济法中权力主体责任归属阶段，相关的行政部门应该严格根据责任主体所犯过错的大小程度，进行惩处程度的合理设定，确保责任主体受罚程度同过错存在一致性。

（三）现行经济法对经济权力主体的责任规定及不足

经济权力主体的经济法律责任对控制权力、保障权利以及保障社会利益的重要意义表明，经济法必须加强经济权力主体的经济法律责任的规定。正因如此，分析现行经济法中经济权力主体的经济法律责任规定的现状，发掘其存在的问题，探讨如何完善关于经济权力主体的经济法律责任，便十分必要。

1. 现行经济法中经济权力主体的责任形态

自 20 世纪 80 年代以来，随着改革开放的深入以及市场经济的日益发展，中国的经济法迎来了高速发展时期。不论是宏观调控的法律还是市场规制的法律，在法律法规的数量和立法质量上都有了明显的提升。在法律责任方面，责任主体范围不仅包括经济权力主体（即调制主体），也包括经济权利主体（即受调制主体）。在责任形态上，根据现代社会经济结构的特点和人们的行为特点，经济法学界提出了惩罚性赔偿、产品召回、结构控制（分拆垄断企业）、资格减免、信用减等和行为控制等新的责任形式。这些新的责任形式不仅丰富了法学关于责任形式的理论，[①]对经济法的发展和完善也起到了重要的作用。

然而，必须指出的是，中国经济法在经济法责任上的进步主要体现在受制主体经济法责任方面的进步，在调制主体的经济法责任方面，现行经济法的规定并不显著，其责任形态并不如经济法权利主体的责任形态丰富。综合现行经济法，我们发现经济权力主体的责任形态主要有以下几种：

---

① 岳彩申. 中国经济法学 30 年发展的理论创新及贡献[J]. 重庆大学学报，2008（5）：118-121.

第一，没收违法所得和责令退回。两者都是财产性责任，没收违法所得是指行使调制权的机关滥用手中权力，为本机关谋取不正当利益时，有权机关可没收其违法获得的利益。责令退回是要求调制主体应该返还其违法从受制主体处获得的钱物。尽管实践当中这些现象并不少见，但是当前规定这一法律责任的法律其实并不多。没收违法所得的典型例子有《中华人民共和国产品质量法》的第 67 条，根据该条规定："产品质量监督部门或者其他国家机关违反本法第 25 条的规定，向社会推荐生产者的产品或者以监制、监销等方式参与产品经营活动的，由其上级机关或者监察机关责令改正，消除影响，有违法收入的予以没收。"要求责令退回的法律有《中华人民共和国城市房地产管理法》，该法第 70 条规定："没有法律、法规的依据，向房地产开发企业收费的，上级机关应当责令退回所收取的钱款。"

第二，责令改正。责令改正是指调制机关出现违法行为时，由有权机关责令改正，杜绝出现再次违法现象。比如《中华人民共和国预算法》第 75 条规定："隐瞒预算收入或者将不应当在预算内支出的款项转为预算内支出的，由上一级政府或者本级政府财政部门责令纠正，并由上级机关给予负有直接责任的主管人员和其他直接责任人员行政处分。"该条规定实际上规定政府及其部门承担的纠正违法行为的责任。

第三，消除影响。消除影响是由于政府及其工作部门的违法不当行为造成了不良影响，影响了市场主体的正当权益，在此情况下应该承担的法律责任。当前来看，现行经济法中规定消除影响的责任形态的也不多，比较典型的事例有《中华人民共和国产品质量法》第 67 条。至于如何消除影响，经济法中并未明确规定，不过可以借鉴民事法律责任中的消除影响措施。

第四，撤销许可。经济法中的市场规制法中牵涉到许多经济行政许可的事项，在现实当中也难免出现权力寻租、违法授予许可权的现象，此类现象危害甚大。为此，一些经济法中规定了撤销法律许可的责任形式。比如，《中华人民共和国矿产资源法》第 47 条规定，违法颁发的勘查许可证、采矿许可证，上级人民政府地质矿产主管部门有权予以撤销。

第五，通报批评。比如，《中华人民共和国价格法》第 45 条规定，地方各级人民政府或者各级人民政府有关部门超越定价权限和范围擅自制定、调整价格或者不执行法定的价格干预措施、紧急措施的，责令改正，并可以通报批评。通报批评这一做法是精神上或者非财产性的法律责任。

2. 现行经济法对经济权力主体的责任规定的不足

对比现行经济法中关于经济权利主体的经济法责任的规定，我们发现我国现行经济法关于经济权力主体经济法责任的规定具有以下不足：

第一，重经济权利主体的法律责任，轻经济权力主体的法律责任。有学者指出，经济法律责任具有不对等性和不均衡性。在市场规制法律中，对市场主体义务规定较多，则其法律责任的规定也较多。在宏观调控法中，是以规定经济行政主体的义务为主（如财政机关和征税机关、金融监管机关的法定职责），因此其法律责任的规定也应较多。但是，分析《中华人民共和国产品质量法》《中华人民共和国反不正当竞争法》《中华人民共和国商业银行法》《中华人民共和国中国人民银行法》等诸多法律，可以发现无论是市场规制法，还是宏观调控法，中国现有的经济法中关于经济权利主体的法律责任的条文远远多于关于经济权力主体法律责任的规定。现有的关于经济权力主体的法律责任的规定，偏重于追究其积极违法行为的法律责任，对于其不作为法律行为应承担的法律责任关注较少。比如，《中华人民共和国矿产资源法》只是规定了滥发许可证应负的法律责任，而没有规定无正当理由拒不发放许可证应承担的法律责任。此外，政府宏观调控引起的巨大政策风险的责任承担几乎是空白，经济管理和调节主体因错误估计和判断经济形势或因官僚主义导致经济发展出现严重问题，也难以适用经济法来追究责任。这些现象表明，我国经济立法高度关注国家利益与社会公益，其重心是通过法律责任督促经济权利主体服从国家的调控和规制，至于国家能否依法进行调控和市场规制，并不是立法最重要的目标。

第二，法律责任的重心是对国家工作人员的责任，而非是对国家的责任。根据学者们的分析，经济权力主体实际上就是调制主体，即行使宏观调控权以及市场规制权的国家机关。行使调制权的国家机关的工作人员严格来说，并非是经济权力主体，而是主体的代理人。在现行经济法当中，对经济权力主体的法律责任的规定常常以追究其工作人员的法律责任取代。几乎每部法律的法律责任章节中，都规定了行使调制权的国家机关的工作人员应对其违法行为承担行政责任，以及构成犯罪时要承担刑事责任，但是很少规定违法的国家机关应该向受害的受制主体承担责任。这种以工作人员的行政责任和刑事责任代替对权利主体应承担的法律责任的做法，从根本上凸显了立法时的国家保护中心主义倾向。

第三，责任形态有限，一些重要的法律责任没有涵盖其中。如前所述，中国现行经济法规定的经济权力主体的经济法责任主要包括没收违法所得、责令纠正、取消许可、消除影响和通报批评等。从责任的实质内容来看，这些责任可以分为财产性责任和非财产性责任。其中没收违法所得以及责令退回显然属于财产性责任，其他多属于非财产性责任。从责任直接受益方来看，责令纠正、责令退回以及消除影响的直接受益方乃是经济权利主体，而没收违法所得等直接受益方是国家。这些责任形式虽然能从不同方面督促经济权力主体依法行使权力，但是诸如实际履行、国家赔偿之类的重要责任形式并没有被纳入经济权力主体的法律责任体系中。

3. 经济法中权力主体的经济法律责任改进策略

（1）侧重国家经济赔偿。国家经济赔偿是指权力主体在侵犯权利主体之后，造成了权利主体实际利益的损失，并且这种损失与权力主体有着直接的关系，这就需要权力主体按照国家相应的标准，对权利主体进行补偿，并承担相应的责任。在经济法实施的过程中，通过加大对国家经济赔偿的力度，能够对权力主体的履职规范起到强制作用，推动权力主体更好地执行经济法。我国在经济法实施过程中权力主体法律责任的问题直接影响到经济法实施的效率，也影响到经济法对权利主体权益保障的力度，甚至对市场经济的稳健运行造成了一定影响。因此，面对这些问题，我国在市场经济改革发展过程中，应该加大对经济法的完善力度。其中，应当针对权力主体的不当行为进行规制，对国家经济赔偿进行有效探索，突出国家经济赔偿的经济法法律责任。从国际范围内经济法的实施情况来看，探索国家经济赔偿的经济法法律责任有着明显的积极作用，这样不仅能够对经济法中权力主体的执法、管理进行规范，同时也能够确保整个市场经济的良性发展，充分搭建起权力主体与权利主体的良性互动。举例来说，权力主体在造成权利主体权益受损的过程中，在达成事实后果以后，应当明确国家承担相应的赔偿。综上，我们可以说，国家经济赔偿是对经济权力主体的现有经济法责任的弥补。

（2）强化国家监管力度。针对经济法在实施过程中权力主体法律责任不明确的问题，我国应当在经济法中强化国家监管力度，以此有效引导经济法体系中权力主体法律责任的明确，积极解决权力主体造成的不当后果。为此，我国经济法的立法部门应当针对经济法实施过程中权力主体的特点，推动经济法体系进行不断的完善，从而优化发挥经济法对市场规制的作用。很大程度上，权力主体在市场经济发展过程中所实施的调整与干预就是国家意志渗透的体现，而权力主体在执行过程中出现问题的时候，也需要国家主体通过相应的方式进行国家意志渗透的强化，从而及时解决权力主体出现的问题，以此来提高权力主体在履职过程中的公信力。

以上，我们对经济法中权力主体之法律责任的前提、制度价值、构成要件、归责原则、现存规定之实然状态进行了理论的探讨和实现的检讨，指出了国家经济赔偿责任是对现存经济法对权力主体之法律责任规定不足之弥补的有效责任形式。经济法中权力主体之法律责任的探讨是建立在经济法具有独立法律责任的观点之上的。经济权力主体的经济法律责任的设立和追究，很明显具有以下四个方面的制度价值：首先，经济权力主体的法律责任的设立和追究，有利于防范经济权力的滥用，督促经济权力主体积极有效地行使自己的权力。其次，经济权力主体的法律责任的设置可以督促经济权力主体积极行使经济权力，履行经济职责和义务。再次，经济权力主体的经济法律责任有助于保障经济权利主体的经济权利。最后，经济权力主体的经济法律责任有助于保障社会整体利益。依法追究经济权力主体的经济法责任是一个经济法治国家必须认真对待的问题，而此问题的解决必须依赖于责任构成要件及归责原则。

经济权力主体承担法律责任的首要前提是违法性，即违反经济法规定；损害事实在国家经济赔偿时才是必备的；主观过错是经济法中权利主体的责任构成要件而非权力主体责任的必需要件；违法行为与损害事实之间的因果关系是国家经济赔偿责任的构成要件。严格责任乃是经济法中权力主体承担责任最基本的归责原则。综观现行经济法规范，经济法权力主体的责任形态主要有没收违法所得和责令退回、责令改正、消除影响、撤销许可及通报批评。反思经济法权力主体的现存责任体系，存在三大缺陷：重经济权利主体的法律责任，轻经济权力主体的法律责任；法律责任的重心是对国家的责任，而非是对受制主体的责任；责任形态有限，一些重要的法律责任没有涵盖。国家经济赔偿责任应该也是可以对经济法中权力主体责任现存不足进行有力的弥补。

第五章　经济法主体的行为边界

第一节　经济法、制度变迁与主体行为

韦伯将合理解释描述为一个有关某个行动主体的境况的"假设"或"理想型建构"。韦伯建议，社会境况的建构对于问题的解释是至关重要的，因为这是为典型的目的给出线索。[①] 毋庸置疑，经济法是制度变迁的产物，而经济法主体的行为分析与解释也应按照此"理想型建构"进行，当然，制度变迁按照变迁力量作用于制度的方式分为外生性制度变迁和内生性制度变迁，而内生制度变迁始终是在外界因素的变化下产生的，在此间，政府作为外生力量在内生制度演变中起到了重要的推动作用。不可否认，在制度变迁过程中，法律始终扮演着重要角色，法律实质上是相对制度的外生力量。抽象到哲学层面而言，我国哲学主要是从伦理学的角度界定人性，而在西方哲学中，性之善恶虽然是一个与人性有关的问题，但人性研究主要集中在理性与经验之争。人性的共有成分植根于对个人的这样一种认识，即完全凭靠他个人的努力是无力实现其所珍视的那些价值的；他需要其他人充分意识到他对自由、安全和平等的欲求……事实上，人自有一种与生俱来的能力，它能够使个人在自我之外构造自己，并意识到合作及联合努力的必要。这就是理性的能力。没有这种能力，人就将在非理性的、自私自利的抑或受本能支配的大漩涡中茫然失措，进而在人与人之间导致各种各样的充满敌意的对抗和抵牾。理性是社会化和尊重他人行为的源泉。理性之声告诉我们，为使我们自己的需要适应他人的需要、为使公共生活具有意义，对个人行为施以一定的道德限制和法律约束是必要的。综上，制度对主体的行为产生影响，但制度必须建立在对人性的正确把握上。任何违反人的本性的制度最终是要被淘汰的。当法律合乎制度的规律时，最终促成内生变迁的快速进行，而经济法的主体理论应当能够解释经济法的具体制度。经济法主体理论解释力方面的媒介是经济法行为。经济法的人性

[①] 苏国勋，刘小枫. 社会理论的开端和终结[M]. 上海：华东师范大学出版社，2005：462.

价值预设为行为经济学及行为法经济学在经济法主体的行为研究中的适用拓展了空间，为经济法主体的行为边界研究提供了思路。

第二节 经济法主体行为分析的理论与应用

所有的法律都产生于对特定社会关系的调整之中，社会关系的不同所生成的法律调整规范同样有所差异。经济法顺应经济社会现实的特性决定了经济法研究与其他部门法研究相比所具有的非传统特性。非传统性要求经济法研究抛弃思维定式，即不能绝对地以研究民法、刑法、行政法的思路、方法和视角去研究经济法。经济法的问题不应该完全从民商法等法的影子中去发现并基于这种影子进行解析，我们应该基于对经济法与传统法律的差异认识，从市场经济与经济法的实践中去探寻经济法特有的"问题与主义"。传统的人性论对经济法主体的认知造成了障碍，应从人性的视角拓展新视域，结合经济法的人性价值预设，引入新的分析工具，诸如行为经济学的研究方法。行为经济学和实验经济学都是从 20 世纪 40 年代以后发展起来的新兴经济学学科。关于行为经济学是本章重点讨论的内容，而实验经济学则是经济学家在挑选的受试对象参与下，按照一定的游戏规则并给以一定的物质报酬，以仿真方法创造与实际经济相似的一种实验室环境，不断改变实验参数，对得到的实验数据分析整理加工，用以检验已有的经济理论及其前提假设或者发现新的理论，或者为一些决策提供理论分析。它们二者的共同发展路径是根据心理学、实证观察以及行为实验中得到的实践材料全面检验理性选择理论，发现了诸多与理性选择理论不一致的地方。行为法经济学是在应用行为经济学和实验经济学成果的基础上形成的，目前它处于消化行为科学成果的阶段。而几乎每一种经济理论都有自己的人性论基础——否则就会因缺乏微观基础而与实际不符。塔洛克和麦肯齐指出，经济学是一种心智技能，它包括经济学家关于人类行为特征的特有看法。行为经济学和实验经济学的产生有深刻的人性根源，而经济法是制度变迁的产物，同时，经济法也在扮演制度变迁的外生力量，经济学分析工具的适用为经济法研究提供了直观、深入的分析视角，但传统经济学对制度变迁中因素的分析尚有待进一步完善的地方，有必要从行为经济学及行为法经济学的知识理论中汲取营养，它们的运用对经济法主体研究大有裨益。

一、行为经济学的概述

行为经济学是一门新兴的学科，国外西方经济学教科书的最后一章总是"经济学前沿：行为经济学"，它是对主流经济学的一些基本理论前提的挑战，但更大的贡献在于它对主流经济学理论的完善和引申。行为经济学是一门实用性的经济学，它将行为分析理论与经济运行规律、心理学与经济科学有机结合，以查验经济学模型中的错误或疏漏，进而修正主流经济学中关于人的理性、自利、完全信息、效用最大化及偏好一致基本假设的不足。

（一）行为经济学的起源与发展

经济学的基本意义是对现实世界的经济活动进行解释和预测，然而，近几十年来，现实经济活动中出现许多传统经济学"失效"的现象。行为经济学正是基于传统经济理论的局限性逐步得到发展。

行为经济学是借鉴心理学相关理论和实验经济学手段、结合对新古典经济学的批判性吸收所发展起来的、对现实经济活动进行解释和预测的一门社会科学。行为经济学起源于 20 世纪 70 年代，经过约半个世纪的发展，已经步入西方主流经济学的行列，是西方经济学发展的新方向。

为了突破已有经济学理论的现实局限性，行为经济学借鉴心理学的基本原理，基于有限理性的假设，将心理因素重新纳入到经济模型之中，考察在心理因素的影响下，经济行为的特征与规律。

行为经济学与传统主流经济学并不是从属的关系，可以将它视为主流经济学的最新演进与发展。随着行为经济学近年来在国际经济学界的广泛探讨和不断发展，其相较于传统经济学更加贴近现实经济世界的优势愈加明显，在多个学科领域都得到了拓展应用。

（二）行为经济学的理论分析

1. 行为经济学的核心思想

行为经济学以期望理论为代表的行为决策模型更新了新古典经济学的选择理论。行为决策模型从两个方面更新了选择理论：一方面，行为经济学家发现了现实当事人决策普遍存在的"框架"问题，即决策者在决策时，首先在与决策有关的行动、状态和结果中构造出一个"代表性"期望。另一方面，当事人对编辑后的期望进行评价，并进行选择。这种评价不同于新古典经济学的概率加权计算，行为决策模型要求当事人首先对不确定性

（客观概率）本身做出估算，然后把估算结果（即决策权重）分配给相应的损益结果，并且损益结果是相对于参考点的值，而不是绝对的财富水平。通过这种决策理论的构造，行为经济学模型化了新古典经济学所忽略的五个选择事实：①框架效应。即对期望的描述本身会影响到选择，描述不变假定不成立。②非线性偏好。即当事人对概率 0.99 和 1.00 的差异的偏好与对概率 0.10 和 0.11 的差异的偏好显然不同，此即著名的"阿莱悖论"。③来源依赖（source dependence）。不确定性的来源也会影响到当事人的选择。④风险爱好。如在一定区域内，当事人呈现出风险爱好的特征，且在全部区域内出现偏好逆转。⑤损失厌恶。当事人在面对损益时偏好不对称，对损失的敏感度更高。这五个事实在当事人跨期决策时就表现出偏好时间不一致性、消费和效用跨期的非独立性、习惯性决策等情形。行为经济学所揭示的以上选择事实在具体的经济领域中均有相应的表现，并且这些表现决定了经济变量的变化。行为经济学家为了获得更多的证据来支持其决策理论，主要在宏观经济、劳动市场和金融三个领域开展了大量的经验实证研究，这些研究对经济政策的制定产生了巨大的影响。而作为对经济社会事实和现象回应性较强的经济法，行为经济学的决策理论模型应纳入消费者、经营者、团体社会组织以及政府等主体制度建构前提的考察视野，当然，具体到每个经济法主体的行为，势必会受到决策理论模型中相关因素的影响，这对经济法主体的行为分析是有重要价值的。

2. 行为经济学的理论优势

突破"经济人"的假设是经济学学科发展的必然趋势，但是要把人的每一种选择分析清楚，似乎根本不可能也没有必要。经济理论应该研究人类行为的共性而非个性，行为经济学主要是为了分析人的实际经济行为及其结果而另辟蹊径，为建立一个逻辑严密的理论经济学体系提供支撑点。其研究目的，既不是表明它们与传统经济学如何对立，也不是想证明传统经济学某理论如何错误。迄今为止，经济学各学派理论观点都有其合理性，但也存在各自的局限性。行为经济学能对一定时期内存在的经济现象做出其独立的解释，并能很好地解释传统经济理论所不能解释的问题。例如，在宏观经济学的发展史上，凯恩斯主义统治了前四十余年，新古典主义则统治了后三十余年，而且正是新古典主义把宏观经济学带入了一个崭新的时代。但作为现代宏观经济学各主要派别的共同基础的理性预期假定却在近年来受到行为经济学的严峻挑战。诺贝尔经济学奖得主阿克洛夫在颁奖典礼上的题为"行为宏观经济学与宏观经济行为"的主题演讲中，列举了新古典宏观经济学难以解释的六大宏观现象：非自愿失业的存在；货币政策对产出和就业有实质性影响；失业率与自然失业率的偏离并未导致通货膨胀或通货紧缩加速；普遍存在的储蓄不足；股票市场的过度波动；社会底层阶级的身份认同和贫困问题。这些经济社会现实困境也表明，此类问题需要引入新的理论因素或理论模型来进行阐释和解决。

行为经济学的理论优势在于它对经济行为的分析更具有现实意义，例如，它关注经济行为的产生，既有经济因素，也有非经济因素。现代经济学的研究将越来越多地依赖于对人的心理分析和对现实人的经济行为的了解，即更多地依赖行为经济学家有关人的判断和决策的分析及实验经济学家对经济学理论的实验性检验，而对现实经济活动的心理分析和实验检验的目的就是要修正和发展传统经济理论关于人类行为的某些公理性假设，以更加接近现实世界中经济行为的真实状况。可以预见的是，现代经济学正日益向经济现实回归，无论是实验方法的引入还是对行为经济学研究成果的应用，其目的都在于构建经济学更为真实合理的行为基础，以期提高经济学的解释力和科学性。

随着时间推移和经济学发展，经济学的行为色彩将愈加浓厚，现代经济学的研究对象和研究方法、理论体系都在发生变化：第一是经济学研究的对象越来越转向个体，通过研究不同行为倾向的个体的独立选择和相互影响，来讨论行为主体显现的各项行为特征。特别是通过人与人之间行为的相互影响和作用、人们之间的冲突和一致、竞争与合作的研究来更好地反映经济现实。第二是经济学开始注意到个人理性行为可能导致集体非理性，这一点和传统经济学形成鲜明的对照。现代经济学的方法不是像传统经济学所主张的那样通过国家干预来避免市场失效所导致的无效状态。而是认为，如果一种制度安排不能满足个人理性的话，就不能实行下去，所以解决个人理性与集体理性冲突的办法不是否认个人理性而是设计一种机制，在满足个人理性的前提下达到集体理性。第三是在现代经济学研究中，通过引入交易成本、代理成本、监督成本、信息获取成本、搜索求解成本等新的约束条件，来更好地解释诸如产业组织、现代企业制度、企业并购与重组、企业组织结构等社会现象并将为这些方面的研究提供更为有效的工具。

由此，行为经济学派的著作侧重于用试验心理学的方法研究人的行为，行为经济学由此获得了自己的名称。否定了古典经济学所持的经济主体的"完全理性"观点，行为经济学认为，应以前景理论取代古典经济学坚持的期望效用理论，后者适合于解释理性行为，前者是关于人们在不确定条件下如何做出选择的纯描述性理论，更适合描述实际的行为。总之，行为经济学的思维、现代经济学的发展趋势与经济法的人性价值预设是互相印证的，它跳出了传统的将焦点集中于经济行为的窠臼，增强了寻求更加接近现实的行为模型的可能性。

3. 行为经济学的实际效用

马克思不满意于把"类"或所谓社会当作一个现成的东西——一种普遍的类型、一个绝对的标准去匡正每一个具体个体的费尔巴哈式入学范式。他把它们指斥为所谓的"类""唯一者""一般人"等等，加以无情嘲讽。因而，马克思批判费尔巴哈等人的一个基本出发点就是要把人从其抽象的"类存在物"恢复为"现实的个人"。为此，马克思曾反复强调："从现实的、有生命的个体本身出发""我们的出发点是从事实际活动的人"[①]等观点。行为经济学恰恰响应了这一要求，它与其说是一种经济理论，不如说是一种哲学理论，它从外部提供了根本变革传统民法理论的契机，因为它动摇了传统民法的理性人假设，以"有限的理性"动摇了理性人的理性方面；以"有限的意志力"动摇了理性人的实践理性方面；它还以"有限的自利"动摇了传统民法所持的"经济人"假设中的行为目的论。[②]利用这些纯粹经济行为以外的因素也有利于增进国家干预的实效。例如，奚恺元教授在复旦大学和中欧工商学院发表演讲时曾打比方说，一个政府现在想通过减少税收的方法刺激消费，它可以有两种做法：一种是减税，直接降低税收水平；另外一种是退税，就是在一段时间后返还纳税人一部分税金。从金钱数额来看，减收 5%的税和返还 5%的税是一样的，但是在刺激消费上的作用却大不一样。人们觉得减收的那部分税金是自己本来该得的，是自己挣来的，所以增加消费的动力并不大；但是退还的税金对人们来说就如同一笔意外之财，刺激人们增加更多的消费。显然，对政府来说，退税政策达到的效果比减税政策要好得多。当然，行为经济学的应用远不止这些，它可以广泛地适用于以下领域，诸如阐释消费平滑性与宏观政策的有效性；基于行为经济学模型可以分析农民增收难问题的根源，进而改善农民在收入分配中的地位，最终实现农民增收；基于行为经济学模型可以在金融领域分析解决基金价格波动；基于行为经济学可以对近年我国货币替

---

① 马克思恩格斯选集（第一卷）[M]. 北京：人民出版社，1972：29.
② 徐国栋. 人性论与市民法[M]. 北京：法律出版社，2006：100-101.

代的真实原因及汇率改革后的问题进行诠释并寻求相应对策；利用行为经济学模型可以分析市场中投资者的行为、资产价格与股市波动；利用行为经济学模型可以解析虚拟经济的微观基础，进而为虚拟经济中出现的问题提供解决思路等等。

西蒙为行为经济学规定了三个任务：首先是检验新古典经济学关于人类行为的理论假设在现实中的有效性。一旦证明这些假设无效，行为经济学就致力于发现能正确地并尽可能精确地描述行为的经验定律。其次，行为经济学还要说明实际行为背离新古典假设对经济系统及其体制的运行以及公共政策的影响。行为经济学的第三个任务是为效用函数（或任何一种可以替代它的、经验上有效的理论结构）的形式和内容提供经验证明，以便加强对人类行为的预测。[①]以宏观经济为例，行为经济学围绕两大主题来重新解释宏观经济问题，并提出自己的宏观经济理论和政策，其中一个主题就是总需求管理，另一个就是总供给问题。无论是新凯恩斯主义还是实际经济周期，在围绕总需求管理相互辩论时·都假定消费者和投资者的时间偏好一致，即消费者和投资者今天的偏好序在未来仍保持不变。如上所述，行为经济学的研究已经表明，当事人实际上偏好是内生的，不仅不完备，而且会逆转，会出现框架效应等问题，在涉及跨期决策问题上，就相应出现了偏好的时间动态不一致性等"自我控制"问题。行为经济学的这些研究对宏观经济政策的制定有重要影响。当然，经济法主体的研究可以借鉴该学说进行主体行为的阐释，从而丰富经济法主体的人性内涵。

（三）行为经济学的发展展望

就行为经济学的研究对象而言，关注真实的人的经济行为符合经济学研究的本质方向；就行为经济学的研究方法而言，实验方法使经济理论的研究由关注结果转向关注过程；就行为经济学的理论应用而言，它有效解释和预测了多样化的经济现象，还给政府的干预提出了新工具，因此具有很强的应用价值和指导能力。但行为经济学尚不足以形成对传统经济学的革命，有学者对此做出了说明，认为经济理论需要完成两项任务：寻找解决问题的最佳方案和描述人类的实际选择，这一切必须建立在理性的基础上，正是在理性框架下才有了行为经济学对非理性的研究。他还认为只要经济学继续沿着实证的方向研究，最终"行为经济学"一词将会消失。另有学者也认为行为金融学在很大程度上归功于传统金融学。从这个视角来

[①] 魏建. 法经济学：分析基础与分析范式[M]. 北京：人民出版社，2007：217.

看，行为经济学可以被理解为是经济学理论向经受实证检验道路上的回归，它使经济学理论更贴近实际经济生活。虽然理论界对行为经济学的批评还存在，主要认为它未建立起一套完整、逻辑的理论体系，但我们不得不接受行为经济学理论对实际经济生活的合理解释和较好应用。行为经济学已经把经济研究的注意力拉向人类的实际行为，打开了经济学理论发展的新开端。未来行为经济学在研究实际经济问题时，需要跳出对市场现象的描述层面，沿着建立一套统一严密的理论框架方向发展。①

二、行为法经济学是行为经济学的法律化

行为经济学产生后迅速地法律化，形成了行为法经济学与已长期存在的理性选择经济分析学派的争鸣。1998 年，哈佛大学教授焦尔斯、芝加哥大学教授香斯坦和康乃尔大学教授理查德·塞勒联名在《斯坦福法律评论》第 50 卷上发表了"法律经济学的行为途径"一文，首次提出了"行为法经济学"的概念，挑战以波斯纳为代表的主流法律经济学的"人们都是其自身满足的理性的最大化者"的命题，分析了探索实际的而非假设的人类行为对于法律的意义，以"现实人"取代"经济人"的任务，论证了"三个有限"：①有限理性。有限理性突破了主流法律经济学、经济学中的"理性经济人"的假设，主张以"有限理性"假设作为分析基础。行为法经济学认为人类行为偏离理性选择理论的无限理性主要体现在两方面：1）决策过程中的真实判断行为表现出与理性预期所推断的无偏预测的系统偏差，即有限理性会导致人做出判断误差。启示和偏见通过影响行为人对未来时间的概率判断，来改变行为人的最终决策。这在行为法经济学中早已观察到，并进行了分析。启示具体包括了代表性启示、现成性启示；偏见包括过于自利偏见、自信偏见、偏见的自我强化、"事后诸葛亮"偏见、固执先见、潜意识偏见等。2）人类决策偏离了理性选择理论中的预期效用理论（预期效用理论是传统经济学分析的奠基石之一）。此外，框架效应、沉没成本与禀赋效应一样，都对人类决策产生影响，使得人类决策行为有时出现与最大化目标不一致的现象。②有限意志。行为经济学已经强调，限于有限意志，人们往往不能坚持选择与最大化自身总体效用相一致的行为。行为法经济学将有限意志归结为：习惯、传统、嗜好；生理欲望；多重自我。这三类因素导致行为人无法有效控制自己的整体效用、无法对多重效用目标

①马中东，任海平. 21 世纪行为经济学的最新进展——基于诺贝尔经济学奖[J]. 山东财经大学学报，2020，32（5）：111-118.

进行排序，最终令决策偏离效用最大化轨迹。③有限自利。行为人无论是在经济活动中还是在法律事务中，其行为除了表现出不同类型的有限理性、有限的意志力外，还会表现出有限自利。贝克尔等学者的研究表明个体决策在更多的情况下是受社会规范、道德规范等影响，并没有完全追求自我利益的实现，而是追求了自我利益以外的东西，比如"公平""社会认可"等。

三位教授提出了"三个有限"的"三合一"式法律的经济分析的新模式：实在分析，即解释法律的效果和内容；规定分析，即对法律如何用于实现特定目的进行考察；规范分析，即更广泛地评估法律体系的目的。①

（一）行为法经济学与主流法律经济学的交锋与融合

行为法经济学的起源可追溯到1974年西蒙对经济学中的"理性经济人"做出了系统的批评和提出"有限理性"的概念，并在随后的一系列学术研究中完善了这一概念，他认为当事人在经济决策过程中面临认知和计算能力两方面的局限性。"有限理性"的提出，引发了经济学家和心理学家开始联袂研究经济行为的发生机制和实际决策过程如何影响最终做出的决策。②行为法经济学的研究特点是重视对人的非理性行为的研究，打破了主流法律经济学的界限及视域，在现实人的基础上发展了主流学派的理性概念。

事实上，在"经济人"假设和"最大化"原则的基础上，经济学家们逐步构建起了从古典经济学到新古典经济学的体系。经济学成为精密的分析科学，具有"完美"的表达，得出确定的结论和规律，因而理性人假设构成了经济分析中逻辑推理的一般基础。传统经济学古典学派和新古典学派的局限性也正是因此而显现出来。归纳而言，这种局限性主要体现在：第一，只研究微观经济单位的经济行为，而不涉及这些单个经济行为的相互影响和关系；第二，只研究经济效率而不涉及社会分配的公平问题；第三，只研究有益经济行为而不涉及有害经济行为，比如只研究追求利润最大化的手段，而不研究这些手段造成的污染环境、工作条件恶劣、行贿和不平等的雇佣关系等；第四，只考虑各种生产要素所有者追求个人利益的内在冲动力而没有考虑到外部环境、社会制度等因素所产生的外在压力对个体经济行为和积极性的影响；第五，只考虑经济效益和单个经济单位经

---

① 徐国栋. 人性论与市民法[M]. 北京：法律出版社，2006：67-68.
② 周林彬，黄健梅. 行为法经济学与法律经济学：聚焦经济理性[J]. 学术研究，2004（12）：63-72.

济行为的规律性，而忽略了这些经济行为背后的伦理和公平问题。传统经济学所存在的上述缺陷促使一些从事经济学和管理学研究的学者从人的社会属性和社会生产系方面来反思理性人的行为和管理问题，从更接近现实的角度提出理性人不仅仅是经济活动的要素，还有人类情感和道德伦理观念等社会属性。因此，影响理性人的经济动力的因素不仅包括人与物之间的资源配置关系，而且还包括人与人之间的社会关系和生产关系。换句话说，在经济活动的实践中，理性人不单纯是"经济人"，而且是具有社会性、组织性、伦理性的"社会人"和"组织人"。遗憾的是，这些理性人的丰富内涵，在传统的经济学基本前提假设中被抽象掉了。因此，西蒙从更接近现实的人类理性可能和限度两个基本方面，提出了有限理性的概念："理性的限度是从这样一个事实中看出来的，即人脑不可能考虑一项决策的价值、知识及有关行为的所有方面……人类理性是在心理环境的限度之内起作用的。"[①]

大多数行为法经济学家将行为法经济学的目的定位为通过分析更现实的人类行为来提高传统法经济学的解释力和预测力。但我们应意识到：正如行为经济学是经济学的一个分支，是对主流经济学的补充和发展一样，行为法经济学也是法律经济学的一个分支，是对主流法律经济学的补充和发展。行为法经济学的三个"有限"理论，并非全盘否决行为人的理性、否决理性选择理论，它只是发展了理性的定义和理性选择理论的期望效用函数。从根本上说，理性选择理论，即经济理性理论，只是目前借以分析人类行为选择的最系统的工具。正如阿马蒂亚·森所言，就理性行为模型的其他目标，即这些模型把握理性本质的能力来讲，其背后有着大量复杂的哲学问题。而经济学理论的发展、经济学派的形成过程以及研究方法的变化反映了哲学认识论从唯理论、经验论到证伪主义论的发展，基本方法也从演绎法、经验和历史归纳法到证伪主义。主流法经济学在经济学中的唯理论、演绎法发展至极大推崇数学分析方法后，逐步由主要受经验论、经验和历史归纳法影响的制度分析发展到综合利用唯理论和经验论，以解释力和预测力来检验法律经济学分析，即证伪主义论。由于行为法经济学以更现实的人类选择模式为基础，修正了理性选择模式，有利于提高法经济学的解释力和预测力。显而易见，行为法经济学以行为经济学为理论基石。而主流的法律经济学，例如以波斯纳为代表的芝加哥学派，乃是经济理性主义假说的主要主张者，它认为法律主体会以一种理性主义的方式做

[①] 刘波. 行为经济学对传统经济学基本假设的修正和发展[J]. 西安交通大学学报（社会科学版），2004，24（3）：62-66.

出法律行为。行为法经济学与主流法律经济学争论的焦点自然而然地落在经济理性，即理性选择理论的有效性上，这也是行为经济学与主流经济学的争论焦点。具体来说，行为法经济学与主流法律经济学的观点碰撞，集中在理性选择理论假设条件上，诸如理性预期、效用最大化、稳定偏好、充分的信息处理能力等。①概而言之，经济理性理论是目前借以分析人类行为选择的最系统的工具，行为法经济学并非全盘否决行为人的理性，也未否决理性选择理论，它只是发展了理性的定义和理性选择理论的期望效用函数。

总之，行为法经济学将心理学的研究视角和理论引入到法律经济学分析中，其焦点落在主流经济学的某些基本假设与人类的真实行为不一致上。该学派认为，建立在反映非现实的人类行为的基本假设上的分析结论会导致错误的预测，通过运用从心理学、实证研究、行为实验中得到的经验材料和理论方法来全面验证理性选择理论，揭示了众多"反常现象"。大部分学者公认的行为法经济学定义为：运用行为科学和心理学的成果更好地解释法律所追求的目标以及实现这些法律目标的手段，提高法律经济学的预测力和解释力。行为法经济学的主要观点是在质疑理性选择理论中的理性预期、效用最大化、稳定偏好、拥有充分的信息处理能力四大假设的基础上，提出反映人类真实行为的有限理性、有限意志、有限自利，这些因素会使人们做出与理性选择理论相悖的决策，即"反常现象"。

（二）行为法经济学的应用

行为法经济学试图将其理念融合到法律程序、法律实体以及法律体系的分析和改善中。目前行为法经济学已经开始将有限理性、有限意志、有限自利方面的理论运用到法律经济分析中。其研究成果运用主要体现在以下四个方面：其一，将有限理性分析纳入到行为人决策过程，对不确定事件进行概率判断的法律分析。其二，在涉及对法律后果进行评估的法律行为决策（如制定法律和设定法律程序）分析中增加有限理性研究。其三，通过有限理性分析，鉴别侵权法的严格责任和过失的效率选择因素，即判断预防是单方的还是双方的。其四，有限自利理论主要应用在行为人偏离正常决策轨道的环境。而行为法经济学在法律中的应用可以以法律的作用为起点进行思考。法律的作用是指法律对社会产生的影响，对人的行为以

---

① 周林彬，黄健梅. 行为法经济学与法律经济学：聚焦经济理性[J]. 学术研究，2004（12）：63-72.

及最终对社会关系所产生的影响，是国家权力运行和国家意志实现的具体体现，是社会经济状况的具体体现。根据法律规范作用的不同对象，即不同的行为，法律的规范作用主要有：①指引作用。指法律（主要是法律规范）对人的行为的一种指导和引领的作用。法律的指引是一种区别于个别指引的规范性指引，具有抽象的特点，是建立社会秩序必不可少的条件和手段。②评价作用。指法律作为一种对于人的行为的评价标准或尺度的作用。法律的评价作用区别于道德评价、政治评价等一般社会评价，是用法律的规范性、统一性、普遍性、强制性和综合性的标准来评判人的行为，其评价的重点是行为人的外部行为、实际效果以及行为人的法律责任。③预测作用。指人们可以根据法律的规范性、确定性特点，预见和估计人们相互间将怎样行为以及行为的后果等，从而对自己的行为做出合理的安排。此外，法律的规范作用还体现为教育作用，即对人的今后行为积极影响的一种作用；强制作用，即法律具有的制裁和惩罚犯罪行为的作用。法律的社会作用是指法律对社会所产生的影响，是经过法律的规范作用而产生的，可分为阶级统治作用和社会管理作用两个方面：①阶级统治作用。法律是统治阶级意志的体现，有维护统治阶级阶级统治的作用，这是法律社会作用的核心。阶级统治包括政治、经济和思想文化各个方面，其中，维护统治阶级掌握国家政权是法律的关键社会作用。②社会管理作用。指法律具有维护人类基本生活条件、确认技术规范等方面的社会公共事务管理的作用。法律社会作用的两个方面密切相关。只有通过法律的社会公共事务管理的作用，才能达到维护阶级统治的目的；法律只有在执行社会公共事务管理的职能时，其阶级统治作用才能实现。

人的行为和社会关系是法律的两大作用对象，因此，法律的作用可以区分为法律对人的作用和法律对社会关系的作用。这也就是通常所说的法律的"规范作用"和"社会作用"，法律的规范作用是手段，法律的社会作用是目的，通过法律的规范作用达到法律的社会作用的目的。在实践中，人们往往强调法律的外在表现作用，例如对行为或关系的肯定抑或否定评价，而对于法律的潜在作用，比如，法律对人行为的指引常常被忽视，这对制度的设计和规范的制定是不利的，因为法律对与人相关因素的考量关系到所设计制度的科学性和合理性。行为法经济学为法律在此方面的考量提供了理论视角和操作技术。总之，行为法经济学目前还处于初始发展阶段，与行为经济学发展步伐基本同步，并没有形成统一的理论范式和理论分析系统，在模型化方面尚待加强，这就给理论检验带来困难。但是，由于行为法经济学动摇了传统法经济学对理性的理解，也修正了理性选择理论的根基，这给主流法经济学的发展注入了活力。

（三）行为法经济学与经济法主体行为分析的契合

从主流法律经济学视角来分析，法律规则犹如针对不同的行为分别制定了一个暗含的价格，行为人针对这些价格采取相应的行为，对这些价格的选择与在市场上针对商品的不同价格做出相应的决定如出一辙。众所周知，主流法律经济学对垄断、反垄断法以及管制的分析充分体现了法律经济学的优势……但是，行为法经济学的出现及其对主流法律经济学理论的冲击，加之传统法学、社会学、心理学长期以来对主流法律经济学的经济理性批判等，这一切都表明传统法律经济学急需正视自身的局限，即理性选择理论的适用范围及其缺陷。这也是处在理论初创阶段的中国法律经济学界需要认真思考的问题。具体到经济法主体来讲，前述价格选择行为似乎集中于市场领域，而经济法主体的人性价值预设却把行为的考察视角部分放置于非市场领域。在从市场行为领域到非市场行为领域的推进中，法律经济学背后的经济理性选择理论（主要是新古典主义经济学）的局限开始引起法律经济学界的注意。迎合了这种局限性克服的需求，行为法经济学开始进入主流法律经济学的视野，并悄然引发了法律经济学界的"行为革命"。由此，行为法经济学在经济法主体研究中的定位为：运用行为科学的成果更好地解释经济法所追求的目标及实现这些目标的手段，提高法经济学对经济法主体及其行为的解释力和预测力，使其摆脱困境，更贴近现实。

显然，经济法虽然解决的是经济社会问题，但都直接或间接地涉及人的行为，这使得经济法学有必要把各学科对人的行为研究的已有成果纳入自己的视野。当然，影响人做出行为选择的因素非常复杂，众多学科都在对其进行研究，但可能都基于自身的视野而把问题简单化，因此，在进行人的行为研究时综合考虑利益、制度、道德、传统、心理等多方面的因素是必要的，经济法学在研究干预制度时也需要考虑这些因素。所以我们应该把对经济法具体制度的研究置于社会科学的整体背景下进行，充分考虑社会科学的已有知识存量，充分运用法学、社会学、经济学等视角和工具，对经济法制度进行跨学科、多视角的研究，以使经济法制度的功能更强、绩效更高，更有针对性。因此经济法学理论中的工具体系既应该有传统工具，更应该有现代工具。总之，经济法学研究中的这种传统方法和现代工具的有机结合是认知复杂的经济法现象所必需的，只有如此，经济法学理论才可能成为一种可行的、有效的分析框架和工具，才能对现实问题具有较强的分析和解决能力，否则经济法学理论可能会"升华"成一种高深莫测的玄学，这对经济法而言是相当危险的，因为经济法毕竟是解决世俗问题的。[①]该现实性要求与行为法经济学对行为的现实性考量思路是完全吻合的。借助行为法经济学这一研究分析工具可以推动经济法主体行为研究理论的创新。行为法经济学构建更现实的人类选择行为模式这一新视角，在掀开法律经济学界的"行为革命"的同时，也触发了中国法律经济学界从现实法律行为模式中社会学、心理学与法律经济学、经济学的冲突点着手，进行原有理论修正或创新的"理论变革"。行为法经济学的可资借鉴内容表现为：一是应用行为科学理论判断法律规则约束下行为人的反应，阐明法律规则的效果，进而为选择法律规则提供依据；二是构造一个良好的法律环境，最大化地降低行为人理性受到的限制和影响。总之，行为法经济学的出现，将法律经济学的理论基础集合扩张到行为经济学理论。这样，不但促进了经济法主体行为的理论研究，而且可以借助行为法经济学指导我国现有立法、执法、司法体系中有关经济法主体行为的实践。

第三节　经济法主体行为的探讨

一、经济法主体行为边界

我们在此所讨论的厘定的经济法主体的行为尽管是统称，但基于经济法主体自身的具体性特征，并且经济法主体的行为与其权利（力）的实现和保障息息相关，故而很难做到经济法主体行为概括上的统一。参照自由有积极自由与消极自由的分类，前述经济法主体的四种权利（力）中，国家干预具有较大程度上的积极意味，并且该权力的行使与其他权利的实现和保障是相关联和互动的，所以，在厘定经济法主体行为的阐释中主要涉及国家干预权。

行为法经济学通过验证和修正传统经济理论中的"经济人"假设，并通过识别人类实际行为方式与传统经济学模型的经济行为的不同，在借鉴原有"经济人"假设中某些理论范式，利用心理学分析方法的基础上，根

---

① 应飞虎. 问题及其主义——经济法学研究非传统性之探析[J]. 法律科学（西北政法学院学报），2007（2）：86-94.

据决策过程中人的行为动机及心理根据，用行为主体的实际行为充实、完善了"经济人"假设。以此为基础建立起的最优决策模型将是对行为主体实际决策过程较贴切的描述。行为法经济学对"经济人"假设的完善和充实也为经济法主体的行为分析开阔了视野，其重要意义在于为经济法主体的行为厘定边界提供启示，即经济法需要建立一个符合其主体实际行为的科学体系，当然，其中最核心的问题是对经济法主体行为边界的厘定。

（一）经济法主体行为边界的考量

经济法主体行为边界的考量既要解决考量的前提性问题，又要解决考量标准问题。

1. 经济法主体行为边界考量的前提

现代经济学对市场机制的基本评价很大程度上是建立在所谓的"福利经济学的基本定理"之上。这一定理只关注完全竞争市场，并且集中讨论均衡中的市场而不关心非均衡状态。该定理包含两个部分。第一个命题（可称为"直接定理"）是在特定的条件（包括不存在"外部性"，即非市场相互依赖）下，每个竞争性市场均衡都是"帕累托有效的"（也称作"帕累托最优"）。一种事态被定义为"帕累托有效"是指这样一种情况，即没有人能够在不降低其他人的效用的条件下提高自己的效用。也就是说，"直接定理"认为，从任意竞争性市场均衡出发，不可能做出不含冲突的普遍改进（根据个人效用来判断的改进）。这一定理的第二部分稍微复杂一些。它认为，在给定某些条件（包括无外部性，但还缺乏显著的规模经济）下，每一种帕累托有效结果都是一个在某组价格上与某种给定资源的初始分配相关的竞争性均衡。也就是说，无论对帕累托有效状态如何规定，通过适当地选择资源的初始分配，都有可能达到一个竞争性市场均衡并恰恰产生那一状态。这一"逆定理"通常被视作支持市场机制的更重要的主张。"直接定理"——所有竞争性市场均衡都是帕累托有效的——对于市场机制来说，似乎算不上特别的胜利品，因为很难看出帕累托效率是社会最优的充分条件。帕累托效率对效用（或收入或其他什么）的分配完全不关心，也没有涉及公平。另一方面，"逆定理"所隐含的内容表明帕累托效率对于社会最优的必要性。在给定结果福利主义观（完全根据个人效用来判断社会善与正当行动的学说）的条件下，如果某种变化会使每个人的效用都得到提高（或者某个人提高了效用，其余人则至少拥有同样的效用），这一变化就应当发生。如果这一主张是可以接受的话，那么社会最优就必定还是帕累托有效的，因为帕累托无效状态下还能够实现社会改进。这一基本假设与该定理的第二部分具有直接的相关性。给定结果福利主义观的条件，无论怎样确认社会最优状态，我们都可以通过在相关的初始资源分配下的竞争性市场均衡来达到这一社会最优（帕累托有效点中的一个）。[①]由此可知，毋宁是均衡还是非均衡中的市场，在市场经济框架内通过结果福利主义观来审视，其社会最优状态的确认就回归到相关初始资源的分配上。正如阿马蒂亚·森所言，无论对帕累托有效状态如何规定，通过适当地选择资源的初始分配，都有可能达到一个竞争性市场均衡并产生所期待的状态。当然，帕累托效率对效用（或收入或其他什么）的分配完全不关心，也没有涉及公平，经济法主体的行为边界考量显然不能忽略这一点，因为经济法的一大重要功能就是矫治资源配置中的缺陷，这是经济法主体行为边界考量的前提。

2. 经济法主体行为边界的考量标准

西蒙作为行为科学的创始人，基于对理性选择理论的怀疑，对理性进行了深刻的分析，将理性分为四种：程序理性、实体理性、完全理性和有限理性。如其所言，"当以行为是适当且慎重考虑的结果时，该行为就符合程序理性。行为的程序理性依赖于它们产生的程序"。因为程序理性关注于决策者如何生成不同的可选决策和如何比较这些决策，所以程序理性必须建立在人类认知理论之上。相反，实体理性"只关注在给定的条件下效用最大化行为的表现，关注分析的状态而不是决策者本身"，也即实体理性关注的是行为而非认知。有趣的是实体理性和程序理性有时是矛盾的，如对外界刺激的机械式的冲动反应，被程序理性认为是"非理性行为"，而实体理性则可能认为是"理性行为"。[②]就经济法主体的行为看，要让其在程序理性和实体理性上达到一致，须考虑程序理性和实体理性的各自关注点，即不但要对行为模式进行比较，而且要考虑主体的认知能力和认知水平，换句话说，经济法主体的行为要有边界，而且此边界的厘定标准要综合考虑主体认知因素和行为模式因素。

如前所述，行为经济学在新古典经济学研究的基础上，重新构建了其模型的行为基础，进而改变了该模型的逻辑本身。行为经济学通过更接近

---

① [印]阿马蒂亚·森. 理性与自由[M]. 李风华，译. 北京：中国人民大学出版社，2006：467-468.

② 魏建. 法经济学：分析基础与分析范式[M]. 北京：人民出版社，2007：213.

现实的考察手法使行为的解释更加现实化，大大提高了经济学的解释力。这为经济法主体行为边界的厘定提供了启示。经济法主体的行为边界考量，旨在将社会资源配置权在国家与市场间合理分配。国家干预权实为社会资源的国家配置权，其边界设计即为在资源配置法律关系中的权利、义务、责任等法律资源在国家与市场间的配置。经济法主体行为边界的考量标准是指贯穿于边界判定过程的始终，并对边界设计起统领作用的根本规则，集中体现了边界考量的根本价值取向。经济法主体行为边界的考量标准至少应当包括：社会整体经济利益合理诉求标准；市场合力优先性标准和动静结合的双重视角标准。

（1）社会整体经济利益合理诉求标准。根据理性选择理论，理性个人的最大化行为必然导致社会最优结果。然而，经济运行的现实向人们表明，个人或集团的最大化行为往往是其他人或集团的"福利"陷阱。个人理性选择与社会理性选择的不一致，也被阿罗从理论上予以充分证明。[①]经济法以社会整体经济利益为逻辑起点，该社会整体经济利益"既不是个人利益的简单相加，也不是所谓的国家利益，而是全体社会成员的整体利益"[②]，即广大公民的利益。同时，对社会公共利益应设定以下限制：利益为社会成员普遍享有；个体选择优先，公共为个体让与空间，应避免与个体利益根本冲突；利益分配体现实质公平，充分考虑弱势群体的利益；体现社会公共利益的经济决策与经济行动理应受到法律制度的严格限定。也正如达仁道夫所言，社会组织不是寻求均衡的社会系统，而是强制性协调联合体；社会组织内部的各种不同位置具有不同量的权威和权力；社会结构中固有的这种不平等使社会分化为统治和被统治两大彼此对立的准群体。在一定条件下，准群体组织表现为明显的利益群体，并作为集体行动者投入公开的群体冲突，从而导致社会组织内部权威和权力的再分配，社会暂时趋于稳定与和谐。但权威的再分配同时也是新的统治和被统治角色的制度化过程，和谐中潜伏着冲突的危机，一旦时机成熟，社会成员就会重新组织起来，进入新一轮争夺权力的冲突。众所周知，市场失灵是经济法主体做出行为的前提之一，但事实上，相当一部分的经济法主体行为并非与公共性相伴生，实为利益集团实力较量的结果，是披着"社会整体经济利益"外衣干着少数利益集团的事。显然，经济法行为的边界设计理应恪守社会整体经济利益原则，即把那些与社会公共利益联系不大、对社会公共利益的

---

① 魏建. 法经济学：分析基础与分析范式[M]. 北京：人民出版社，2007：214-215.

② 卫兴华. 市场功能与政府功能组合论[M]. 北京：经济科学出版社，1994：178-182.

实现影响不大的社会资源配置权交给市场，公权只需介入到"具有全局性和社会公共性的经济关系"中。社会整体经济利益合理诉求原则在于明确社会整体经济利益是经济法行为判定的应有之义，但该利益不能偏颇，应当有合理的诉求条件和途径，其实现可以借助程序性的规范来实现，而不是过多的设置实体上的规则，毕竟，个体利益、国家利益和社会利益，三者是相辅相成，彼此依存的。

（2）市场合力优先性标准。从行为法经济学的研究思路来看，有许多因素影响着行为人对未来事件的判断。行为经济学观察到人们采取了多种完全不同于理性选择理论的决策方式，这些决策方式建立在启示或偏见的基础上。在这里，"启示"是指直接影响行为人决策的、行为人具有的、关于事件发生概率的片段性认识。"偏见"则是使行为人的概率判断出现偏差的、行为人具有的认知特性。启示和偏见的形成基础都是行为人的认知受到了外界因素的影响，从而产生了偏离。但它们简化了决策任务，降低了信息收集和决策成本，使行为人在繁复的世界中可以进行决策，尽管产生了一些系统性的错误，而不是一筹莫展。但它们也确实是人们遵循的规律性的东西。

固然，经济法主体行为边界的划分侧重于政府这一主要的行为主体，但是其他一些干预受体的相关因素也应纳入行为边界考量的指标体系。毕竟，考量边界的目的是防范政府失灵与国家干预职能异化，确保能够修正因人性认知缺陷（主要是市场失灵）而造成的不均衡现象。当然，这主要表现在市场秩序的矫正上。市场秩序是由外在规则和内在规则合力作用的结果。外在规则的出现是与立法者、法官和正式政府的出现同步。国家干预的表现形式即为外在规则。"市场秩序主要是一种内生的自发秩序，这种自发秩序是人们长期的市场交易过程中逐渐形成并且不断演化的，它不是人为设计的结果，不是政府规范出来的一种秩序"。[①]外在规则不能完全取代内在规则，必须和内在规则相协调。尽管边界考量的决策者是公权，但按照行为法经济学的研究，该决策容易受认知效应的影响而偏离理性选择的方向。而减少认知效应影响的背景因素就是市场经济，即借助私权的力量。具体思路是尊重私权的优先选择权，按照"市场——团体社会组织——政府"的顺序来配置决策权，而政府不能过多地进行具体操作和微观管理，具体体现为国家对经济法主体地位的理性尊重和对政府公权力的制衡要求，要求国家干预市场时须谨慎从事，不得轻举妄动，要求政府谨慎地与市场保

---

① 薛克鹏. 经济法的定义[M]. 北京：中国法制出版社，2002：196，206.

持一定的距离。综上，市场合力优先性标准在于充分考虑市场因素，整合市场的各种力量，是经济法主体行为边界明晰化的合理依据。

（3）动静结合的双重视角标准。市场的缺陷需要国家弥补，政府失灵则需要市场辅助，二者可以协调互动。随着生产要素、产业结构、技术水平等各个环节的发育与完善，公权将逐步把原属于其配置而其配置效率低于市场的资源配置权还给市场，按此逻辑，市场也会让渡出部分资源配置权给公权。因此，考量经济法主体行为边界时应以发展的眼光，从动态上来实现经济法主体行为边界的甄别。当然，动态视角并不妨碍边界考量时从某一静态的时点或时段来分析。其实，对边界考量标准的建构首先应从选定的一个固定的时间维度上来把握，因为，"只有将抽象的国家干预与具体的权利和义务安排联系在一起，才能证明法律意义上国家干预与法律目标的统一性"①，也才能让抽象出的边界考量标准有适用性。总之，经济法主体的行为边界可以从动态和静态两个层面来考量：在动态层面上，经济法主体的行为边界是国家与市场的磨合、公权与私权的博弈，也是权利、义务、责任等法律资源在国家与市场间的配置。因为"无论是政府的再分配机制还是市场机制，只要在经济体制内占主导地位，那么它就会成为该社会不平等的主要根源"②，所以动态考量是必需的。在静态层面上，经济法主体的行为边界是公权与私权的平衡点，是一种可近而不可达的理想模型。毋庸讳言，经济法主体行为边界的设定只能从市场与国家功能角度对二者的活动范围作一般理论的抽象，并非在市场与国家间划定"楚河汉界"，而是确定一种正当化的判定标准或依据，让国家与市场能够发挥彼此矫正各自缺陷的功能。经济法主体的行为边界既是克服政府失灵与市场失灵、避免国家干预异化和个人、集体以及国家利益"三位"现象的必要条件，又是型塑经济法基本理念和制度框架的关键性要素之一。实际生活中，边界的过于模糊和弹性致使市场失灵成为经济法行为主体恣意行为的借口，这也从反面印证了经济法主体行为边界考量标准设立的必要性。

（二）经济法主体行为边界的厘定

法律是一种存在于市民社会、作为爱与团结之中介的承认形式。法律承认，首先意味着主体间的交往必须遵循法律制度下的规范，把个体看作

---

① 单飞跃. 需要国家干预：基于经济法视域的解读[M]. 北京：法律出版社，2004：82.
② [德]柯武刚. 制度经济学：社会秩序与公共政策[M]. 韩朝华，译. 北京：商务印书馆，2002：132.

是法律的主体。作为法律的主体，不仅有能力自我认同，而且有要求他人承认的权利。法律承认，就是建立主体间相互认可和彼此尊重的关系。霍耐特效法康德，把法律承认形式一分为三：第一，法律关系以普遍的道德为背景，确认了个体是目的而不是手段，这是个体作为主体的"尊严"；第二，法律关系认可了法律主体享有道德自决权，推证他具有承担道德责任的能力，断定他可以享有法定权利，这就是个体的"他尊"；第三，法律认可了个体自身的权利和义务，因而肯定了个体的"我就是我"，以及"我的道德行为能力"，这是个体的"自尊"。所以，在法律之中，作为主体的个体，权利不可转让，尊严不可剥夺。综上，要进行行为认知，必须考虑主体因素，例如，社会冲突理论的着力点之一就是冲突主体，由此可知，经济法作为一个独立的法律部门，其法律行为的分析除了要符合一液的法律原理和法律方法外，还要考虑它自身的法律本质。有别于民法、行政法等其他部门法，经济法的特质在于它蕴涵着国家干预和自由经营两股力量，两种力量的冲突和协调左右着经济法的兴衰。按照行为法经济学的观点，决策过程中的真实判断行为表现出与理性预期所推断的无偏预测的系统偏差，即有限理性会导致人做出判断误差，而启示和偏见通过影响行为人对未来时间的概率判断，来改变行为人的最终决策。该状况在行为法经济学中早已观察到，主体由传统的"强而智"变成了"弱而愚"，因此，针对主体考量的因素也愈加全面，这也有利于完善经济学中的行为选择模型。具体而言，经济法主体的行为边界内含着范围、对象、程度三个层面的含义。范围意指将经济法主体的行为限定在相关领域；对象意指经济法主体的行为所指向的客体；程度意指经济法主体行为强度的把握。

1. 经济法主体行为边界厘定的范围

经济法主体行为边界厘定的范围可以通过市场缺陷进行识别。经济法的产生在形式上与市场失灵有关，而市场失灵的深刻原因在于市场领域内人性的冲突，要克服这些冲突，必须认清市场自身的缺陷。实际上，市场缺陷复杂多变，且市场失灵与政府失灵交错并存，不易识别。对于市场缺陷，不同学者有不同划分标准：按原因不同，市场缺陷可划分为市场固有的缺陷、国家干预导致的市场缺陷、市场发育不全或产权关系不明导致的市场缺陷；按产生条件，市场缺陷可划分为理想条件下的市场缺陷、正常偏离理想条件下的市场缺陷、非正常偏离理想条件下的市场缺陷。[①]市场固

---

① 卫兴华. 市场功能与政府功能组合论[M]. 北京：经济科学出版社，1994：178-182.

有的缺陷包括理想条件下的市场缺陷和正常偏离理想条件下的市场缺陷。鉴于现实市场中不完全信息、不完全市场、不完全竞争是常态，而理想条件下的市场缺陷根本不存在，市场固有的缺陷与正常偏离理想条件下的市场缺陷的外延基本一致。无疑，经济法主体行为的理想范围即为市场固有缺陷或正常偏离理想条件下的缺陷。非正常偏离理想条件下的市场缺陷为我国转型期市场缺陷的常态，它包括国家干预导致的市场缺陷与市场发育不良或产权关系不明导致的市场缺陷。可见，公权应该退出国家干预导致的市场缺陷。那么，转型期经济法主体的行为范围应限定在市场发育不良导致的市场缺陷和正常偏离理想条件的市场缺陷或市场固有的缺陷之内，且随着市场的逐步发育与完善，公权应渐次退出因市场发育不全导致的市场缺陷的领域。

2. 经济法主体行为边界厘定的对象

经济法主体行为边界厘定的对象可以通过产权制度进行界分。产权是一个社会所强制实施的选择一种经济品的使用的权利。产权制度安排确立了每个人与其他人交往过程中必须遵守的行为准则。依法界定产权，可以为各种产权的交易创造良好条件。产权界分清晰在一定程度上能使当事人自觉地依法办事。经济法主体的行为边界难以清晰地厘定与我国尚未形成合理的产权制度有必然联系。产权界分的情形包括清晰与混乱两大类，在我国已清晰界分的产权有国有产权、集体产权与个人产权三类。产权界分混乱意指产权未予界分或界分不清楚。国有产权一般限于国有企业与国防、文化教育、医疗卫生、社会保障等公共产品供给领域及公用事业领域。从一般意义上来讲，国有产权领域为国家介入市场的当然领域，至于公权以私权方式介入市场，这只是经济法主体行为方式的市场化选择而已，仍属于经济法主体的行为领域。至于集体产权与个人产权，公权并不当然介入，只有在产权所有者有干预诉求或产权行使侵犯了社会公共利益时，公权才有可能介入。至于产权界定不清或产权未予界定的情形，应先由公权尽量予以产权界定，待产权界定清晰之后按产权状况区别对待。

此外，关于产权制度的界分还可以从另一个角度进行阐释。科斯定理是财产法分析的基础，根据科斯定理，减少交易成本是财产法的核心职能，为此，应当清晰地界定产权。并且在交易成本较低的情况下，可以促进当事人双方就产权的交易进行自愿谈判。但是禀赋效应的存在，使产权在交易成本为零时不一定能转移到最有效率的使用者手中。因此，在一定程度上，产权界定模糊一些可能更好，相应地损失救济规则可能更好。因为损失救济允许不经产权人同意只赔偿预期损失，就可以使用该产权。这个分析则表明了行为法经济学与传统分析的差异。[①]可见，传统经济学的模型构建中存在一些不足，要查验其中的疏漏，尚需进行系统化考量，即除了考虑到权利的交易外，还应将权利救济环节纳入到行为的影响因素中。

3. 经济法主体行为边界厘定的程度

经济法主体行为边界厘定的程度可以通过成本效益进行分析。诺斯认为，如果预期的净收益（即指潜在利润）超过预期的成本，一项制度安排就会被创新。经济法主体的行为既是一项活动，也是一个过程。例如，政府在干预过程中，公权介入的程度应取决于经济法主体行为的收益成本与市场自治收益成本的比较，尤其是应取决于两者边际成本的比较，即当选择国家或市场配置资源情形下的边际投入不能再带来交易费用的下降或交易收入的上升时，这种选择就是一种可取的选择。在成本与收益的比较中要尽可能地量化，实在不能量化的可以用定性的基本方法辅以一定限量的定量分析。同时，对成本效益的分析要尽量周全。干预成本应包括干预者实施干预的成本和被干预者的成本，同时还要考虑显性成本和隐性成本。当然，在对比分析中最容易忽略的是被干预者的成本和干预者的隐性成本。此外，对收益评估要力求客观，尽量避免人为夸大而形成对干预的过度需求。

要真正实现成本效益分析追求的目的，还必须对其进行理论剖析，可以借助理性选择理论展开。理性选择理论认为行为人内在地具有最大化追求目标的动机，具有充分的计算能力和良好的记忆能力，比较各种可能的行动方案并从中选择最大化效用的行动方案。但是行为经济学表明，在许多情况下，行为人并不能实现最大化，甚至也不是追求最大化，不是根据成本效益比较，而是根据其他的依据进行决策。原因在于：一是现实世界中存在着行为人不能克服的困难，这些困难限制了理性的最大化追求；二是行为人的心理认知在一些因素的影响下产生了偏离成本效益计算的趋势。该情形可以通过行为法经济学对有限理性的研究得到解释，有限理性的生成源泉可以分为两种情况：一是决策所需信息超出了行为人的处理能力，导致不能进行充分的成本效益核算，如现实的过于复杂、事物的意义不明确等现实状况；二是行为人被一些因素所诱导，从而使成本效益核算建立在了错误的基础上。这些因素既有客观的，如代表性启示与现成启示，也有主观的，如过于自信偏见和偏见的自我加强，还有主客观结合的，如事

[①] 魏建．法经济学：分析基础与分析范式[M]．北京：人民出版社，2007：234.

后诸葛亮偏见和固执先见偏见。根据行为科学对理性有限原因的分析，行为法经济学指出了它们的分析与传统法经济学分析之间的差异，关键的差异在于传统的分析没有考虑这些导致理性有限的因素，因此得出的行为判断与现实不符，政策建议可行性不强。因此，厘定经济法主体的行为边界，其程度可以利用成本效益进行分析，但该方法在运用时，应当考虑到行为决策所需信息与行为人处理能力的匹配性以及对行为人产生诱导的诸多因素。

二、经济法主体行为的偏失矫正

如实验经济学的思路，在可控的实验环境下针对某一经济现象，通过控制某些条件、观察决策者行为和分析实验结果，以检验、比较和完善经济理论并提供政策决策的依据。行为法经济学的研究也表明，在面对复杂且意义不明的现实进行选择时，行为人往往不是充分自主的选择主体，其选择更多地受启示、偏见、历史以及社会规范的影响，因此，针对经济法主体的行为选择偏失需要进行特定的矫正。

（一）消费者的行为偏失之矫正——消费正义

针对消费者的行为偏失，可以在分析其产生诱因的基础上引入消费正义，予以矫正。

1. 消费者行为偏失的诱因

结合对消费的深刻剖析可知，支配消费者的是需求愿望，由需求愿望产生消费是必然逻辑。一般说来，主观愿望可细分为满足需要的愿望和满足欲求的愿望。"需要"是人们为了生活不得不进行的消费，是为了维系生存而形成的基本需求；"欲求"则是需要之外为了满足享乐和心理上的优越感而形成的需求。需要是有限的，欲求则是无限的。众所周知，资本对利润的渴求是没有止境的，如果消费者仅满足于为了维系生存而形成的基本需求，生产就失去了扩大的空间，经济就没有了增长的来源。因此，市场和生产者总是通过各种方式不断刺激消费需求，并不断满足消费者无限膨胀的消费需求，从而保证生产扩大的空间和经济持续的增长。这符合基本的市场逻辑，即消费及消费者得以满足的逻辑，恰是消费者主权思想所极力证明的。在此境况下，消费者主观意识和客观地位上的弱势以及消费在社会再生产中的基础地位共同构成了消费者行为偏失的诱因，并导致了消费者行为的偏失。

2. 矫正消费者行为偏失的消费正义理念

在西方近代哲学进程中，各个时代的哲学家提出了不同的正义概念。休谟认为，正义起源于人的自私和有限的慷慨以及自然为人的需要所提供的资源不足。康德第一次将正义与自由结合起来，认为自由是每个人据其人性所拥有的一项唯一的和原始的权利，是作为唯一的原始权利，而正义是按照普遍的自由法则，一个人的意志能够与他人的意志相协调的条件的集合。黑格尔将正义与国家联系起来，他在《哲学史讲演录》中说，正义的实在性和真理性只表现在国家里。马克思和恩格斯在研究了历史上众多的哲学家关于正义的理解和阐述之后，认为研究正义应当以现实的人和现实的历史状况为基础。首先，他们认为人是现实的、社会的人，不是单个的、直观的、抽象的和孤立的人，因此正义体现在人的社会性之中，深层地植根于人类生命的内在追求之中。其次，对正义的理解应该与现实的社会相联系，要体现生产力的根本要求。再次，正义的价值对于不同的阶层而言，具有不同的含义。恩格斯说过，"如果希腊人和野蛮人、自由民和奴隶、公民和被保护民、罗马的公民和罗马的臣民（该词是在广义上使用的），都可以要求平等的政治地位，那么在古代人看来必定是发了疯"[①]。最后，他们还指出了未来正义的发展方向。马克思说过，"哲学家们只是用不同的方式解释世界，而问题在于改变世界"。[②]当前消费者的消费行为中出现的异化的消费模式并由此引发的问题也比较突出，亟须从消费正义的价值维度来规范消费行为，对当代的消费动机、消费价值观等进行审视和重构。

人固然具有超越自身动物本性的需要，可以将其活动本身、活动结果作为对象，对其进行认识、反思和批判。但作为人存在方式之一的消费活动，不只是对人的自然性需要的满足，同时还有对人的社会性需要的满足。而作为客体的物，不仅是物质的存在，同时还是作为人的对象而存在的，也就是要让物按人的方式同人产生关系，这样人才能在实践上按自身的方式同物产生关系，这样物对人而言，就不再是仅仅只存在于其本身的实用价值，而成了人的效用。从客体的角度而言，当物成为人本质的对象时，那么该对象对人而言也就成了人自身的对象化，成为确证和证实人的个性的对象，成为人的对象，也就是说，主体在消费的过程中，不仅要看到客体对自身需要的满足，同时，在客体的效用消失时，客体已经随着其效用的消失转化成了自身本质的力量。也就是说，主体在每一次的消费活动中，

---

① 马克思恩格斯选集（第三卷）[M]. 北京：人民出版社，1972：444-445.
② 马克思恩格斯选集（第一卷）[M]. 北京：人民出版社，1995：61.

客体都转化到了主体的本质力量中，成为主体意识的一部分，促进主体生命价值的提升。可见，消费正义与人的本性具有内在逻辑上的统一。消费正义的价值目的源于人对自身存在意义的诉求和努力，它的关注点在于人价值的提升以及将人的自由全面发展作为消费的终极目的。因此，消费正义有助于人实现自己的现实生命过程，毕竟，消费是维持人的生存和发展的重要前提和手段，换句话说，消费正义是人存在内容的重要组成部分，它必然包含着正义价值和人的终极目标。

综上，从消费正义的价值维度来分析、考量消费行为的合理性和合目的性，实质上是对人的消费行为偏失进行的哲学思考和意义审视，也是对人的生命存在和人的尊严意义的关照，从而产生一种诉求，即将消费的终极合法性根据置放到提升人存在的自由本质和存在意义的高度来求解。当然，消费正义的衡量标准可以抽象地归纳为：消费行为是否能体现人的本质需求；消费行为是否能促进自由的提升；消费行为是否有利于社会的和谐。

（二）经营者的行为偏失之矫正——社会责任

理性选择理论判断行为人的追求目标是自我利益，但是行为法经济学研究表明：一是自我利益并没有得到追求；二是行为人追求了自我利益以外的价值。[①]行为法经济学的研究为人性的科学内涵进行了查验，而经济法人性价值预设是社会责任理念的合理内核。

1. 社会责任理念的推演

哈耶克的从规则到秩序的演进理论是与他对经济现象的考察研究联系在一起的，作为一个经济学家，他最先关注的是经济问题，一种公平有序的经济秩序是如何形成的，这是他早年讨论的问题。通过研究他发现，经济秩序从某种意义上说又是与法律秩序密切相关的，一个完整的市场机制如果没有法律规则作为基础，那么在这个市场中人们相互之间的商贸交换行为便不可能达到互益的结果。众所周知，作为经济学家的哈耶克在后来关注法律问题并不是偶然的，他认为市场规则同样是一种法律规则，经济秩序同样是一种法律秩序，所谓法律秩序首先是指人们之间的行为关系必须遵循的一般行为规则，正是这些规则产生了相应的文明秩序。哈耶克认为这些不寻常秩序的形成，以及存在着目前这种规模和结构的人类，其主要原因就在于一些逐渐演化出来的人类行为规则，特别是有关私有财产、

[①] 魏建. 法经济学：分析基础与分析范式[M]. 北京：人民出版社，2007：222.

诚信、契约、交换、贸易、竞争、收获和私生活的规则。一般说来，把经济秩序视为一种法律秩序，这是传统自由主义的基本观点，哈耶克对此给予了更加深入的阐释，他认为，在社会秩序形成过程中真正起着关键作用的并不是那些立法形成的法律，而是那些自生性的法律，或一般性的法律规则，在他后来的著作中，他把这些法律称之为私法或内部规则，并把它们等同于英国的普通法。为了更进一步论述这个问题，哈耶克在一系列著作中多次引用了休谟的观点，即休谟所总结出来的三种正义的规则来佐证他的自生秩序的社会理论。以哈耶克之见，法律秩序从根本上来说是一种由普通法所型构的社会秩序，而人们所遵循的是内部的普通法等法律规则，从经济方面来说，自由市场秩序只有与普通法那样的私法规则结合在一起才可能产生出来，而由立法规则建立起来的只能是计划经济那样的外部秩序。固然，哈耶克崇尚型构自由市场秩序中的私法规则，但这些私法规则统领下的是一般经济意义上的自由或秩序，该类自由或秩序往往容易导致市场失灵等"顽症"的发生，而要矫正经营者行使经济自由权过程中的行为偏失，就需要将外在的秩序内化，这必然离不开社会责任理念。

哈耶克的理论创见并不在于社会秩序与法律规则的结合，关于两者之间的外部结合其他理论家也有论述，关键在于怎样结合，正是在这个方面，哈耶克提出了遵循内部的法律规则而型构一个开放的自由社会秩序的观点，这一观点是哈耶克自生秩序理论的核心部分，并被视为哈耶克最具有独创性的理论贡献。如同亚当·斯密在《国富论》中倡导的"经济自由主义"，它是建立在"自然秩序"基础之上的。"自然秩序"是从人的本性产生又符合人的本性的正常的社会秩序，是建立在个人自我利益追求及其积极性、创造性之上的一种秩序。亚当·斯密的自由主义经济学的基本假设是完全理性的"经济人"的存在，这种具有完备理性的"经济人"只有在完全的自由状态下才能产生，但事实并非完全如此，而行为法经济学分析工具为企业社会责任开拓了存在空间。

2. 社会责任理念的梗概

企业的社会责任理念发端于美国，探究企业社会责任的本源，也应该从美国说起。形成于 20 世纪初美国学界的企业社会责任观念，最初尽管没有系统而直接的归纳，但其大致含义是较为明了的。在诸多企业社会责任的早期开创者那里，企业社会责任是对企业在利润最大化目标之外所负义务的概括或表达。详言之，传统企业及企业法理论以企业利润最大化，进而股东利润最大化为企业的唯一目标，主张企业法律制度的构造亦应紧紧围绕这一目标展开。企业社会责任所蕴含的理念为，利润最大化仅仅是企业的目标之一，除此之外，企业还应当以维护和提升社会公益为其目标；企业法律制度亦须在企业的利润目标和公益目标两个维度之间维持平衡。企业社会责任也包括了对环保、劳工和人权的要求等，并由此导致了消费者的关注点由单一关心产品质量转向关心产品质量、环境、职业健康和劳动保障等社会责任多方面的内容。例如，消费者通过"购买权力"要求跨国公司承担社会责任，改善加工工厂（尤其是劳动密集型行业）的劳工待遇和对环境的保护等问题；此外，一些涉及绿色和平、环保、社会责任和人权等的非政府组织以及舆论也不断呼吁，要求社会责任与贸易挂钩。迫于上述日益增大的压力和自身的发展需求，许多欧美跨国公司都纷纷制定可以对社会做出必要承诺的责任守则（包括社会责任），或通过认证（环境、职业健康、社会责任），以应对不同利益团体的需要。从中可以看出，企业社会责任在平衡个体目标和公益目标上意义重大，至于社会责任的建立和发展。也有实例，譬如，1997 年，美国一家非政府组织"社会责任国际"（Social Accountability International，简称 SAI）咨询委员会起草了一份社会责任标准，即"SA8000"，并以此为评价依据开展认证活动。SA8000 是以国际劳工组织 ILO 和联合国的 13 个公约为依据制定的，所规定的社会责任内容包括：童工、强迫劳动、健康与安全、结社自由及集体谈判权利、歧视、惩戒性措施、工作时间、报酬和管理系统九个方面，主要是解决生产链与供应链的内部劳资问题。该举措在事实上可以矫正经营者的行为偏失。

3. 社会责任理念的延伸

行为法经济学不拘泥于行为人动机的自我利益最大化上，认为行为的产生有多种动因和机制，因而扩大了法经济学的解释基础，能够说明一些传统分析所没有解释或难以解释的法律制度。企业承担社会责任是社会发展的必然趋势。一个企业在获得利润的同时，应当对社会包括相关利益方承担一种责任，这是对社会应该做出的回报。因此可以说，企业的社会责任问题是个意义重大的问题。随着世界经济的发展，企业的社会责任问题越来越得到广泛的关注。这是社会进步的结果，是人类文明的表现，与世界发展到后工业社会、进入到以人为本的时代有密切的关系。我国经济的快速增长，企业数量的迅速增多，也必然引起国际社会对中国企业的更广泛关注。我国在保护用工条件、规定劳工标准、保护劳工权益等方面已经建立了相对完善的法律法规体系。

综上，以经济法主体的人性价值预设为理论前提，社会责任在一定程度上矫正了经营者的行为偏失，它通过经营者的人性路径，对经营者的行为进行了内化。而社会责任的具体运用还需要进行合理的制度设计，例如，通过建立具体指标体系进行社会责任的具体认证，在尊重市场机制的基础上使经营者的行为趋于合理。

（三）政府的行为偏失之矫正——责任政府

任何强大到足以保护个人权利并促进普遍福利的权力，同样也会强大到足以破坏权利，并极有可能服务于权力支配者们个人的想法。它带给自由主义者的困境，詹姆斯·麦迪逊作了经典的明确描述，在建立一个由人来管理人的政府时，巨大的困难就在于：首先你得使政府能控制住被管理的人，下一步又得使它能管住自己。这种两难处境给所有自由主义的立宪提供了出发点。康德也以同样的方式表达了类似的观点，即由他们内在的偏袒所驱使，个人力图使他们自己摆脱具有普遍效力的法律。只有强制性的权力才能迫使他们公正行事，虽然他们暗地里也知道早应该这么做。①由此，要形成对政府权力的牵制，必须用相对应的责任予以制衡。

1．责任政府的归因

自由主义者往往将政府的主要目的归结为个人独立、公平的正义、人身安全、防止暴力和内战、动乱的和平解决、文明共处与合作以及追求共同富裕。当斯宾诺莎写到"政府的真正目的是自由"时，他所表达的内容成为自由主义的共识。洛克在此问题上也表现得相当开放，直接断言说："政府的目的就是为了人类的利益"。休谟也认为："自由是社会尽善尽美的形式；但是权威的存在对它来说仍然得被认为是必不可少的"，他补充道："没有政府的保护，即使是在一个舒服且安全的社会中人类也是不可能存在下去的。"孟德斯鸠也同意类似观点，即"没有政府，社会不能存在下去"。当中央政府极端脆弱时，个人自由同样会毁灭，就像在波兰发生的情况一样。威廉·布莱克斯对此观点作了霍布斯主义的发挥："任何政府都比没有强大"。而《国富论》中最重要的章节之一也表明，个人自由的出现不可避免地与国家建设和中央集权制度的加强有不可分割的联系。②前述的种种思想充分肯定了政府的存在意义，实际上是对政府进行规范的伏笔。从各个

---

① [美]斯蒂芬·霍尔姆斯. 反自由主义剖析[M]. 曦中，译. 北京：中国社会科学出版社，2002：286.

② [美]斯蒂芬·霍尔姆斯. 反自由主义剖析[M]. 曦中，译. 北京：中国社会科学出版社，2002：284-285，301.

国家的实践来看，完善规范政府主体行为法制与完善保护和规范市场主体的立法同等重要。而要规范政府行为，首先必须做好政府定位，政府定位是界定政府行为、责任的基础。经济法、行政法在授予政府干预经济权力的同时，要确保政府干预经济的适当性和合理性。既要保证赋予政府充分履行经济调节、市场监管、社会管理和公共服务的职能，又要明确政府的权限范围，防止政府及其工作人员"错位""缺位"和"越位"，真正形成权力的到位不越位和制衡不制约的局面。由于政府主体与市场主体所处地位的不平等，法律对于市场主体的约束性要强些，而对于政府主体的约束性则相对弱些。强化对政府行为的约束、规范政府行为一直是各国政府和理论界研究的核心问题。由上可知，责任政府理念来自于实践的总结，尽管各国政府体制有差异，但作为有限理性的政府来讲，按照行为法经济学理论分析，其行为并非简单的应然意义上的选择，在一定限度内可以纳入行为法经济学的非市场性领域进行选择分析。

2. 政府的责任与责任的政府

政府的责任应当从权力的视角进行认知，进而科学合理地进行责任政府的设计，以保证责任政府的实现。

（1）权力与责任的认知。经济权力和军事权力不同，它不是原始的而是派生的。在国内，经济权力依靠法律；在国际上只有发生小问题时它才依靠法律；在发生重大争端时，它就依靠战争或战争威胁。在一国内部的经济关系上，法律对可能发生的榨取别人财富的行为进行限制。但一个人或一个团体可以全部或局部地垄断别人所希望追求的利益，而此垄断权可以由法律创设，例如专利权、版权以及土地所有权。垄断权也能由联合组织，例如托拉斯和工会之类的组织创设。除了私人或私人团体能通过降价还价从事榨取以外，国家有权用强制手段来取得它所认为必需的利益。有势力的私人团体能诱使国家把这种权力按照有利于它自身而不一定有利于整个国家的方式加以运用。它们也能使法律成为对他们自己有利的工具，例如只承认雇主的组合而不承认劳动者的组合。这样，个人或团体享有的经济权力实际有多少，取决于军事力量与宣传影响的程度，取决于经济学通常所考虑的那些因素。[①]而针对经济权力进行分析时，必须确立行为与责任的分析框架，行为与责任的分析框架是分析法律关系的基本方法之一，即使是处于优势地位的国家在做出行为的过程中也应当遵守该原则，这就

[①] [英]伯特兰·罗素. 权力论[M]. 吴友三，译. 北京：商务印书馆，1998：86，96.

涉及对国家权力的限制问题，也涉及行为相对方的权利救济问题，因此，要引入相关的责任制度。显而易见，如果面对强大的公权力侵犯时，私权利无法得到保障或救济，其行为实施效果和行为后果都是很难预测的。尤其是面对强权的国家机关，行使行政诉讼权的效果往往是微乎其微的，更何况有时还可能涉及抽象行政行为，所以，要完善经济法主体的行为就必须强化相关的责任制度，并通过建立健全司法审查制度和违宪审查制度来实现，在我国，由于种种原因，上述两种制度的实现可采取逐步推进的态度。

（2）责任政府的设计。当然，政府规制也意味着规制者切实履行社会契约规定的要求，一个政府如果能够真正履行其责任，才能说政府是有效的和合法的。为贯彻责任政府的理念，一方面要树立政府及其工作人员的责任感，责任感意味着政府官员对社会及公众承担责任的理解，从而形成忠诚、良心和认同的自主性，在治理者的观念上拥有内在的制约想法；另一方面，借助于法律和职业纪律形成对政府及其工作人员履行规制责任的外在约束机制。责任感是来自政府自身决定应怎样谋其政，责任的制度是由其他主体决定在其位应如何谋其政。如前所述，政府职能的范围应取决于市场和社会的需要，市场的需要来自纠正市场失灵，社会的需要则来自于公平和效率。国家干预经济领域的范围、力度和方法往往与特定时期经济和社会的情形有关，而政府调控市场范围的空间、力度和方式要与政府的能力和职能相适应。西方国家对凯恩斯理论的反省以及对政策的调整也说明了国家干预适度的重要性。取得较大经济成就的国家，其经验也表明，政府作用的最主要问题既不是公共部门规模的大小，也不是干预经济程度上的强弱，而是政府应该进行什么样的干预，问题的关键在于政府行为的偏失。例如政府做得太多对于政府在特定时期的特定任务而言是恰当的，但从发展的趋势看，政府做得太多并不是一件好事，因为，国家干预经济生活的范围也取决于它自身的能力。当然，责任的政府必须在科学框架内构建，即要有具体合理的程序设计，可考虑从以下环节展开：其一，程序确定是责任政府程序制度设计的前提；程序性操作规范可以确定政府权限的行使。对于国家干预权的行使，需要确定其权限范围，这缘于当前对于国家干预行为的手段、各个部门权限往往不明的实际状况。其二，程序内容明确是责任政府程序制度设计的必然要求；法律领域里往往有模棱两可的解释，就是以合法的形式掩盖非法的目的，只要认为目的是违法的，那么法律形式再完备也不行，毕竟，法律在某种意义上来说就是一个程序化的东西，法律化就是程序化，如果没有一个明确的程序化操作的规定，就是一个不完善的法治环境。国家干预行为既然应当在法治语境内运行，也必然要满足程序明确的要求，因而，在国家干预行为过程中的程序必须明确。其三，程序运作的信息公开。国家干预行为很大程度上需要一个透明的运作机制，例如，听证制度和其他跟信息公开有关的制度。这种公权力行使的透明化要求应当成为国家干预行为过程中的固有制度。

（3）责任政府的实现。要真正实现责任政府的目标，必须能够科学合理地解析权力。只有从权力内部对权力进行分解，并在此建立一个稳定的、相互制衡的权力体系，以权力之间的关系来制衡权力，才能有效地控制权力。也就是说，只有将制衡权力问题转化为一个权力的结构问题，对权力的制衡才是有实效的。权力结构是指权力的组织体系、权力的配置与各种不同的权力之间的相互关系。权力结构的合理性主要是一个形式合理性问题，或者是一个工具合理性问题，但是，它又不仅仅是一个形式合理性问题，它同时也是一个实质合理性问题。因为权力结构的合理性不仅涉及社会合理地分配权力、涉及权力的合理运用，而且合理的权力结构为公民平等地进入权力体系提供了可能，一个合理的权力结构为合理分配社会资源与解决社会纠纷提供了可能。[①]保证权力结构的科学性和合理性，可以从两个层面展开：其一，权力的平面化设计，旨在构建权力间在法律上的平等关系，这是将权力在分解的基础上加以组合的思路，是一种典型的结构主义思路。该思路的优势在于使权力的配置更加明晰和条理，为责任政府的实现清除障碍。其二是权力的层级化方向，旨在改变单向的、绝对的权力服从关系，使权力处于一种和谐的背景下。总之，通过权力平面化与权力层级化的双重构造，可以形成各种不同性质与层级的权力，这些不同性质与层级的权力合理组合就形成一个权力的网络式结构，这一结构使每一种权力都处于这一权力的网络之中，受制于这一网络中的其他权力的制衡，它的作用的发挥只有在这一网络的结构范围内，并服从于这一网络设计者的目的时，才能有效发挥，才能取得正当性与有效性。政府的重要职能是为市场的充分发展和市场机制作用的充分发挥提供制度框架和制度安排，在制度创新理论的逻辑里，制度是经济增长与否的根源，政府则是制度的载体和基本的存在形式，同时也是制度创新的经常和基本的主体。由此，责任政府理念的确立是国家干预权科学有效行使的根本前提，责任政府的合理设计及功能实现是矫正政府行为偏失的路径。

[①] 周永坤. 规范权力——权力的法理研究[M]. 北京：法律出版社，2006：222.

（四）团体社会组织的行为偏失之矫正——连带责任

1. 团体社会组织责任的立法例

（1）俄罗斯关于团体社会组织的联邦立法例。考察俄罗斯的团体社会组织联邦立法可以发现，俄罗斯关于社会团体的联邦立法中的社会团体，包括不享有法人权利的社会团体，在违反俄罗斯联邦立法的情况下，依照联邦法律和其他法律的规定承担责任。在不享有法人权利的社会团体违反俄罗斯联邦立法的情况下，由这些联合组织领导机关的组成人员对上述违法行为承担责任。社会团体，其中包括不享有法人权利的社会团体，实施受到刑事立法惩罚的行为时，这些联合组织领导机关的组成人员在其组织上述行为的罪过被证实的情况下，可以作为犯罪集团领导人根据法院判决承担责任。上述联合组织的其他成员和参加者为其参加准备或实施的那些犯罪行为承担责任。[①]

（2）我国深圳市关于团体社会组织的立法例。在深圳市关于团体社会组织的立法中其责任做了以下规定：[②]①社会团体有下列违法行为之一的，予以警告，并视情节处以 500 元至 2000 元的罚款：1）不按时参加年检或者在年检中虚报有关情况的；2）应当办理变更登记而未及时办理的；3）应当办理备案手续而未及时办理的；4）1 年之内没有开展社团活动的。②社会团体有下列违法行为之一的，由社团管理部门责令其停止活动，并可处以2000 元至 5000 元罚款：1）违反本规定，从事经营活动，尚未造成不良社会影响的；2）涂改、转让、出租、出借社会团体登记证书尚未造成不利后果的；3）违反社会团体的宗旨或者超越业务范围活动的。停止活动的处罚期限为半年。处罚期间，社团管理部门应当责成社会团体进行内部整顿。③社会团体有下列违法情形之一的，予以撤销登记；有非法收入的，并处没收非法所得：1）隐瞒真实情况、弄虚作假骗取登记证书的；2）连续 2年拒不参加年检的；3）连续 2 年不开展社团活动的；4）涂改、转让、出租、出借社会团体登记证书造成严重不利后果的；5）违反本规定，以营利为目的，从事非法经营活动的；6）从事危害国家利益、社会利益活动的。此外，社会团体法人所受罚款处罚的金额由自身承担。未经登记擅自以社会团体名义开展活动的，视为非法组织，由社团管理部门责令解散；其活

[①] 具体规定参见《俄罗斯社会团体法（1995 年）》第 41 条.

[②] 具体规定参见《深圳经济特区社会团体管理规定》(1998 年 1 月 22 日深圳市人民政府令第 69 号发布，根据 2004 年 8 月 26 日深圳市人民政府令第 135 号修订)，第 40-45 条.

动违反《中华人民共和国治安管理处罚条例》的，由公安机关依法处理；构成犯罪的，依法追究刑事责任。对被撤销登记的社会团体，由社团管理部门会同有关部门收缴其全部印章、登记证正、副本，并对其财产进行清查，依法处理。

对以上两个立法例进行考究，可以发现，其共同的缺失在于视角的单一，即局限在社会团体自身的责任上，尚未考虑到社会团体在社会中应有角色的定位，没有将其纳入广泛的社会关系中进行考量，这是一个普遍性问题。

2. 对团体社会组织的监督

对团体社会组织的监督，从内部层面来看，就是结社权的限制和限度问题，毕竟，在当今社会，团体社会组织容易对社会公共利益造成威胁，故而，必要的限制是必需的，但就其限度而言，应区分为：其一的限度层次是要求团体社会组织必须在宪法和法律的框架内活动；其二的限度层次是社会的道德底线；其三的限度层次是团体社会组织的自律和自治性。

对结社自由的限制主要表现在以下方面：首先是实体上的限制，即在结社主体、特种结社以及结社目的等方面必须遵循的界限；其次是程序上的限制，现代各国对此大都采取两种形式，即预防制和追惩制；第三是法人资格上的限制。[①]而对非政府组织[②]的外部监督主要包括政府监督和社会监督。政府对非政府组织的监督，行之有效的方法就是构建我国非政府组织的问责机制。问责机制的建立不仅要求财务过程公开和透明，而且要对整个组织的运行管理进行全面问责，并建立相应的问责和监督机制。同时，对于违反法规的非政府组织要进行严格处罚，并追究其法律责任。社会监督的力量主要来自三方面：一是捐赠者的监督，捐赠者是非政府组织物资的重要来源之一，非政府组织能否实现其社会承诺，是否有诚信，是其能否获得继续捐赠的重要因素；二是第三方评估机构的监督，由具有法定权威的中间机构或组织制定标准，对行业内成员机构的工作和项目进行评审，并在此基础上确认或否定成员机构自己所做的评审结果，我国目前还缺乏对非政府组织的第三方的监督与评估，这也是我国当前非政府组织发展过程中一项最为紧迫的任务；三是新闻媒体的监督，新闻媒体的正面和反面报道都会对非政府组织的发展产生影响。除此之外，还应建立非政府组织

[①] 王建芹. 非政府组织的理论阐释[M]. 北京：中国方正出版社，2005：147-149.
[②] 非政府组织是团体社会组织的另一称谓.

管理的信息系统，建立有效的检测机制。要对非政府组织进行监督，首先必须建立信息沟通系统，有些非政府组织虽然能够自己收取服务费，但是主要的资金来源还是政府机关的资助、捐赠及各种优惠措施。所以，作为公共机构，它必须发布相关财务信息，以利于主管机关、社会及捐赠者的监督；同时，非政府组织有义务和责任主动向主管机关提供及时、有效的信息以利于监督。①团体社会组织的监督体系从上述论证中可以明确，它弥补了前述立法例中的诸多不足，对于团体社会组织的良性运作起到了较好的促进作用；但其中也有疏漏，即在团体社会发挥自身的公私利益融通功能时的责任规制，因为团体社会组织作为新兴的"第三种力量"，其行为主要发生在跟消费者、经营者和国家的权利（力）交换中，这期间的行为矫正尚需新的责任形式，以上责任或约束显然满足不了这一需求。

3. 团体社会组织行为偏失矫正中的连带责任

连带责任是民法中的常用语，是指依照法律规定或者当事人的约定，两个或者两个以上当事人对其共同债务全部承担或部分承担，并能因此引起其内部债务关系的一种民事责任。它属于共同责任中的一种。传统民法并无并行的连带责任概念。该概念颇具中国特色，大概是指与补充性连带责任相对立的连带责任形态。连带责任确定后，依债务人承担责任的先后顺序不同，可将连带责任划分为并行的连带责任与补充的连带责任。并行的连带责任的各债务人之间不分主次，对整个债务无条件地承担连带责任，债权人可向任一债务人主张清偿全部债务。补充连带责任须以连带责任中的主债务人不履行或不能完全履行为前提，从债务人只在第二次序上承担补充性的连带责任，例如，保证人的保证责任、合伙人与合伙企业的对外债务、负有安全保障义务的经营者对受第三人侵害的人等。在一定限度内引入连带责任制度是矫正团体社会组织行为偏失的良策，毕竟，仅仅从团体社会自身考虑的话，未免过于狭隘，因为团体社会组织作为公私利益的沟通者在市场经济中与消费者、经营者以及政府有着千丝万缕的联系。倘若从相互之间关系的角度对团体社会组织进行规范，就会取得更好的效果，关系划分和实践纠纷处理也会趋于科学化和合理化。团体社会组织行为偏失矫正中连带责任的内涵是以民法中的连带责任为原型的，它应当充分考虑到行为人的主观方面和客观方面，在责任性质上应侧重补充性责任，慎用无限连带性责任。在设计此责任时也要辅以同业自律。同业自律是团体

① 刘卫. 中国非政府组织发展的路径选择[J]. 经济导刊，2007（12）：97-98.

社会组织管理的有效形式。目前我国 NGO[①]管理的主要途径除了行政管理外，同业之间的自律和互律很少。NGO 之间很少相互交往，信息不够畅通，相互间得不到有效的激励。更有甚者在相互拆台。这在一定程度上使自己陷于闭守状态，限制了自身发展，削弱了 NGO 的社会作用。另一方面，也加重了政府行政管理力量的投入。参与社会发展是 NGO 的发展方向。目前我国社会服务的水平总体还比较低，社会服务所留下的空间很大。NGO 总量虽多，但结构不够合理。从事社会服务的公益性社团不多，能真正发挥作用的基金会和公众筹款机构寥寥无几。许多社会服务工作没有人做。就拿民政工作来说，救灾、扶贫等许多事情仍主要由政府承担。

当然，国家在团体社会组织问题上也应重视各项制度的整体配套，发挥多方向管理的综合效益。民间组织的发展与管理，在主体法之外还涉及众多领域，如税收、社会保障、人才流动等，需要各个领域的政策相互配套、整体协调。例如日本公益法人制度改革，就是按照法律制度、税制、会计基准三个方面同步的方针进行的。民间组织法律制度建设，必须重视民间组织制度供给上的科学性、针对性和整体性，注意"推"和"拉"，"规制"和"引导"机制在科学管理中的共同作用。在我国，当前急需建立民间非营利组织规范发展要求的税收、劳动保障、人才建设等方面的长效导向机制。当然，日本在非营利法人管理方面的一些具体做法，如年度报告书、年度白皮书、定期现场检查、税制设计、公益认定等委员会、公众查阅等，也值得在实践中结合实际加以借鉴。根据我国的实际情况，可以在团体社会组织承担连带责任的大前提下，引入保险制度，充分利用责任保险或保险基金的方式来修正团体社会组织连带责任制度产生的消极影响。

综上，对经济法主体行为偏失的矫正要结合行为法经济学来理解。行为法经济学要完成三个任务：实证、规定和规范任务。其一，实证任务是解释法律的效应和内容。主要是说明法律如何影响人们的行为、法律规则改变时人们的可能反应是什么、为什么法律要采取各种特定的形式等问题，行为科学的引入能使分析和判断更为准确。其二，规定任务是讨论如何应用法律来达到特定的目的，这是法经济学的中心目标。其三，规范任务则是评定法律体系的目标。在传统法经济学中规定任务和规范任务没有什么区别，法律的目标都是实现"社会福利最大化"，社会福利的衡量又是以人们所显示的偏好为标准。行为法经济学虽然也承认社会福利最大化是法律体系的追求目标，但是它认为法律体系的目标应当更为复杂。因为人们所

[①]NGO 是非政府组织的简称，它是团体社会组织与政府相区分角度的另一种称谓.

显示的偏好是建立在并不稳固的基础上的，受认知能力及客观环境的强烈限制。如传统的分析认为行为人是其自身利益最好的理解者和判断者，因此反对对行为人的行为进行控制。但是行为科学表明行为人的选择往往建立在错误的基础上，需要一定的控制。可是更为复杂的是控制者（如政府官员）也是受限制的行为人。因此控制与否以及控制能否达到预期目标都是十分复杂的事情。进一步讲，从行为法经济学表现出来的法律意义角度，可以看出行为法经济学的研究主要集中于两个方面：一是构造一个良好的法律环境，最大化地降低行为人理性受到的限制和影响。各种因素的限制使行为人的计算能力、意志力不能够符合最优决策的要求。理性选择理论尽管不现实，它毕竟描述了一个理想的完美状态，说明了实现最优决策所需要的条件。因此行为法经济学的一个主要研究内容就是说明如何限制那些使行为人理性受限的因素发挥作用，使行为人的计算能力和得到的信息符合最优决策的要求。法律的重要作用就是建立这样一个环境。从这个角度来理解法律比传统法经济学的理解更为深刻，解释力更强。二是应用行为科学的结论，判断法律规则约束下行为人的反应，说明法律规则的效果，进而为法律规则的选择提供依据。基于此思路，经济法主体的行为判断应当突破理性选择理论，然而，对理性选择理论的突破不全是由行为经济学和实验经济学完成的。科斯的贡献在于突破了"制度不相关"假设，信息经济学则突破了"信息完全"假设，博弈论则在综合信息经济学的基础上突破了"单独决策"假设，使决策建立在行为人之间的相互作用上。行为经济学和实验经济学的贡献主要集中在对决策行为的直接判断上，从对行为人自身的假设，到对决策环境的假设，到行为的追求目标，甚至是理性选择理论的个人主义方法论基础都受到了挑战，行为经济学和实验经济学在理性选择理论的各个方面都发现了"反常现象"。可见，要充分认识经济法主体的行为边界，必须脱离均衡模式的窠臼，而要着眼于动态，在一种绝对不均衡中寻求经济法主体行为边界的构成因子，而这就有赖于对我国的经济社会转型的反思和考量，将经济社会转型的事实作为认知的逻辑起点，在对经济法主体的行为边界进行准确厘定的基础上，有效地矫治经济法主体行为的偏失性。

第六章 经济法主体利益的冲突与协调

应当从应然的结构上去理解实践，即实践也是一个价值范畴，它具有价值性质。列宁讲的是主体的需要以及这种需要的对象化和现实化，正是因为主体需要的对象化，才有一个对象向人生成的问题，所以，实践活动既是人的本质力量对象化的活动，又是改变对象、使对象具有属人的性质、从而能够满足主体需要的活动。而对象满足主体需要的关系就是价值。所以，实践的内在结构是一种应然的价值结构，实践活动产生的也是客体的属人的价值。实践活动的这种应然的价值性是同其"改变"的活动性质一致的。由此可以做出这样的判断：客观现实性只是实践区别于认识的特点，即实践品格优越于理论认识的普遍性品格之所在，这种品格针对的是唯心主义抽象的能动性。而应然的价值性才表明了实践的性质，从而揭示出人作为主体所具有的能动本质，以反对直观唯物主义那种对人的事实的、实证的和自然主义的理解态度。[①]经济法主体的利益冲突是个实践问题，而将它放在上述应然的价值结构上去分析，就会产生一种价值上的认知，该认知具有一定的抽象意味，有助于分析和发现经济法主体利益冲突的根源，当然，该认知要植根于人性，只有做到这一点才能对各自的利益进行准确的界定，才能科学合理地协调相互之间的冲突。

第一节 经济法主体利益关系的宏观解读

理性选择理论认为行为人对自己的效用函数有着清醒的认识，能控制自己的效用函数并使之符合最大化的要求，行为人具有完全的意志能力。但是行为人的效用不一定都是社会所认可和激励的效用，甚至与行为人自身的整体、长期效用最大化也是有区别的。社会要求每个成员都对其效用进行自我控制，但更多的情形表现为：一是有些效用在某些情况下成了主导效用，使行为人难以对自己的整体效用进行控制，二是因为行为人同时

[①] 李楠明.价值主体性——主体性研究的新视域[M].北京：社会科学文献出版社，2005：266-267.

具有多个效用目标追求而难以对它们进行排序。可见，行为人的意志力是有限的。[①]从理性选择理论的上述局限可知，利益支配下的意志也可能会发生有限的情况，可能不会完全按照利益关系的安排来表达，因此，应当明确主体利益选择的主导效用，对效用目标进行排序。理论的创造力和解释力必须植根于本国的社会实践，随着我国社会主义市场经济体制的逐步确立，经济法理论已走过了从不成熟到逐步成熟的发展历程。现在，经济法学界已经达成了一个基本共识，即经济法的一个核心问题是要处理好国家与市场的关系，这可以作为经济法主体利益关系的宏观抽象，围绕着这个命题，法学界现在已经形成了以下五种分析范式：一为经济法是对市场失灵与政府失灵进行双重干预之法；二为经济法是市民社会与政治国家辩证运行之法；三为经济法是推动市场调节与宏观调控相结合之法；四为经济法是协调自由竞争与国家干预之法；五为经济法是公法与私法互动交融之法。这五种研究范式从不同角度道出了国家与市场的二律关系。[②]对法律的理解不能仅仅局限于法律本身，而应该看到法律是社会生活秩序化的一面，研究法律就是要反映出社会经济关系等赋予法律的规定性，揭示出法律"面纱"后面的东西。在解读经济法主体利益关系时之所以引入国家与市场的分析框架，其考虑在于：国家与市场是对经济法主体利益关系的宏观归纳，是贯穿经济社会现实和经济法现象的两条线，它可以为微观层面的经济法主体利益关系分析划定框架。

一、利益主体是剖析利益关系的关键

利益是贯穿人类经济社会发展的主线，而利益关系是人类社会关系的本质。而分析利益关系、解决利益冲突的关键在于认清利益主体。如马克思所言，主体是人，客体是自然。各种各样的、不同层次的利益主体，在整个社会中独立存在并相互作用.由此而形成了人类社会的基本利益格局，并相应产生了各种不同的利益观念与利益行为。人类社会中不断产生、发展、变化着的纷繁复杂的利益关系与利益矛盾，归根到底都是利益主体之间的关系与矛盾。[③]利益主体的视角既可以简化社会关系的繁杂状况，又能

[①] 魏建. 法经济学：分析基础与分析范式[M]. 北京：人民出版社，2007：221.

[②] 李昌麒. 经济法学[M]. 北京：法律出版社，2007：8-10.

[③] 所谓利益主体，就是利益的创造者、追求者、消费者和支配者，即在一定社会关系中通过自身各种行为活动来追求物质需要、精神需要满足的人。参见：赵平俊. 正确认识马克思主义利益主体[J]. 今日中国论坛，2007（6）：31-33.

够明晰主体之间的矛盾和冲突。

如同人的属性，利益主体是自然属性与社会属性的统一。自然性是利益主体的基本前提，社会性是利益主体的本质内容，该双重属性决定了利益主体的多元性、层次性和易变性。利益主体的多元性，是指利益主体数量上的不唯一性。同时并存的利益主体是数量繁多、纷繁复杂的，因为在社会中有多少种对利益对象的占有关系和支配关系，就有多少个利益主体，并且各种利益主体多元交叉，无所不包。利益主体是个人主体、群体主体与全人类主体的统一，它是多元的，但该统一体内部各个主体的地位却是不一样的，这就是利益主体的层次性。按层次性的不同，利益主体可以分为个人利益主体、群体利益主体和全人类利益主体三个层次。利益主体还具有易变性。马克思的历史唯物主义表明，由于生产力与生产关系的矛盾运动以及经济基础与上层建筑的矛盾运动的推动，人类社会总是在不断地向前发展的。随着社会的发展、变革，原来的社会基本利益格局就会被不断地打破和重新形成，各个利益主体在社会中所处的地位也就会随之处于不断的发展变化过程之中。从这个意义上讲，人类社会发展的历史，就是一部利益主体不断斗争，不断更替交变的历史。[①]鉴于利益主体属性的复杂，利益关系也表现出多重性、多层次性以及多变性，如此一来，要对经济法主体利益关系进行解读，必须遵循正确的导向，选择科学的方法。

二、经济法主体利益关系的宏观视角

法学界对经济法是调整国家与市场关系之法已基本达成共识。我国经济法的使命就是规范社会主义市场经济中国家与市场的关系。"体现国家渗透市场理念的经济法，正是市场与国家博弈的均衡解。经济法自其诞生之日起，便与国家和市场有着本然的亲缘关系。"[②]国家干预观和市场调节观是厘清经济法利益关系的两条基本主线，它勾画出了经济法主体利益关系中的利益对比和消长，要探寻经济法的真谛，必须牢牢抓住这两条线。毕竟，在国家干预与经济自由两大经济思潮的交替与轮回过程中，经济法应以社会经济理性为逻辑起点，对国家的法律和社会的法律作深刻反思，从而实现国家干预观的更新，旨在保证经济法功能的有效实现。

[①] 赵平俊. 正确认识马克思主义利益主体[J]. 今日中国论坛，2007（6）：31-33.

[②] 李昌麒. 发展与创新：经济法的方法、路径与视域[J]. 山西大学学报（哲学社会科学版），2003（3）：27-40.

（一）经济法主体利益关系的历史维度

经济法主体利益关系的变化是经济法思想演化过程的概括；经济法思想的演化过程集中体现了经济法主体利益关系的变化。鉴于以往的学者对国家干预主义与经济自由主义两大思潮的本质意蕴已有诸多解释，在此不赘述。但是可以发现，在过去许多对这两种学说进行评析的论著中似乎又把对它们的理解推向了极端，以为主张国家干预就必定是排斥经济自由，主张经济自由就必定排斥国家干预。但事实并非如此。欲溯源经济法的国家干预观与市场调节观，必须理清国家干预与经济自由两大经济思潮的理论演化，毕竟，国家干预和经济自由两大经济思潮以及与之相适应的经济政策是贯穿于资本主义生产方式产生、发展和演变的全过程的此消彼长的两大基本经济思潮。研究这两大思潮的演变有助于了解资本主义生产方式的运动规律，以为我所用。[①]

1. 以重商主义为代表的原始国家干预主义并不一般地反对经济自由

重商主义产生于封建晚期，它的出现一方面体现了国家为了弥补庞大的政府开支而采取的国家干预经济的政策，另一方面也迎合了商业资本家的主张。因而使得欧洲各国在封建社会晚期都推行了重商主义的国家干预经济的政策。当然，也应当看到，当时属于重商主义思想体系的某些人在强调国家干预的同时也没有否定经济自由，例如，在经济学史上处于重商主义和古典经济学交替阶段上的晚期重商主义代表人物蔡尔德和达芬南的学说即是如此。蔡尔德关于某些商业行为不需要法律干预或控制的见解还被认为是自由贸易理论的先驱。达芬南也有两句名言，其一是一蒲式耳谷物的市场价格将胜过任何立法干预；其二是贸易本质上是自由的，以此表达他对政府在贸易问题上管制政策的不满，认为政府所制定的各项法令可以为私人的特殊目的服务，但很少有利于公众。由此可知，原始的国家干预主义非一意孤行，他们在奉行国家干预主义的同时并不一般地反对经济自由，而后来的经济自由主义理论和政策主张也正是从原始的国家干预主义的理论中衍生出来的。

2. 以亚当·斯密为代表的经济自由主义也不一般地反对国家干预

大家公认的经济自由主义的典型代表人物是亚当·斯密。他的学说反映

[①] 李昌麒，张波. 论经济法的国家干预观与市场调节观[J]. 甘肃社会科学，2006（4）：4-9.

了力图挣脱原始国家干预主义的约束、大力发展生产力和最大限度地攫取剩余价值的新兴资产阶级的利益和要求。众所周知，亚当·斯密的古典经济自由学说较之以休谟为代表的早期经济自由主义有了质的飞跃，其标志是他主张建立一个在劳动价值基础上的完全竞争的市场调节机制，由此形成了第一个系统的经济自由主义体系。亚当·斯密的《国富论》是经济自由主义和国家干预主义两大思潮斗争史上的一部较系统阐述古典经济自由主义理论和政策主张的著作。尽管这个时期经济自由主义思想占据主导地位，但也要看到，即使是在亚当·斯密本人的思想体系中也并未完全排斥国家干预。因此，在这个时期，经济自由和国家干预在一定程度上仍然存在着交织。1860年《科伯登——谢瓦里埃条约》的产生就是经济自由主义和国家干预主义两大思潮进行斗争的划时代的里程碑。正如国家"酌情干预"理论的倡导者马尔萨斯所言，"完全的贸易自由恐怕是一种永远也难以实现的幻想……而一个政府不可能完全的听任事物自然的发展，有时候却需要这样的医师和政治家进行干预，他们具有的科学知识越丰富，工作就做得越适当"[①]。此外，英国著名的经济学家、哲学家和社会活动家约翰·穆勒对于19世纪上半期产生的关于国家干预的限度、范围和方式的论争，以调和折中的方式作了系统的阐述，他认为："被普遍承认的政府职能具有很广的范围，远非任何死框框所能限定；不可能用任何普遍适用的准则来限制政府的干预，能限制国家干预的只有这样一条简单而笼统的准则，即除非政府能带来很大便利，否则便决不允许政府进行干预。"[②]可见，此时"适度干预"学说已见端倪并有所发展。这一现象表明，经济自由主义极度盛行的时期也有国家干预的影子，在亚当·斯密的经济自由思想中仍有国家干预的因素存在。亚当·斯密并非一个偏执的鼓吹者，这也从另一个侧面印证了其思想体系的成熟性和发展性。如上所述，不管是亚当·斯密，还是其反对者，他们的论著只是侧重思想的某一方面，而并没有将其思想推向极致，只是在自由和干预中做了合时宜的选择，换句话说，经济自由主义尽管有其独立的思想体系和实践支撑，但它也不一般地反对国家干预，两者的交融与互动是协调统一的。

3. 以凯恩斯为代表的国家干预主义也不一般地反对经济自由主义

凯恩斯在其代表作《就业、利息和货币通论》中提出了系统的就业理论和国家干预经济的一系列政策主张，同传统的自由经营论针锋相对，以国家

---

① [英]马尔萨斯. 人口原理[M]. 朱和中，译. 北京：商务印书馆，1996：20.
② [英]约翰·穆勒. 政治经济学原理（下卷）[M]. 胡企林，译. 北京：商务印书馆1991：371-372，570.

干预论代替自由经营论。在国家垄断资本主义条件下，西方经济理论论证了国家干预经济的必要性，为制定国家调节经济的政策提供依据，但在20世纪70、80年代之交，凯恩斯主义的统治地位在某种程度上被依存于新古典学派"自由企业精神"的新保守主义经济学所代替。①关于国家干预与自由经营的此消彼长现象，理论界莫衷一是。"一切特惠或限制的制度，一经完全废除，每个人，在他不违反正义的法律时，都应听其完全自由"。②以凯恩斯为代表的国家干预主义也不一般地反对经济自由主义，例如，当有人批评凯恩斯的经济政策思想是对自由竞争原则的背离时，他因遭到误解而辩白道："我绝没有背弃这一理论。"③或许，最有力的证据还是凯恩斯对个人主义思想的看法。凯恩斯从效率、个人权利和生活质量三个方面阐释了自由主义的先天优势。事实上，个人主义思想仍然是凯恩斯经济价值观的核心。④可见，在凯恩斯的国家干预思想中仍然存在着经济自由的合理因子，只是迫于现实条件的需要，他更强调国家对经济的干预而已。

经过以上回顾可以认为，在经济自由主义与国家干预主义的生成过程中，大体存在着这样一个发展规律，即经济自由主义和国家干预主义两者并非并驾齐驱，而是必以其一为主轴，然后辅之以相对者，以此形成两种思想的良性互动。⑤历史也证明，单纯的"市场之手"或"国家之手"都难以实现资源配置的帕累托最优。当然，我们也应当看到，国家干预主义和经济自由主义作为一种经济思潮，无论是在资本主义形成时期、自由资本主义时期，还是垄断资本主义时期，它们各自都有强烈的表现欲，只不过是一种学说在某个时期可能占上风，甚至为当局者所推崇或作为决策依据，上升为政策或法律而已。我们又发现，在当今世界，一个负责任的理性政府都可能在国家干预与经济自由的呼声中求得某种平衡，总是不会因为强调国家干预而忽视经济自由，或者因为强调经济自由而放弃国家干预。故此，一个成熟的市场经济体制应当是一个"混合的市场经济体制"。由此可以认为，"国家之手"和"市场之手"的共同作用便促使了经济法的产生，而国家干预和经济自由思潮的相互作用又为经济法主

---

① 傅殷才，颜鹏飞. 自由经营还是国家干预——西方两大经济思潮概论[M]. 北京：经济科学出版社，1995：289.

② [英]亚当·斯密. 国民财富的性质和原因的研究（下卷）[M]. 郭大力，译. 北京：商务印书馆，1983：252.

③ [英]R. F. 哈罗德. 凯恩斯传[M]. 刘精香，译. 北京：商务印书馆，1997：377.

④ 宫敬才. 经济个人主义的哲学研究[M]. 北京：中国社会科学出版社，2004：34-42.

⑤ 李昌麒，张波. 论经济法的国家干预观与市场调节观[M]. 甘肃社会科学，2006（4）：4-9.

体的利益消长和关系认知提供了理论基础和实践表征。

（二）经济法主体利益关系的现实回应

经济法主体利益关系的现实回应表现在基于市场的道德风险而引发国家干预的微观重构。从普遍意义而言，"国家的强制权力为某一产业利用国家提高营利提供了可能性。一个产业（或一种职业）谋求从国家那里得到的主要政策有四种，即谋求政府直接的货币补贴、控制新竞争者的进入、对那些能影响它的替代物和补充物的干预以及固定价格"。[①]这一隐患的存在对国家干预的微观重构提出了必然要求，而国家干预的微观重构有：

1. 国家干预中市场的功能整合

市场功能从狭义上讲是市场机制功能的同义语，市场功能表现在：联系功能；产品选择功能；收入分配功能；信息传导功能；刺激功能；结构调整功能；技术进步的促进功能；总量平衡功能；提高政府调节效率的功能；促进经济发展的功能；发展对外贸易的功能等方面。众所周知，市场机制的功能实现是个综合因素的集合，它离不开健全的市场体系和良好的市场秩序，然而在市场体系的形成过程中，除了市场调节的正效应外，还有负效应，即市场的道德风险。市场的道德风险远非国家干预的宏观调整所能涵盖，因此，必须对国家干预进行微观重构，这在市场层面上的表现之一就是对市场功能进行整合。从国家干预的角度讲，市场的功能整合所确立的路径应当是在确保市场的信息传导功能和产品选择功能的基础上，充分发挥市场的联系功能、刺激功能，从而为技术进步的促进功能和发展对外贸易的功能创造条件，另一方面也保证总量平衡功能、结构调整功能和收入分配功能的有效发挥，进而提高政府调节效率的功能，最终促进经济的全面发展和社会的整体进步。

2. 国家干预主体制度的完善之策

国家容易面临的一个困境是政府自身的低效和腐败现象的滋生，一个重要原因是它承担了过多的社会职能和经济职能；而离开了政府行政机构，社会本身又缺乏自身的组织能力。当然，经济的转型需要国家的主导，而市场具有抑制国家权力过分膨胀的作用。市场经济的发达、社会自治和法治化限制了国家权力的运作范围，从而也就将权力滥用和腐败控制在有限

[①] [美]斯蒂格勒. 产业组织与政府管制[M]. 潘振民，译. 上海：上海三联书店，1989：212.

的程度之内，因此有必要从主体方面对国家干预理论进行完善。而解决社会发展中的问题有个基本的逻辑思路，即首先应当考虑交给市场去解决，市场解决不了的交给团体社会去解决，只有在市场和团体社会都解决不了的情况下才交给政府去解决。可见，要解决国家的上述困境，从主体角度来看，就必须将注意力适当地转向团体社会，政府应当鼓励培育社会自治组织，积极调整政府与社会的关系，发展和壮大社会自我管理与自我组织的能力，让团体社会吸纳和承接从政府分离出来的部分职能。此外，社会内部发展起来的契约性规则、自治能力和利益格局是社会稳定的保险机制和控制机制。国家在干预过程中可以以此为桥梁或助推器，在利益格局平衡的前提下，对其进行引导或干涉，以促进和谐。只有这样才能保证国家干预主体制度的完善。

　　总之，中国经济体制改革选择了一条"中庸"之策，在重塑充满活力的市场主体、构建竞争性的市场机制、完善政府宏观调控体系和构造社会分配制度体系等四个方向上同时展开，全面推进。毋庸置疑，资源在社会上不同使用方向之间的合理配置要求较高层次的资源配置目标能够实现，然而这种达到资源合理配置的模式运作离不开国家干预和市场调节的有机结合，离不开宏观经济和微观经济的协调。所以，应当从宏观和微观相互协调衔接的角度来研究国家干预。而对于经济运行（包括资源配置）来说，在制度设计层面上，宏观调整优于微观重构，在目标定位层面上，宏观目标优于微观目标，而在运行机制层面上，市场调节优于政府调节。总体而言，国家干预经济的目的在于使微观经济和宏观经济趋于协调，即国家干预理念就是在市场机制保证微观经济运行合理性的基础之上，通过科学的、有效的国家干预去实现某些单靠市场机制所难以实现的宏观目标。

第二节　经济法主体利益冲突的认知与分析

　　人格体行动虽然是一种身体性行动，但是，这种身体性行动具有通过规范进行互相理解的含义。对这种行动不能仅仅外在性地、身体性地进行反映，而是要通过具有互相理解含义的表达来进行反映。可见，主体的行为在规范解释层面上进行了连接，而从矛盾的视角对各人格体的利益进行辨别分析是解决冲突的有效路径，但在具体的主体冲突认知上也要明辨社会理路与法律理路的关联，这才是真正的解决之道。

一、经济法主体利益冲突的认知理路

经济法主体利益冲突的认知理路可以从社会学和法学两个视角展开。

（一）经济法主体利益冲突的社会学视角

在理论领域中，社会冲突并非法学而是社会学理论的直接研究对象。作为与塔尔科特·帕森斯、罗伯特·K·默顿等人功能整合理论的对立，冲突理论独树一帜而成为社会学理论中的重要流派。尽管冲突理论在解释社会过程方面明显具有矫枉过正的偏激，但这种偏激如同功能整合理论对社会环境构想的虚幻化一样，得到了社会学理论的宽容。然而，由于学科之间理论视角的差异，社会学理论对社会冲突的本身特征、形成根据以及功能和意义的评价并不能为相适应的法学研究提供理论基石。社会冲突理论的倡导者们力图超越现实社会制度和社会结构，从既定的社会秩序要求出发，认识和评价作为特定社会现象的社会冲突，而弥合由学科不同而形成的理论差异是没有必要且不可能的，但认识、揭示这种差异，并从社会学与法学比较的角度考察社会冲突，则成为社会冲突与诉讼机制研究的逻辑起点。当然，冲突除了负面效应以外，也有正面后果，科塞将其归纳为如下五个方面：[①]冲突对社会与群体具有内部整合功能；冲突对社会与群体具有稳定的功能；冲突对新群体与社会的形成具有促进功能；冲突对新规范和制度的建立具有激发功能；冲突是一个社会中重要的平衡机制。在认知经济法主体利益冲突过程中，该后果也是理应考虑的，毕竟法律存续于整个社会中，它最终也要回归社会。

（二）经济法主体利益冲突的法学视角

从法学角度审视，不难发现，西方社会学家无论是否对冲突做出具体的界定，他们所关注的往往都是冲突的外部表现形式（包括可感知的冲突者的心理状态），在表述或说明冲突时都忽视了冲突的社会意义以及认知冲突的社会目的。从冲突的社会意义看，在任何一个有秩序的社会中，冲突，即便是纯粹发生在私人间的冲突，都具有一定的反社会性。无论冲突各方是否具有正义的根据，冲突毕竟与社会秩序的要求是相悖的。这是因为，当社会中的利益、权力以及威望通过一定的方式"合理"分配（社会通常假定既有的利益、权力以及威望分配格局是合理的），并表现为一种制度和

[①] 宋林飞. 西方社会学理论[M]. 南京：南京大学出版社，2005：324-329.

秩序时，围绕利益、权力以及威望的冲突就不再是对个别主体的侵害。马克思就曾把极端的冲突形式——犯罪表述为"孤立的个人反对统治关系的斗争"。因此，仅仅从具有直接对抗的冲突双方或多方的行为去描绘或认识冲突是不够的。从人们认知冲突的社会目的看，把冲突从诸种社会现象中提炼出来，并加以特定化，其目的除了把握社会发展过程的状态外，在实践层次上的意义主要是为了抑制冲突的负面效应，减少冲突的发生或防止冲突的恶化，并进而实际地解决冲突。这为界定冲突所设定的制约前提是：冲突必须具有作为社会控制实践对象的可能和价值。对社会现实秩序不构成妨害的行为对抗或者未通过实际行为（包括言论）所反映出来的心理对抗不具有"冲突"的性质。据此，冲突的法学本质应当是：主体的行为与社会既定秩序和制度以及主流道德意识的不协调或对之的反叛。可见，在法学视角下经济法主体利益冲突的消极意味是纠纷解决机制构建的思想内涵，而具体法律制度的设计也往往据此进行。

综上，法学与社会学视角的差异形成了对社会冲突的截然不同的认识和评价。社会学偏重于从正面来分析，社会学某些冲突论者从历史发展的动态过程中观察社会冲突对于社会发展的促进意义，从而充分肯定了冲突的积极功能。法学偏重于从反面来分析，法学往往从现存社会制度和社会秩序出发认识社会冲突的反社会性，从而把社会冲突视作一种消极存在。没有理由、也无法对这两种认识做出是非正误判定，分析这种差异更主要的是为冲突的解决提供一种前提，因为只有当人们不是从社会学角度把社会冲突理解为一种积极的社会现象时，以抑制或解决社会冲突为最高宗旨的诉讼机制才具有基本价值。在法学意义上认识社会冲突，我们所力图揭示的是这样的机理：社会冲突，无论是统治阶层内部的冲突还是统治阶层外部的冲突都是与现实统治秩序（从而也是与法律秩序）不相协调的，严重的社会冲突都危及统治秩序或法律秩序的稳定。③经济法主体利益冲突的认知应以法学视角为主，亦应适度兼顾社会学的思路，如此才能摆脱法律自身的研究局限，这也是将经济法融入整个社会系统的必然要求。

二、经济法主体利益冲突的根源

托马斯·霍布斯发现了三个主要的导致冲突的原因，即第一是竞争，第二是不信任，第三是名誉欲。遵循以上对经济法主体利益关系的宏观解读，若要剖析该关系中的利益冲突，还需深刻洞见国家与市场博弈中存在的困境。当然，经济法学界通常认为二者理想的关系应当是国家和市场保持相对独立，国家可基于公共利益的需要对市场进行有限干预，干预的范围以市场失灵的范围为限。这种应然设计以市场失灵产生的公共利益为国家干预的必要前提，以有限理性作为保障国家正确行使干预权的理论基础，具体在制度上往往以发达市场经济国家的干预行为为范本。但理论上对传统人性论的路径依赖导致了"经济人"假设与现实一定程度的脱离，这也恰恰引起了经济法主体认知的困境，该困境可以剖析为公共利益与公共选择、有限理性和无限权力、西方市场经济范本与中国路径依赖等三大方面，这是经济法主体利益冲突的根源，现分述如下：

（一）公共利益与公共选择的困境

社会公共利益的产生往往体现在市场体制的失效领域。例如市场中的外部性效应、垄断、信息不对称等。所谓外部性（externalities）指的是企业或个人向市场之外的其他人所强加的成本（负外部性）或利益（正外部性）。[①]如果外部性造成的是不特定人的损失或收益，则将产生公共利益的问题。如 2005 年11 月的吉林松花江苯污染事件，就是一个突出例证。吉林双苯厂爆炸污染了松花江上游，导致下游的黑龙江省受害，甚至波及邻国俄罗斯。产品质量问题、食品安全问题、禽流感问题等均是负外部性的表现。现代科学技术的发展和人员交往的频繁使这种负外部性日益严重，这种负外部性无法由市场机制自行解决，客观上要求公权介入，以矫正市场失灵。而实践表明，公共物品和外部效应是推行国家干预的一个很有说服力的理由。换句话说，国家干预市场的合理性正是基于维护公共利益。但另一方面，现行的制度也并不必然能够保障国家干预达到维护公共利益的目的，首先，不能想当然地认为国家是社会利益的完美代表。我国改革开放尤其是建设社会主义市场经济体制以来，打破了计划经济时期个人、集体和国家利益三位一体高度统一的格局，导致利益的多元化。但目前我国仍存在多种所有制形式的市场主体，国家行使着国有企业的所有者权利。从逻辑上讲，国家既然代表了部分市场主体的利益，就不应该同时代表其他市场主体的利益；在实行行政分权和财政分权（分税制）后，中央和地方产生了相对独立的利益，政府的不同部门中也分化出了自己的特殊利益。这使得不同地区或不同部门所追求的利益也有不同。其次，利益的多元化必然产生利益冲突，法律作为各方冲突斗争的结果通常将向强势的利益主体倾斜。合法的利益需要相关的制度保障，而维护社会公共利益更需要严格的制度设计。公

[①] [美]保罗·萨缪尔森. 经济学（第十六版）[M]. 萧琛，译. 北京：华夏出版社，1999：28.

共利益具有模糊性和主体不确定性，实质上是一个价值判断，必须以一个变迁中社会的政治、经济、文化因素作为评判该价值的要件。当然，要提出一个能被政府和公众普遍接受的公共利益概念在客观上是不可能的，由此也导致其主体缺位。而利益主体的不确定性又使得公共利益缺乏特定的维权主体，因此在立法和执法中易被虚置。由于政治过程中参与者的私人利益的存在，根据公共选择理论，参与政治市场交易的各方也追求自己的利益，作为"经济人"都要对交易中个人的成本效益进行衡量，以使效用最大化。由此，公共选择理论指出，在与公众有关的决策中，找不到"根据公共利益"进行选择的过程，而只存在各种特殊利益的讨价还价、相互妥协的"缔约"过程。① 公共利益与公共选择的困境证明国家在干预市场失灵时也必然产生政府失灵，这种因"经济人"特性而导致的政府失灵只能从制度上加以遏制而不能完全避免。当然，公共利益和公共选择的困境在各个国家都不同程度地存在，只是缘于我国欠缺适当的制衡机制，公共利益的扭曲现象比较明显而已。我国的立法，尤其是绝大部分以行政法规、政策、命令为渊源的经济法规范往往体现了一些部门利益或地方利益，有些部门、机构或地方政府以规范市场秩序的名义将其私利纳入立法或者执法过程中，如民航总局禁折令，又如地方政府片面强调税收、就业等产生的经济利益，致使地方保护主义盛行，环境污染严重；少数部门之间的利益冲突导致有些法律的"难产"，这与背后的部门利益冲突不无关系。此外，因缺乏严格的程序规制，公共决策缺乏公开性与透明性，致使个人化情况严重。

（二）有限理性与无限权力的困境

国家职能在市场经济条件下与在计划经济条件下最大的区别是其所依据的假设前提不同，计划经济建立在国家具有完全理性的假设上，市场经济下国家理性是有限的，因此国家的权力也是有限的，有限理性是国家正确行使干预权的理论基础。但目前我国国家干预权还不是完全依照这一基础设计的，因此凸现了有限理性和无限权力的矛盾冲突。实践证明，完全理性假设是一种"致命的自负"。毕竟，人不可能完全洞察并精确计算社会发展的各种变数，市场经济的风险性和主体的独立性客观上也要求决策的分散化和责任化，其暗含的逻辑前提是国家仅具有有限理性，不可能代替市场并成为资源配置的主宰性力量，即承认国家的权力有边界，权力应当受到制衡。如果要实行市场经济，有限理性的国家只能对市场进行适度干预。有限理性和无限权力之

---

① 周毅之．对经济合理性论证的政府不经济的思考[J]．江苏行政学院学报，2002（1）：75-83.

间本质上不相容。当我国决定建设市场经济时，即意味着国家权力必须从无限转变为有限，这需要相应的机制制衡国家权力，因为有限权力不可能来源于国家的自觉。但在目前，我国的国家权力尤其是行政管理权有时会变成不受限制的无限权力。不可克服的有限理性与现实中的无限权力形成了我国国家与市场关系的第二个困境。经济法是国家干预市场的形式，鉴于市场的易变性和经济法的回应性，经济法更倾向于扩权法，例如在美国等发达市场经济国家，政府手中也日益聚集起大量的经济权力，掌握了准立法权、准司法权、执法权和法律解释权，这与以限权为核心的传统行政法迥异。但因民主制度的完善，政府的权力受到了其他机构及社会的有力监督和制衡。在我国，众多的经济法渊源是行政法规、规章和政策，但却缺少完备的司法审查制度。从最根本意义上讲，没有司法审查和违宪审查制度的立法是不太科学的。此外，行政权力的膨胀还体现在执法中，即把大量具体问题的解释权委托给地方和其他部门，而解释权的泛化极易导致以言代法、以权代法现象的产生。但我国的许多经济法律法规，授予了政府权限，却未规定相应的责任，或者即使规定了责任，也与权力极不相称，造成主体权利被公权侵犯后很难得到救济。

（三）西方市场经济的范本与中国路径依赖的困境

在我国构建经济法具体制度应不应该以西方成熟的市场经济为蓝本，这是个问题。事实上，"中国经济法的现代化实质上是中国经济法走向世界，与具有国际性和普遍性的现代经济法相衔接或接轨的过程，必须立足于借鉴和移植西方现代经济法的制度规则和观念体系"。[①]我们必须承认现代的市场经济和经济法存在共同性和普遍性，但法律制度的变迁尤其是具有回应性的经济法制度的变迁，不能回避其中的路径依赖问题。我国建立市场经济的路径是政府主导的由上至下的渐进式改革，即国家主导型的制度变迁。因为制度和传统文化等初始条件的影响，在市民社会发育不成熟的情况下，单靠市场的自身力量是很难达到预期效果的，这就需要公权的介入。而受此改革模式的影响，我国国家与市场的关系呈现旧体制和新体制的弊端共存的情况，具有鲜明的转型期特点。有学者认为，我国渐进式改革很有可能陷入路径依赖的锁定状态。[②]经济法若不能对转型时期的问题提出针对

---

① 李昌麒，鲁篱. 中国经济法现代化的若干思考[J]. 法学研究，1999（3）：90-100.
② 仉晓光，荔吉元. 对中国渐进式改革中的路径依赖问题的反思[J]. 市场周刊（研究版），2005（2）：102-104.

性的解决方案，改变其路径依赖，而是不加分析地引进国外的制度，则将因"水土不服"而成为一纸空文。要从根本上解决因我国国家与市场的实然状况而导致干预不当的种种问题，有赖于经济和法律本土化问题的解决。

综上，针对经济法主体认知中的上述困境，经济法的制度创设可以在局部起到弥补制度性缺陷的作用。对于公共利益和公共选择的困境，应当转变政府的角色，避免政府利益与公共利益的直接冲突，改变决策过程，增加博弈环节，从制度上控制政府"经济人"的自利性；对于有限理性和无限权力的困境，一方面，规范行政权限尤其是行政立法权限的授予，建立监督机制，完善经济法责任和救济程序，另一方面，明确界定公共利益的范围，健全财产的保护机制，设定公权不得擅自介入的范围，保障私权自治；对于西方市场经济的范本与中国路径依赖的困境，涉及中国制度环境的大背景，必须有针对性地进行综合治理，完善配套制度的建设，例如户籍改革，消除城乡壁垒，建立社会信用体系等制度。

三、主体利益冲突分析

如卢梭所言，"人是生而自由的，但却无往不在枷锁之中"[①]，可见，自由有着丰富的内涵，同样，在经济法主体的利益中，消费权、经济自由权、国家干预权以及经济社会自治权都体现着不同的利益取向，它们之间甚至各自利益的内部都会发生冲突。对于存在人性价值预设的经济法来讲，以这四项权利（力）为环节展开，进行制度回应，无疑比其他部门法更有独特的优势。

（一）国家干预与市场自由层面的解读

市场经济的人性假设是人是自利的，这一方面能最大限度地调动人的生产积极性，另一方面，又会诱使人们去巧取豪夺。在有后面的可能性的情况下，前者是不可能充分实现的。所以市场经济必然要求法律来抑制后一种可能性，来保护劳动果实。加之市场经济对经济主体平等自由的要求，使法治成为必然的选择。而计划经济是否定人的自利性的。计划经济只有最上层的决策者有积极性，生产多少、生产什么、消费多少都是由计划者来决定的，所以既没有挣取利润的必要，也没有挣取利润的可能。因此计划经济是建立在人没有欲望没有自利性的前提下的。而这两种假设都有失偏颇，只有植根于现实，将两者结合起来，才能使主体制度的构建合情合理。

[①] [法]卢梭. 社会契约论[M]. 何兆武，译. 北京：商务印书馆，1980：8.

1. 国家干预的合法性探讨

人们之所以愿意接受权力的控制、遵守法律，在于这样一种社会共识，即权力和法律可以维护和促进基本的人类利益，包括人的基本自由。政府的权力因为给"所有的人"带来了利益或者至少在一定程度上减少了不利益，从而获得了对这种权力的普遍接受和认同，这就是政治学领域中关于权力的合法性问题。经济学家论证了国家权力进入市场的必要性，如公共物品、外部性、垄断尤其是自然垄断等领域。出于市场经济方面的考虑，政府有理由动用行政权力对这一市场加以干预。但是在法律人的眼中，权力具有一种天生的恶，并会认为，一个拥有绝对权力的人总是试图将其意志毫无拘束地强加于那些为他所控制的人，统治者往往出于一时好恶或为了应急而发布高压命令，而不是根据被统治者的长远需要而产生原则性的行动。马克斯·韦伯同时指出，"权力乃是这样一种可能性，即处于社会关系内的某一个行动者能够不顾抵制而实现其个人意志的可能性，而不论这一可能性所依赖的基础是什么"①。因此，法律必须约束和限制政府的权力，权力必须按照法律所确定的规则和标准来行使。有学者在论证社会科学的合法性问题时，提出了"明示的认同度""道德的正当性"以及"行为的合规则性"三个方面的标准，这些具体标准具有很强的指导意义。

2. 经济法的取舍——市场自由与国家干预

经济法顺应了国家角色从单纯的财产权界定者、经济秩序的维护者、经济纠纷的裁决者，演变为社会公共利益的促进者、积极的市场参与者以及结构取向的管理者这一历史发展趋势。它以公共利益为本位，既反对市场过度自由，也防止国家干预的过度。这中间有个"度"的问题。正如李昌麒教授指出的，"经济法是调整需要由国家干预的经济关系的法律规范的总称"②。这里的"需要"，从消极的方面看，是指政府必须对干预保持克制，尊重私法自治和市场自由；从积极的方面看，是指当市场失灵时，需要国家运用经济法的形式主动干预市场。"通常，权力机构的反应取决于它所要进行干预的背景"。③当政府因为有限理性、关注自身的偏好或被利益

---

① [美]E. 博登海默. 法理学——法律哲学与法律方法[M]. 邓正来，译. 北京：中国政法大学出版社，1999：357-359.

② 李昌麒. 经济法——国家干预经济的基本法律形式[M]. 成都：四川人民出版社，1995：208.

③ [比]保罗·纽尔. 竞争与法律——权力机构、企业和消费者所处的地位[M]. 刘利，译. 北京：法律出版社，2004：136.

集团"俘获"等而放任权力对市场过度干预时，经济法要求政府从市场中退让，使政府的干预在私法自治的领域能保障市场机制功能的发挥，使其免于不必要的扭曲。当垄断、外部性、公共产品等市场失灵出现的时候，经济法就要求政府当仁不让地进入市场进行干预。经济法追求实质公平以及变动不安的公共利益的特性使国家干预必须具有一定的对经济社会生活变迁及时回应的弹性。甚至可以说，经济法有时会基于某一特定的公共政策目的而支持政府积极干预，干预的合目的性优先于干预手段和干预技术的合规则性，比如当自然灾害、经济危机出现的时候，政府的干预就会表现得淋漓尽致。对于经济法这样的特质，当然不是能令所有的人满意。因此有学者就从提升人们对经济法的认知、避免经济法因过多的价值判断和人文思辨而缺乏形式理性的角度，主张经济法应当像一部真正的法典那样，以求其精准和高度的技术性，让人们一眼就可以看清楚他们的权利边界和行为的边界。经济法这两种相左的发展要求在某种程度上也反映了其在国家干预和市场自由之间不断选择、调整并与其他法律制度积极互动的个性。

（二）市场自由与私法自治层面的解读

市场自由的经济意义可以追溯到亚当·斯密的《国富论》，其伦理内涵则又源于康德理性哲学中的自由意志，而法律的真正含义与其说是限制还不如说是指导一个自由而有智慧的人去追求他的正当利益，法律的目的不是废除或限制自由，而是保护和扩大自由。在高度专业化的现代社会，每个人都不太可能仅仅依靠自己的力量满足自己的所有需要，有时甚至连最基本的需要也难以自我满足，因此需要交换，因交换而形成市场，法律保障人们自由而公平地进行市场交易。比如，在实践中，乘客支付车费，出租车司机就按照乘客的要求将其运送到指定的地点，这是一个市场的自由交易过程，当事人按照合同法的规则完全可以顺利地完成交易行为。根据古典经济学的观点，市场上需要多少辆出租车、车费如何收取，这些问题都可以通过市场这只"看不见的手"来解决，而且能够实现资源配置的帕累托最优，因此市场里不存在国家干预的空间，政府不过是"守夜人"和市场纠纷中立的裁决者。这就是市民社会和政治国家严格界分的依据。在法律上则表现为公法和私法的法律体系，私法制度可以界定出私人或私人群体的行动领域，以防止或反对他们之间相互侵权的行为、避免或阻止严重妨碍他人自由或所有权的行为和社会冲突，而公法制度则可以努力限定和约束政府官员的权力，以防止这种权力对私人权益的不恰当损害，并实施救济。一个不可否认的事实是，市场自由和私法自治释放出了难以估量的社会活力。基于对市场自由和私法自治的尊重，当某项利益是私人利益还是公共利益、某项政策是否具有特殊的公共政策目的不是很明确的时候，我们应朝着保障市场自由和自治的方向去理解，应尽量避免特殊的公共政策目的或公共利益的预先假设，避免由此而导致挫伤市场机制的现象。

不可否认的一个事实是，一贯因为其高度的形式理性而严格封闭的私法对于市场自由、意思自治等越来越感到不自信，因为市场经济的现实越来越与古典经济学所假定的完美的市场标准相背离，以公共利益和特殊的公共政策目的为理由对意思自治的空间进行限制是东西方社会政治和法律思想界所共同关注的一个问题。值得注意的是，即使传统的西方自由资本主义社会，也已经演变为"后自由主义社会"，这一社会状态的一个显著特点是"国家与社会的逐步近似，公法与私法的逐步混同"。①我国长期以来一直将国家等同于社会，与之相联系的法律制度当然就是公法优先于私法。而现代法律的一个变化趋势就是私法的公法化和公法的私法化。私法的公法化对民法那一套严密的逻辑体系是一个不小的冲击，所有权不再绝对，契约自由受到了限制，侵权法面临危机。这不是民法的"包容性"就可以解决的问题，因为民法的起点和归宿都是私法自治，而团体社会组织的兴起和发展从另一个侧面迎合了这一制度变迁的需求。

（三）主体利益冲突的瓶颈克服

公共利益一直是政治和法律抉择的依据，是深谋远虑的政治家和追求公平正义的法律人所共同关注的问题。福利制度试图使处于不利地位者和拥有财产的人一样以积极的姿态参与社会生活。公共利益就是个人自由和国家权力的边界，也是私法和公法的边界。事实上，大部分经济法学者都将"社会公共利益"作为经济法的本位原则。在国家干预市场的情况下，经济因素、认同度、道德的正当性以及行为的合规则性都是考虑因素。国家干预市场，在经济上应当有利于促进公共利益，换言之，就是维护公平、增进福利。"公平的社会保证给所有人提供合理的机会，也试图确保所有人的生活底线。"②政府权力运行的范围和边界就是"公共利益"，这可以从两个相反方面的约束来理解。而"公共利益的促进"理应作为衡量国家干预合法性的一个标准。

---

① [美]R. M. 昂格尔. 现代社会中的法律[M]. 吴玉章，译. 南京：译林出版社，2001：187.

② [美]史蒂芬·霍尔姆斯. 权利的成本——为什么自由依赖于税[M]. 毕竞悦，译. 北京：北京大学出版社，2004：144.

一方面，根源于人的尊严与平等这一基本的人权理念，所有的人都被认为是平等的。一个人生来贫穷并不是自己的过错，如果缺少适度的经济援助，穷人将无法在起点或机会上实现平等，更不用说结果公平。如果政府不能通过合理的制度安排积聚一些财富来帮助处于不利地位的人，给他们提供最低标准的机会和福利，那么穷人无论如何都有理由认为遵守社会契约、服从权力、不侵犯他人的财产权等等都不过是掌权者、有钱人所设下的一个骗局。国家干预至少要达到避免社会不同阶层之间因为利益冲突而危及政治和法律的安全与秩序的程度，毕竟，社会的和谐会使大部分人受益。另一方面，追求自由和财产是人的天赋权利。只有通过法律保障和尊重市场主体的所有权，才能使人感到独立和安全，从而鼓励公民在经济活动中自由地利用其所拥有的资源、自由地选择自己的行为，努力创造更多的财富。正是因为他们大量的资本、人力等的投入为社会提供了产品和服务，才避免了其他社会成员为获取这些产品、服务而不得不亲自动手所可能造成的资源浪费和低效率。自由主义者对市场自由和财产安全的这种基本定位是国家实施干预行为时不能轻易突破的，市场的高效率财富创造机制同样使大部分人获益。

四、经济法在解决主体利益冲突中的比较优势

从实质上看，经济高度发展和交换社会化扭曲了民法的经济基础，形成了经济法的经济基础。毕竟，经济法调整对象的社会公共性是它区别于其他法的调整对象的一个最根本的特征。从一个侧面说明了社会公共性是经济法的本质属性之一。民法由于巨额交易费用而不能解决社会化、工业化大生产中出现的新问题表明现代经济法应运而生有着其历史的必然。经济法将政府内化于市场，为解决市场失灵问题提供了更为广阔的空间。但是也应看到，政府不是万能的，在国家干预中同样存在失灵的可能。如何用干预手段矫正市场失灵，同时在干预过程中防止政府失灵，是摆在研究政治、经济、法律理论和从事实际工作者面前的新课题。这就要求经济法既要面向市场也要面向政府，把国家干预纳入法制轨道，同时努力寻求更好的干预模式。随着国家观念由守夜人式的消极国家向福利国家、职能国家过渡，民法和经济法携手合作，对市场共同进行调整是一种更完善的选择。但在解决主体利益冲突的实质问题上经济法存在一定的比较优势。

正如奥尔森教授对集体利益作的区分，集体利益具体有两种：一种是相容性的，另一种是排他性的。顾名思义，前者指的是利益主体在追求这种利益时是相互包容的，如处于同一行业中的公司在向政府寻求更低的税额以及

其他优惠政策时利益就是相容的，即所谓的"一损俱损、一荣俱荣"。用博弈论的术语来说，这时利益主体之间是种正和博弈。而后者指的是利益主体在追求这种利益时却是相互排斥的，如处于同一行业中的公司在通过限制产出而追求更高的价格时就是排他的，即市场份额一定，你多生产了就意味着我要少生产。这时利益主体之间是种零和博弈。① 按照这种思路，要寻求解决利益冲突的途径，必须要明确一个前提，就是要辨明各种利益之间的相容性和排他性的因素。例如外部性问题的解决。仅就解决外部性问题而言，显然不能把有无对国家干预的规定作为区分民法和经济法的绝对标志。事实上，属于民法的解决正外部性问题的专利法和商标法中也有关于行政管理机关的规定。为何民法和经济法规范都含有涉及政府管理部门的内容，究其原因，从客观方面来看，复杂的社会现实使得某一法律所涉及经济领域中各种不同问题的复杂性各不相同，每个问题的处理所涉及的交易费用的大小也无法保持一致性。从主观方面来看，每个当事人的交易费用函数并不相同，也就是说当事人对交易费用大小的判断会受到其主观认识的影响。此外，当事人对有关外部性信息的了解程度也是影响因素之一。因此，赋予政府直接处理一些外部性问题的权力，同时也不简单地取消当事人提起侵权之诉的机会，就成为民法和经济法的共同选择。于是在民法和经济法中常常一方面提出多种解决外部性的方案，把矫正外部性方法的选择权交给当事人，由当事人根据自己对交易费用的判断做出选择；另一方面对国家干预的职责做出义务性规定来防止交易费用过大带来的"民法失灵"。因此，虽然在一些民事法律法规中亦有涉及政府部门的内容，但从强调国家干预以及干预的社会公共性、直接主动性和综合性上考虑，经济法在解决此问题上具有优势。而法律制度首先要确定权利，然后采取民法方法、行政法方法、刑罚方法或者经济法方法来解决其中的冲突。选择哪种方法由交易费用的大小决定，而影响交易费用大小的重要因素是权利以及权利主体具有私人性还是社会公共性特征。很显然，经济法适用于交易费用过高导致民法失灵的情形。从影响交易费用的因素可以推论，经济法对利益的区分程度显然较之其他法律部门要详细，关注度也要高些，因为经济法的利益观是开放性的，它以公共利益为主轴，在分析个人利益时也不至于走向极端和狭隘。

在法律经济学视域下，法律规则犹如针对不同的行为分别规定了一个暗含的价格，行为人针对该价格的选择行为与其在市场上针对不同商品的

---

① [美]曼瑟尔·奥尔森. 集体行动的逻辑[M]. 陈郁，译. 上海：上海人民出版社，2006：5.

价格采取不同的决定如出一辙，与之伴随的当然是成本。从利益冲突解决机制来看，民法解决利益冲突的思维是基于个体的，当然有时也会顾及抽象意义上的公平或社会秩序，它往往只是在交易费用较低时才有效，而经济法的利益冲突解决机制是在追求交易费用最低化过程中的当然选择。

第三节　经济法主体利益冲突的解决机制

在市场经济框架下，经济法主体的利益冲突此消彼长，经济法本着维护和促进社会公共利益、实现实质平等的理念和原则，既注重对市场自由和私法自治的尊重，也关注国家干预的合法性与合理性，以适度干预的法律方式调整着其中错综复杂的经济关系。与此同时，在与其他部门法互动的基础之上，为经济法主体间的利益冲突提供最佳的解决机制。

经济法主体利益冲突的解决机制应当秉承一种科学合理的思路，即经济法主体利益的整合思路，进而在此基础上构筑经济法主体利益冲突解决的具体策略。

一、经济法主体利益的整合思路

"整合"概念被公认是模糊的，它是一个沿三个分离的维度发生变化的概念，这三个维度包括：社会单位之间合并的程度、社会单位之间符号统一化的程度以及社会单位之间反对和冲突的程度。[①]在涂尔干看来，国家的整合与社会的控制要求，是和公民个人的发展、自由、民主的强烈要求并驾齐驱的。当然，自由需要外在的强力来限制。涂尔干意识到即使社会冲突能够得到控制的话，维持社会的稳定也必须借助强大的制度力量。个体享有的自由增加了，同时他的社会责任也增加了。[②]可见，探讨冲突的控制，维持社会的稳定，必须借助制度力量，而利益整合的核心依据就是社会结构分化与社会分工。根据社会学的知识和原理，社会结构可以以它的参数来描述。结构参数基本上分为两类：一是类别参数，包括性别、种族、宗教、种族联盟、氏族、职业、工作地、住地、工业、婚姻状况、政治联盟、国籍、语言。二是等级参数，包括教育、收入、财富、声望、权力、社会经济背景、年龄、行政权威、治理。而社会结构分化有两种形式：一是异质性，二是不平等。

---

① 苏国勋. 社会理论的开端和终结[M]. 上海：华东师范大学出版社，2005：650-651.
② 苏国勋. 社会理论的开端和终结[M]. 上海：华东师范大学出版社，2005：580-581.

异质性是水平分化，指人口在类别参数所表示的各群体之间的分布。不平等是垂直分化，指由等级参数所表示的地位分布。布劳认为，异质性与不平等都会给社会交往设置障碍，各种分化越大，这些障碍就会越广泛地阻碍社会交往。分化意味着它阻碍了社会结构的各个部分之间的面对面交往，而整合则是增强了社会结构各个部分之间面对面的交往。具体到社会分工上来看，分工不会造成社会的肢解和崩溃，它的各个部分的功能都彼此充分地联系在一起，倾向于形成一种平衡，形成一种自我调节机制。然而，这种解释也是很不充分的。这是因为，尽管各种社会功能总想共同求得相互间的适应，达成彼此固定的关系，但就另一方面而言，这种适应模式要想成为一种行为规范，必需要靠某群体的权威来维持。事实上，所谓规范不仅仅是一种习惯上的行为模式，而且是一种义务上的行为模式，也就是说，它在某种程度上不允许个人任意行事。只有建构完整的社会才能拥有道德和物质的最高地位，它不可避免地要为个人立法，同样，也只有集体构成的道德实体才能凌驾于私人之上。费希特也把义务与主体性联系在一起："我必须在所有的情形中把我之外的自由生物作为自由生物来承认，这就是说，我必须通过对他的自由的可能性的理解来限制我的自由。"①可见，主体利益整合的一个根本前提是主体的明确性，社会结构分化与社会分工的分析有利于实现这一目的，但利益冲突的最终解决还必须借助权利或义务分析模式。

"囚徒的两难推理"给人的启示是，如果把关于人的利益的博弈论模式应用于人际关系的交往，那么，利益的博弈也许可以成为道德的基础之一。沿着这一想法，一些博弈论的专家已经做了一些有益的尝试。亚克塞罗德用计算机模拟实验，评估不同的博弈论模式的后果，证明针锋相对是最佳模式，是社会合作的基础。"针锋相对"的行为准则是，首先表示合作的善意；然后根据对方的反应采取对等的行为：以进攻对进攻，以退让对退让；在相互进攻过程中，如果对方表示愿意妥协，随时与对方妥协。最终的结果证明，"针锋相对"比一味进攻或退让妥协能够获得更大的利益。而约翰·杜威认为，倘若将个体从社会和国家分离开来谈论权利和权力，权利和权力就变得毫无意义。个体只有当他是社会和国家的一员时，他才拥有这些权利。个体权利只有在社会通过法律对其进行支持和维护时，才得以存在。但权利与权力的辩证存在中也有界限问题。谁提出这种任务，谁就决定了群体的界限。在过去的几千年间，这个谁一直是国家。黑格尔说："……个体本身只有是它的一部分时，才具有客观性、

---

① [德]京特·雅科布斯. 规范·人格体·社会——法哲学前思[M]. 冯军，译. 北京：法律出版社，2001：26.

真实性和伦理性。这种结合本身才是真正的内容和目的，并且诸个体被规定必须过某种共同的生活；他们其他特殊的满足、活动和行动方式，都以这种实体和共同有效的东西为其出发点和归结"。①经济法主体利益整合的目的是科学合理地预防和化解冲突，按照社会冲突理论的观点，社会进程是由某种程度上与他人利益相一致，同时在某种程度上又与他人利益冲突的个人利益、集团利益所驱动的连续过程。一致与冲突都是社会存在的基本动力，而稳定与变迁是社会存在的两种基本形态。冲突是社会结构的固有成分，冲突引起社会变迁，社会变迁排除冲突的消极影响。当科塞强调冲突的正面功能时，他已经把"冲突"这一概念作了限制，并不泛指一切社会冲突。故可以使用的"冲突"概念有三层含义：其一，它是指不涉及双方关系的基础、不冲击核心价值的对抗；其二，它是指社会系统内不同部分（如社会集团、社区、政党）之间的对抗，而不是指社会系统本身的基本矛盾，不是革命的变革；其三，它是指制度化了的对抗，也即社会系统可容忍，可加以利用的对抗。②总之，经济法主体利益冲突中也有一些如社会学视角下的正功能，属于可以利用的积极的冲突，这在具体研究中理应区别对待。

综上，不管是"针锋相对"还是彼此妥协，经济法主体利益的整合可以通过冲突的视角进行，即在区分冲突类别的基础上，结合社会结构的参数和社会分工的自我调节机制，以尊重经济法人格体的地位为前提，遵循从社会层面出发，到法律层面，最终回归社会层面的思路。

二、经济法主体利益冲突解决的具体策略

我们不仅在契约关系之外感觉到了社会作用的存在，而且就这些关系本身而言，也具有这样的社会作用。因为在契约里，并不是所有一切都是契约的。所谓契约，唯独指那些个人之间通过自由的行动意志所达成的共识。与之相反，任何义务都不是双方的共识，也不是双方的契约。凡是契约存在的地方，都必须服从一种支配力量，这种力量只属于社会，绝不属于个人，并且它变得越来越强大和繁杂。可见，纯私利性的契约中尚有社会力量的渗透，作为处于第三法域的经济法，从其人性价值预设来看，在主体利益冲突解决的具体策略中融入社会性因素也在情理之中。"个体——国家——社会"的分析框架为经济法主体利益冲突的解决圈定了方向。具

---

① [德]京特·雅科布斯. 规范·人格体·社会——法哲学前思[M]. 冯军，译. 北京：法律出版社，2001：52-53.
② 宋林飞. 西方社会学理论[M]. 南京：南京大学出版社，2005：324.

体而言，经济法主体利益冲突的解决策略可从以下四个方面展开：

（一）重构财产权的保护，准确限定公共利益的范围

波斯纳认为："对财产权的法律保护创造了有效率地使用资源的激励。"[①]市场经济的发展对财产所有和使用的相关制度完善提出了更高要求，因为财产权制度是市场经济秩序形成的基础和核心，如产权制度、交易制度等。

私人的财产权是个人对抗国家专横的消极权利，是个人维持生存和防范国家权力侵犯的安全手段或安全装置，是市民社会自治的基石。对私人财产的充分保护意味着公权除非依据法定的公共利益，不能侵犯私人财产。公共利益的适度是与国家权力的有限相一致的。计划经济时期，我国对财产是极端的无限限制。目前，我国对财产是削弱的无限限制。突出的例子，如我国在以公共利益为目的征用财产的过程中产生了大量的矛盾冲突，甚至导致社会矛盾激化。而成熟、有活力的市场经济对财产只能做出有限限制。而从经济学意义上来讲，一种产权结构是否有效率，主要是看它是否能够为在它支配下的人们提供将外部性较大地内在化的激励。为了防止公共利益的不当解释导致权力的滥用或不当侵犯私人财产权，首先，应当以宪政的方式承认私人财产的不可侵犯性，非经严格的法律程序不得占用，并构建相关的物权制度、征用制度等对所有权提供形式上平等的保障。其次，必须在相关法律中严格界定公共利益的范围，并应给予公平、合理和及时的补偿。当然，更应注意的是，从不同的角度和层面出发公共利益会有不同的内涵，所以导致实践中对公共利益的众说纷纭，倘若从实体上难以划分统一的标准，那可以从程序上进行解答，例如，科学合理地运用听证制度，以程序的公正来达到尽可能的实体公正，当然，这其中也会涉及对经济社会关系的适时的理解，毕竟它是一个动态的事实。

（二）建立征信制度，完善信用体系

近年来，我国 P2P 网贷、小贷公司等机构快速发展，对征信信息的需求呈几何级数增加。持续增长的需求与互联网技术相结合，不断冲击着征信信息安全。

1. 新阶段我国征信信息安全管理特点

（1）征信信息安全立法逐步完善。保障征信信息安全是征信业务管理

[①] [美]理查德·R. 波斯纳. 法律的经济分析（上）[M]. 蒋兆康，译. 北京：中国大百科全书出版社，1997：40.

的重心。对征信信息安全管理的实质就是对信息采集、整理、使用等各环节进行管理，保证各环节的信息准确安全。目前，我国主要通过《征信业管理条例》《企业信息公示暂行条例》等法规来规范征信活动，这些法规基本确立了与征信信息相关的业务活动规范，对征信信息安全起到了保障作用。

（2）征信业务监管主体明确。我国征信业务的监管主要由中国人民银行负责，这一职能的确立最早是在2003年由国务院赋予。2013年，随着《征信业管理条例》的颁布，中国人民银行对征信业务的监督管理职能正式从法律上确立。中国人民银行主要通过对涉及信息提供和使用的各方及征信业务各环节进行监督管理，以保证征信信息的安全和征信业务的顺利展开。同时，中国人民银行还对各机构进入和退出征信市场以及征信信息采集、提供数据、异议核查等征信业务实施监管，以保障征信信息安全。

（3）征信信息系统架构较完整。目前，我国的征信信息系统架构较完整，主要有两类：一类是政府信息系统，由中国人民银行征信中心负责构建；另一类是商业机构信息系统，二者互为补充，互相协作，形成较为完整的信息系统架构。随着社会公众对信用信息的关注越来越高，中国人民银行通过颁布《征信投诉办理规程》，进一步加强数据库的信息建设，以确保信息安全和对信息主体的权益保护。

2. 我国征信信息安全管理面临的主要问题

（1）法律法规有待健全。威胁征信信息安全的重要原因之一是信息违法买卖，健全法律法规能够有效遏制买卖双方的违法行为。我国2015年《刑法修正案（九）》与2017年《最高人民法院、最高人民检察院关于办理侵犯公民个人信息刑事案件适用法律若干问题的解释》将"向他人出售或者提供公民个人信息"或"窃取或者以其他方法非法获取公民个人信息"情节严重的行为认定为犯罪行为。《征信业管理条例》对"违法提供或者出售信息"行为进行行政处罚，但未对违法获取个人征信信息行为进行限制或处罚。对于情节轻微的违法获取个人征信信息的行为，现阶段无法通过行政法规进行限制。

（2）征信信息供需失衡。近年来，网贷平台、小贷公司快速发展。2018年末全国网贷平台累计6612家，正常运营343家，累计成交量8.99万亿元；全国成立小贷公司8133家，贷款余额9550亿元，其中只有1200多家网贷平台和小贷公司接入金融信用信息基础数据库。一方面，网贷平台、小贷公司需要征信信息降低贷前调查及贷后管理成本，但受机构资质、管理水平、业务系统等条件限制，多数机构未接入中国人民银行征信系统，只能通过借款人提供或其他渠道获取征信信息。另一方面，信息系统功能有待完善。现阶段征信系统不具备用户与 IP 地址绑定功能，不能完整记录用户登录位置信息，用户在非本单位可以登录使用。系统功能的不完善为征信用户盗用及买卖征信信息提供了可乘之机。

（3）接入机构管理水平有待提高。一方面，征信系统接入机构对征信信息安全管理重视度不够，信息保护意识不强，部分接入机构未意识到外部机构对征信信息的强烈需求容易引发员工的道德风险。调查显示，只有不到一半的接入机构对员工开展过风险警示教育，接入机构普遍对电子征信信息设置的安全保护级别较低。另一方面，个别接入机构用户管理不严，存在被盗用、买卖征信信息以及设置"公共用户"现象；个别机构未从严管控征信查询终端，导致信息被非法下载及传递；部分机构存在信用报告未加水印、对违规人员追责不严等问题。

（4）跨境流动风险日益显现。我国征信业已迈出对外开放步伐，邓白氏、益博睿等国际征信业巨头在国内设立了子公司，标准普尔、惠誉和穆迪三大国际评级机构已注册独资法人机构，更多外资征信机构正逐步进入国内市场。外资征信机构带来先进技术、业务模式的同时，也带来了征信信息的跨境流动风险。信息跨境流动需要与信息流向的国家建立合作和协调机制，涉及法律框架、监管制度、行业自律、信息保护、异议处理等多个维度，短期内难以实现。《征信业管理条例》规定：征信机构在中国境内采集的信息的整理、保存和加工，应当在中国境内进行。在外资机构已进入国内、合作机制尚未建立期间，征信信息非法跨境流动风险隐患比较突出。

3．加强征信信息安全管理

（1）完善法律法规。我国虽然已建立了征信法律体系，但征信立法仍停留在行政法规层面，需要进一步完善《征信业管理条例》配套制度，制定《征信信息管理办法》，加强对企业和个人信息保护，对违法获取、使用、出售、提供征信信息等行为进行限制和处罚，实现对征信违法行为全覆盖。

（2）加强监督管理。一是激发接入机构保障征信信息安全的内生动力。通过加强现场和非现场监管、考核评价及警示教育等方式，充分调动接入机构征信合规管理积极性，主动完善内部管理体制机制，优化业务流程，加强用户管理，严格落实异常查询与日核查机制，对违规行为从严问责，减轻外部监管压力。二是建立差异化管理措施。对管理混乱、业务系统不完善、有信息泄露风险机构的查询请求进行限制，甚至暂停服务。三是增加违法成本。对出现征信信息安全问题的接入机构和相关人员实施联合惩戒，如对问题机构增加监管频率、限制相关责任人从事征信相关行业等形成威慑作用。四是进一步厘清工作职责。在各地市设立相对独立的征信中心分支机构承担征信查询服务、业务辅导及技术支持等职责，有助于提高中小接入机构管理水平，也有利于防范征信信息泄露风险的发生。

（3）增加征信服务供给。鼓励民营征信机构发展。一是加快百行征信等市场化征信机构建设，为网贷、小贷公司等机构提供征信服务，与征信系统优势互补，形成覆盖全社会的征信服务体系。二是利用移动终端为信息主体提供方便快捷的查询渠道，满足信息主体征信服务需求。三是进一步丰富征信产品。现有银行版信用报告包含的信息较多，"含金量"较高，建议研发简化版信用报告，对风险防范能力强、未发生过信息泄露的接入机构，提供银行版信用报告；对风险防范能力较弱的机构，提供简化版信用报告。四是逐步扩大信用信息数据来源。可以适当扩大信息采集范围，尤其是金融信用信息基础数据库在采集信贷信息基础上，逐步采集证券、保险、税务、公积金等非银行领域征信信息，扩大信用信息服务范围，提供丰富的征信服务。

（4）加快金融科技在征信领域的应用。一是取消信息下载权限。要求接入机构全面取消征信用户下载权限，利用技术手段结构化、最少化展示征信信息，让信息在接入机构和征信系统之间闭环流转。二是完善系统功能。以二代征信系统建设为契机，增加征信用户与 IP 地址绑定、完整记录用户 IP 地址等抗抵赖验证功能，防止用户盗用和买卖征信信息。三是推广二代自助查询设备。采取置换等方式全面替换一代设备，并对一代设备回收处理，物理删除存储的征信信息。四是加快征信与科技复合型人才的培养。

（5）加强国际交流合作。加强与周边以及美国、欧洲等征信发达国家和地区的交流与合作，增进双方的了解和认知，共同制定征信信息跨境流动标准与信息保护框架，推动征信业对外开放。

（三）完善经济法程序和责任体系，适当引入奖励机制

将程序考虑置入结果分析的必要性在权利和自由领域尤其重要。传统福利经济学往往忽略基本自由或权利的实现，这不仅是因为它的结果主义观，而且也是因为它的"福利主义"，其中结果的判断依据仅限于不同状态所生成的效用。虽然过程最终也由于它们影响人们的效用而获得间接的注意，但在功利主义框架的事态估价中，权利和自由从未赋予过直接而基本的重要性。政治体制改革相对滞后的大背景下，我国没有形成制衡权力的市民社会，因此，经济法不得不承担起理应由宪政和分权的政治架构所完成的权力控制的任务。鉴于广泛的自由裁量权是经济法律法规的普遍特征，重视程序规则尤

其具有限制恣意的重要功能。程序法的独立价值在于其是实现程序正义的重要保障，即保障法律程序本身的正当性和合理性，由此确保所产生的实体结果的可接受性。为此，必须建立公开透明的的经济法执行程序。在我国现行的经济法律法规中，不可诉现象大量存在。这与在立法上和理论上，没有独立于民事诉讼之外的经济诉讼程序不无关系。而要弥补经济法的可诉性缺陷，就要变革现行的诉讼机制或创设新型的诉讼形式，建立专门的审判机构，以将经济法的实施机制中所具有的外部性内部化。而程序的保障需要责任的约束，法律责任是任何法律所必须具备的规范要件，法律的强制力在很大程度上取决于该法对责任的合理规定。实践中，经济法律法规对政府责任的规定部分缺失已是不争的事实，因此，经济法责任设定时应做到经济职权和法律责任的统一，经济法主体不履行或不适当履行义务，必须承担法律责任；并且对职权的不行使或不当行使，也应当承担法律责任。经济法责任不只是传统法律责任的简单组合，还应当有自己独特的责任形式，如政府经济失误赔偿、改变或撤销政府经济违法规定、惩罚性赔偿等。此外，经济法对人性价值的预设表明，"理性经济人"假设失效的原因之一在于行为选择过程中的利己偏重，这一缺陷也恰恰给我们提供了一个思路，即经济法可以充分利用这一人性弱点，可以适当地引入奖励性的激励机制，而非单纯的责任惩罚，这也是经济法对人性矫正思路的表现之一。

（四）适当利用非正式制度，与正式制度相融互补

在经济法主体利益冲突解决中强调非正式制度的建设是必要的。因为从制度变迁过程来看，非正式制度的演化比较缓慢，而正式制度则表现得比较迅速。正因为非正式制度变迁所具的渐进性和滞后性，往往导致制度结构的非均衡性，往往会出现由于非正式制度供给不足，造成社会交易成本增加的情况。具体而言，政府应该在对非正式制度进行理性分析、评判和把握的基础上，通过对各种价值信念、伦理规范、道德观念、意识形态的重新选择和组合，以社会主导价值体系来逐步改变经济社会中固有的不合理观念，同时把其中的合理的观念发扬光大，使其成为正式制度的一部分。总之，一个社会的制度是否有效率，不仅要看制度结构中的正式制度安排是否完善，还要看两种制度之间是否相容，两种制度是否能和谐相处，毕竟，非正式制度的文化特征会对正式制度产生强大的排斥力。通常来说，非正式制度的规则对正式制度的规则提供合法性依据，正式制度的效率受到社会文化、意识形态、价值体系等非正式制度安排的影响。在经济法主

体研究中，在强化正式制度的基础上注重非正式制度建设是缓冲和解决经济法主体利益冲突的具体策略之一。

博登海默在其著作《法理学——法律哲学与法律方法》的中文版前言中说道："任何值得被称之为法律制度的制度，必须关注某些超越特定社会结构和经济结构相对性的基本价值。在这些价值中，较为重要的有自由、安全和平等。……上述结论所依赖的假定前提是存在着一些需要法律予以承认的人类共性。在这些共性之中，最为重要的是如何协调正常人所有的个人冲动和共有冲动。"①人性中的个人主义倾向与人性中的共有取向是相互补充的。人需要社会交往，因为它使其生活具有意义、使其避免处于孤寂之中。不幸的是，在人类历史上或者极端的哲学观点中，在多样性思想面前，法律最后往往是占主导地位的法律思想的表述，"当理智和科学不能完成这项工作时，意志和力量就必须加以承受。如果没有任何人能弄清什么是正义，那么就必须要有人对什么是正义作出规定。如今，人们普遍承认除了'制定法'以外，并不存在实在法。然而这种制定法应满足它的天职，即通过一种权威的绝对命令去解决相互对立的法律观冲突。所以，法律的设置必须是服从于一种意志，对每一种与之背道而驰的法律观，都可能执行这种意志"。②制定法时代的一个基本规律是，只要法律是应然规则，只要社会运行矩于法律框架内，主体及其结构的法律问题就是一个与法律的演化息息相关的命题。而法律主体应该涵盖哪些实体以及在法律层面上如何界定这些实体等问题都应该归结到关于主体的观念反思中。与此同时，当我们探讨有关实证法意义上主体的行为时，不能轻易以一种观念作为评判标准，而应运用科学的判断方法；倘若立法思维综合考虑了各种影响因素，在合理、开放的基础上进行取舍，那么，由此产生的主体制度就一定较为合理。

---

① [美]E. 博登海默. 法理学——法律哲学与法律方法[M]. 邓正来，译. 北京：中国政法大学出版社，2004：5-6.

② 龙卫球. 法律主体概念的基础性分析（下）——兼论法律的主体预定理论[J]. 学术界，2000（4）：76-97.

参 考 文 献

[1] 杨金月. 浅析经济法的调整对象[J]. 经济师, 2021（3）: 66, 68.

[2] 白涛. 浅析我国经济法的价值取向[J]. 营销界, 2020（11）: 23-24.

[3] 郑正. 探究经济法责任的独立性[J]. 市场周刊, 2020, 33（10）: 157-159.

[4] 胡宁. 经济法中权力主体的经济法律责任研究[J]. 法治与经济, 2020
（6）: 107-108.

[5] 谢秀齐. 市场经济背景下经济法的应用价值分析[J]. 海峡科技与产业,
2020（5）: 52-54.

[6] 董成惠. 经济法概念的厘清与重构[J]. 时代法学, 2020, 18（5）: 40-52.

[7] 何缦倩. 论经济法律关系[J]. 时代报告, 2020（2）: 112-113.

[8] 郭莉. 经济法的理念和价值范围思考[J]. 花炮科技与市场, 2020（2）:
29-30.

[9] 步德胜, 朱菲. 新冠肺炎疫情引发的经济法价值再思考[J]. 青岛科技大
学学报（社会科学版）, 2020（2）: 75-80.

[10] 王晓娜. 浅析经济法责任的独立性[J]. 法制博览, 2020（1）: 202-203.

[11] 黎汉岩. 经济法中权力主体的经济法律责任[J]. 法治与社会, 2019（35）:
7, 13.

[12] 熊启皓. 新常态环境下经济法的功能定位和作用[J]. 大众投资指南,
2019（12）: 18, 20.

[13] 赵大华. 经济法中权利主体法律责任研究[M]. 北京: 中国政法大学出
版社, 2016.

[14] 栗秋杰. 浅论经济法的可持续发展原则[J]. 商, 2016（19）: 250.

[15] 黄星. 经济新常态对我国经济法及环境法的影响[J]. 山西警官高等专
科学校学报, 2016, 24（3）: 29-31.

[16] 蒋悟真. 经济法基本范畴的提炼: 误区、标准及路径[J]. 经济法论坛,
2016,（1）: 3-14.

[17] 林洁. 试析经济法的起源与发展[J]. 法治与经济, 2014（2）: 60-61.

[18] 张波. 经济法主体研究[M]. 厦门: 厦门大学出版社, 2010.

[19] 李昌麒. 经济法学（第2版）[M]. 北京: 法律出版社, 2008.

[20] 蔡磊. 经济法律关系主体论[M]. 北京：中国社会科学出版社，2007.

[21] 张文显. 法理学（第3版）[M]. 北京：高等教育出版社，2007.

[22] 魏建. 法经济学：分析基础与分析范式[M]. 北京：人民出版社，2007.

[23] 汪莉. 论经济法律责任的独立性[J]. 政治与法律，2007（3）：147-151.

[24] 应飞虎. 问题及其主义——经济法学研究非传统性之探析[J]. 法律科学（西北政法学院学报），2007（2）：86-94.

[25] 徐国栋. 人性论与市民法[M]. 北京：法律出版社，2006.

[26] 周永坤. 规范权力——权力的法理研究[M]. 北京：法律出版社，2006.

[27] [印]阿马蒂亚·森. 理性与自由[M]. 李风华，译. 北京：中国人民大学出版社，2006.

[28] 秦鹏，黄学彬. 消费者主权质疑——一种环境伦理下的人文思考[J]. 社会科学研究，2006（1）：32-36.

[29] [德] 霍耐特著；胡继华译. 为承认而斗争[M]. 上海：上海人民出版社，2005.

[30] 王建芹. 非政府组织的理论阐释[M]. 北京：中国方正出版社，2005.

[31] 苏永钦. 私法自治中的国家强制[M]. 北京：中国法制出版社，2005.

[32] [法]埃米尔·涂尔干著；渠东译. 社会分工论[M]. 生活·读书·新知三联书店，2005.

[33] 曲振涛. 法经济学[M]. 北京：中国发展出版社，2005.

[34] [美]E. 博登海默著；邓正来译. 法理学——法律哲学与法律方法[M]. 北京：中国政法大学出版社，2004.

[35] 顾培东. 社会冲突与诉讼机制（修订版）[M]. 北京：法律出版社，2004.

[36] 周林彬，黄健梅. 行为法经济学与法律经济学：聚焦经济理性[J]. 学术研究，2004（12）：63-72.

[37] 杜勋昶，童文胜. 浅析人性论、经济学与制度[J]. 湖北社会科学，2004（12）：69-70.

[38] 冯果，万江. 求经世之道 思济民之法——经济法之社会整体利益观诠释[J]. 法学评论，2004（3）：43-50.

[39] 高全喜. 法律秩序与自由正义[M]. 北京：北京大学出版社，2003.

[40] 李本公. 国外非政府组织法规汇编[M]. 北京：中国社会出版社，2003.

[41] 张忠华. 政府的规制和规制的政府——现代经济法的制度安排[J]. 黑龙江省政法管理干部学院学报，2003（6）：1-4.

[42] 卢代富. 企业社会责任的经济学与法学分析[M]. 北京：法律出版社，

2002.

[43] [美]斯蒂芬·霍尔姆斯. 反自由主义剖析[M]. 曦中, 译. 北京：中国社会科学出版社, 2002.

[44] 张文显. 法哲学范畴研究（修订版）[M]. 北京：中国政法大学出版社, 2001.

[45] 刘瑞复. 经济法学原理[M]. 北京：北京大学出版社, 2000.

[46] 漆多俊. 经济法基础理论[M]. 武汉：武汉大学出版社, 2000.

[47] 杨紫烜. 经济法[M]. 北京：高等教育出版社, 1999.

[48] 廖进球. 论市场经济中的政府[M]. 北京：中国财政经济出版社, 1998.

[49] 石少侠. 经济法新论[M]. 长春：吉林大学出版社, 1996.

[50] 戴凤岐. 经济法（修订本）[M]. 北京：经济科学出版社, 1996.

[51] 李昌麒. 经济法——国家干预经济的基本法律形式[M]. 成都：四川人民出版社, 1995.

[52] 陈宪. 市场经济中的政府行为[M]. 上海：立信会计出版社, 1995.

[53] 潘静成, 刘文华. 经济法基础理论教程[M]. 北京：高等教育出版社, 1994.

[54] 舒国滢. 略论法律关系的历史演进[J]. 法学家, 1993（3）：29-34.

[55] [美]彼特·布劳. 不平等与异质性[M]. 王春光, 译. 北京：中国科学出版社, 1991.

[56] [英]洛克. 政府论（下篇）[M]. 叶启芳, 瞿菊农, 译. 北京：商务印书馆, 1964.